The Routledge Advanced Persian Course

The Routledge Advanced Persian Course: Farsi Shirin Ast 3 aims to help students of higher-level proficiency continue elevating their proficiency level to achieve near-native level.

Key features include:

- Authentic texts on a variety of topics related to Iran's history, geography, arts, literature, culture, religions, society, and people.
- Each lesson includes a prominent poet and their most representative poem familiarizing students with the Persian literary canon, while indirectly learning the higher order registers used in the language of poetry.
- Lessons end with a Persian proverb and the story behind it, so that students will not only master the language but also the culture of the language and reach a near-native level of linguistic and cultural proficiency. The proverbs and some of the classical poetry are written in the calligraphy form to make students get used to reading handwritten texts resembling calligraphy.
- Audio files are provided so that learners who are studying on their own can have access to correct pronunciations.

This textbook continues the series from *The Routledge Intermediate Course in Persian* and is ideal for Advanced or B2-C1 level students of Persian.

Pouneh Shabani-Jadidi is Senior Lecturer of Persian Language and Linguistics at McGill University. She holds a Ph.D. in linguistics from the University of Ottawa (2012) as well as a Ph.D. in applied linguistics from Tehran Azad University (2004).

The Routledge Advanced Persian Course

Farsi Shirin Ast 3

Pouneh Shabani-Jadidi

فارسی شیرین ، کتاب سوم

پونه شعبانی جدیدی

Routledge
Taylor & Francis Group
LONDON AND NEW YORK

First published 2020
by Routledge
2 Park Square, Milton Park, Abingdon, Oxon OX14 4RN

and by Routledge
52 Vanderbilt Avenue, New York, NY 10017

Routledge is an imprint of the Taylor & Francis Group, an informa business

© 2020 Pouneh Shabani-Jadidi

The right of Pouneh Shabani-Jadidi to be identified as author of this work has been asserted by them in accordance with sections 77 and 78 of the Copyright, Designs and Patents Act 1988.

All rights reserved. No part of this book may be reprinted or reproduced or utilised in any form or by any electronic, mechanical, or other means, now known or hereafter invented, including photocopying and recording, or in any information storage or retrieval system, without permission in writing from the publishers.

Trademark notice: Product or corporate names may be trademarks or registered trademarks, and are used only for identification and explanation without intent to infringe.

British Library Cataloguing-in-Publication Data
A catalogue record for this book is available from the British Library

Library of Congress Cataloging-in-Publication Data
A catalog record has been requested for this book

ISBN: 978-0-367-36746-6 (hbk)
ISBN: 978-0-367-36747-3 (pbk)
ISBN: 978-0-429-35114-3 (ebk)

Typeset in Sabon
by Apex CoVantage, LLC

Visit the eResources: www.routledge.com/9780367367473

Printed and bound by CPI Group (UK) Ltd, Croydon, CR0 4YY

فهرست

Acknowledgements	ix
Introduction	xi

درس اول — 1
متن: فوتبال
شاعر: نیما یوشیج — 5

درس دوم — 7
متن: داریوش بزرگ
شاعر: فروغ فرخزاد — 12

درس سوم — 15
متن: ازدواج در جوامع ایلی
شاعر: فریدون مشیری — 19

درس چهارم — 23
متن: تپه ی مارلیک
شاعر: سهراب سپهری — 27

درس پنجم — 31
متن: تهران
شاعر: سیمین بهبهانی — 34

درس ششم — 37
متن: افسانه ی شیرین و فرهاد
شاعر: نادر نادرپور — 41

درس هفتم — 45
متن: راه و راه سازی
شاعر: احمد شاملو — 49

درس هشتم — 53
متن: راه آهن
شاعر: شهریار — 57

درس نهم 59
متن: قحطی های ایران
شاعر: رودکی 63

درس دهم 65
متن: میراث طبیعی ایران
شاعر: فردوسی 69

درس یازدهم 73
متن: بازار
شاعر: خیام 77

درس دوازدهم 79
متن: نخل گردانی
شاعر: عطار 84

درس سیزدهم 85
متن: دانشنامه نگاری در ایران معاصر
شاعر: نظامی گنجوی 89

درس چهاردهم 91
متن: دریانوردی در ایران باستان
شاعر: سعدی 95

درس پانزدهم 97
متن: خلیج فارس و حیات نوین اسلامی
شاعر: مولوی 101

درس شانزدهم 103
متن: تاریخ سینمای ایران
شاعر: حافظ 109

درس هفدهم 111
متن: زردشتیان ایران
شاعر: عبید زاکانی 116

درس هجدهم 119
متن: شاهنامه ی فردوسی
شاعر: سنایی 124

فهرست   vii

درس نوزدهم   **127**
متن: پوشاک ایرانیان
شاعر: جامی   134

درس بیستم   **137**
متن: نماد پردازی در تخت جمشید
شاعر: هاتف اصفهانی   143

درس بیست و یکم   **145**
متن: نوروز
شاعر: امیر خسرو دهلوی   152

درس بیست و دوم   **155**
متن: تاریخ کهن ایران
شاعر: ایرج میرزا   161

درس بیست و سوم   **163**
متن: گاهشماری و پیشینه ی جشن های ایرانی
شاعر: فیض کاشانی   168

آرایه ها و صنایع شعری   171

Acknowledgements

First, I would like to thank my students at McGill University who have given me the reason to publish this textbook. In addition, their feedback in earlier versions of this work was extremely valuable in the making of the final work. I would like to express my gratitude to the Institute of Islamic Studies of McGill University for the generous support in the production of this book. I am especially thankful to the previous Steward of the department, Martin Grant, and the current director of the department, Michelle Hartman. I am also most grateful to Sajjad Nikfahm Khubravan, my brilliant Teaching and Research Assistant at the Institute of Islamic Studies at McGill University, with whom I consulted to choose the poetry sections and the proverbs, and without whose help this volume would never have been published. I am also thankful to Pegah Shahbaz for recording this volume and for her comments on the manuscript. I would like to thank as well the wonderful support of Andrea Hartill, Claire Margerison, and their colleagues at Routledge throughout the different stages of the publication of this work, from its proposal stage to its final production. I would also like to thank Dominic Parviz Brookshaw, my coauthor of the first two volumes, for starting this series with me and for the cover image he provided me.

Lastly, I would like to thank Dr. Younes Karamati at the University of Tehran who helped me get official permission to use materials from the series *Az Irān che midānam?* 'What do I know from Iran?' from which most of the texts were extracted, as well as the Managing Director of the Cultural Research Bureau, Mr. Mohamad Hassan Khoshnevis, who kindly issued the permission letter.

Last but not least, I would like to thank my husband, Marc, for his love, encouragement, and support. I am most grateful to my son, Arian, for bringing meaning and boundless joy into my life. Thank you Arian for taking Persian to make your mom happy and proud.

Introduction

This textbook is the continuation of *The Routledge Introductory Persian Course (2010, new edition 2019)*, by Pouneh Shabani-Jadidi and Dominic Parviz Brookshaw, and *The Routledge Intermediate Persian Course (2012)*, by Dominic Parviz Brookshaw and Pouneh Shabani-Jadidi.

Considering that many universities the world over have adopted and are using these books, I have designed a book for the next level – for upper intermediate and advanced students of Persian. As mentioned in the introduction of the first two books, this series is based on a spiral curriculum; that is, the same texts that were covered in the lower level books are introduced here in their original form without simplification or enhancement. Therefore, students who have used the second book in the series will find this third book to be an essential asset in consolidating and solidifying what they have learned. Yet, at the same time, this book is independent of the first two books. Since it includes a variety of topics on Persian language, culture, history, geography, religion, and literature, students who have not used the first two books in the series can also benefit from this book, as it can help them reach near-native level of cultural as well as linguistic proficiency. This textbook can also be used by students working without the benefit of regular instruction, as it contains in footnotes throughout the text the synonyms of the new words in Persian, which makes reading more fluent, since students do not need to turn the page or look up the words elsewhere. Audio files of all the texts in this book are available from the publisher's companion website, so that learners who are studying on their own can have access to correct pronunciations.

The Routledge Advanced Persian Course aims to help students of higher level proficiency continue to elevate their proficiency to achieve near-native level. In addition to authentic texts, each lesson includes a brief biography of a prominent poet and one of their most representative poems. Students will thus become familiar with the Persian literary canon, while indirectly learning the higher order registers used in the language of poetry. Each lesson ends with a Persian proverb and the story behind it, so that students will not only master the language but also the culture of the language community. The proverbs and the classical poetry are written in calligraphy to help students get accustomed to reading handwritten texts resembling calligraphy.

The Routledge Advanced Persian Course includes 23 lessons. Each lesson encompasses the following:

1) An authentic text extracted from a series of books written for the youth in Iran (*Az Irān che midānam?* 'What do I know from Iran?') and published by the Cultural Research Bureau in Tehran.
2) Exercises, including reading comprehension questions, cloze test, multiple-choice questions testing the new vocabulary, and a short text to read, triggering the writing of an essay on a similar topic.
3) A modern or classical poet's short biography followed by one of their most representative, canonical poems.

4) A Persian proverb and its meaning and use. (The proverbs are mostly drawn from Mostafa Rahmandoust's *Fūt-e Kūzegari, Masal-hā-ye Fārsi va Dāstān-hā-ye Ān* 'Persian Proverbs and Their Stories'. Tehran: Madrese. Vol. 1-2. 9th Edition. 2014.)

The topics of the lessons include football, Darius the Great, marriage in tribal societies, Marlik Hill, Tehran, Shirin and Farhad, roads and road-building, the railroad, famines of Iran, natural heritage of Iran, the bazaar, *Nakhl Gardani*, encyclopedia writing in modern Iran, seamanship in Ancient Iran, the Persian Gulf and the new life of Islam, the history of Iranian cinema, the Zoroastrians of Iran, Ferdowsi's Book of Kings, Iranians' clothing, symbolism in Persepolis, Norouz, Iran's ancient history, and the Iranian calendar and the history of Iran's ancient festivals.

The poets featured here include the best-known classical and modern poets, starting with modern poets and moving later to classical poets, organized primarily based on the level of difficulty of the poems.

The proverbs include the most common ones used today, many of which are derived from Persian poetry.

The exercises are designed such that the readers will be exposed to the most subtle intricacies of the Persian language. In each lesson, the exercises move from the more general and deductive to the more detailed and inductive.

Pouneh Shabani-Jadidi is Senior Lecturer of Persian language and linguistics at McGill University. She holds a Ph.D. in linguistics from the University of Ottawa (2012) as well as a Ph.D. in applied linguistics from Tehran Azad University (2004). She has taught Persian language and linguistics as well as Persian literature and translation at McGill University, the University of Oxford, the University of Chicago, and Tehran Azad University since 1997. She has published on morphology, psycholinguistics, translation, teaching Persian as a second language, and second language acquisition. She has authored three previous proficiency-based textbooks for Persian, namely *The Routledge Introductory Persian Course* (2010 & 2019 [2nd edition], with Dominic Brookshaw), *The Routledge Intermediate Persian Course* (2012, with Dominic Brookshaw), and *What the Persian Media Says* (Routledge, 2015) as well as *Processing Compound Verbs in Persian: A Psycholinguistic Approach to Complex Predicates* (Leiden and University of Chicago Press, 2014). She is co-editor of *The Oxford Handbook of Persian Linguistics* (2018, with Anousha Sedighi) and also co-translator of *The Thousand Families: Commentary on Leading Political Figures of Nineteenth Century Iran,* by Ali Shabani (Peter Lang, 2018) and *Hafez in Love: A Novel*, by Iraj Pezeshkzad (Syracuse University Press, 2020), both with Patricia Higgins. Her current project is editing *The Routledge Handbook of Second Language Acquisition* and Pedagogy of Persian (2020). She serves as a reviewer for *International Journal of Iranian Studies, International Journal of Applied Linguistics, Frontiers in Psychology, International Journal of Psycholinguistic Research, Journal of Cultural Cognitive Science,* and *LINGUA.* Currently, she is President of the American Association of Teachers of Persian (2018-2020).

درس اول
فوتبال

فوتبال را می‌توان از سه جنبه بررسی کرد. به عنوان یک «بازی»، به منزله‌ی یک «رشته‌ی ورزشی» و به مثابه‌ی[1] «پدیده‌ای اجتماعی». هر یک از این جنبه‌ها به نوبه‌ی خود شامل ابعاد علمی و فرهنگی متنوعی می‌شود که تا حد امکان، در این متن به آن‌ها پرداخته شده است.

شاید کمتر کسی تصور می‌کرد فوتبال پس از ورود به ایران و آشنا شدن نسل جوان‌تر با آن، این‌چنین در بطن[2] جامعه‌ی جوان رخنه نماید[3] و چنان نهادینه[4] شود که به آسانی در سیاست‌های کلان[5] ورزشی و تفریحی کشور نیز مؤثر باشد؛ و در برنامه‌ریزی‌های مدوّن[6] برای نسل جوان نقش اصلی را ایفا کند.[7] توجه جوانان ما به فوتبال بسیار چشم‌گیر[8] است. بیشتر بودجه‌ی ورزش کشور صرف فوتبال می‌شود. میزان تبلیغاتی که صورت می‌گیرد، تماشاگرانی که به ورزشگاه‌ها و پای گیرنده‌ها[9] می‌آیند، و برنامه‌های تفریحی-ورزشی‌ای که از تلویزیون پخش می‌شود، و تعداد باشگاه‌های ورزشی کشور که به فوتبال اختصاص دارد، بیش از سایر ورزش‌هاست.

فوتبال به عنوان یک بازی و تفریح تقریباً از دوران دبستان، مورد توجه پسر بچّه‌هاست. کمتر نوجوان یا پسر جوانی است که این بازی برایش یک تفریح یا ورزش نباشد و آن را نوعی سرگرمی نداند. در فوتبال ویژگی‌هایی

---

[1] به منزله‌ی = به مثابه‌ی = به عنوان

[2] بطن = درون

[3] رخنه نمودن = داخل شدن

[4] نهادینه = بنیادی

[5] کلان = بزرگ

[6] مدوّن = جمع‌آوری شده

[7] نقش ایفا کردن = نقش بازی کردن

[8] چشم‌گیر = قابل توجه

[9] گیرنده = رسانه‌ها = رادیو و تلویزیون

هست که آن را چنین همه‌گیر[۱۰] و عامه‌پسند کرده است. یک بازی گروهی است؛ با حداقل امکانات قابل دسترسی است؛ هم هدفمند است و هم مسئولیت‌ها در آن تفکیک می‌شود؛[۱۱] قابلیت[۱۲] پی‌گیری[۱۳] آن به مثابه یک ورزش وجود دارد؛ دارای خصلتی[۱۴] است که همه جای دنیا با ویژگی‌های آن آشنا هستند.

با آنکه فوتبال بر خلاف ورزشی مثل کشتی، چند دهه‌ای بیش نیست که در ایران پا گرفته،[۱۵] از اقبال زیادی برخوردار شده است. در عرصه‌ی[۱۶] بین‌المللی در قیاس[۱۷] با ورزش‌هایی سنتی نظیر کشتی یا وزنه‌برداری، حتی ورزش‌های نوین[۱۸] رزمی، فوتبال ایران توفیق چشم‌گیری نداشته است و در آینده‌ی نزدیک نیز چنین امری بعید[۱۹] به نظر می‌رسد. آنچه در کارنامه‌ی ورزش فوتبال در ابعاد جهانی می‌توان دید، منحنی‌ای با فرود و فراز است که اوج قله‌های آن تنها در سطح آسیا و آن هم عمدتاً[۲۰] به طور تصادفی بوده است. در ابعاد دیگر نیز صرفاً[۲۱] می‌توان دهه‌های ۵۰ و ۷۰ را نسبتاً موفقیت‌آمیز دانست، که با قهرمانی ایران در بازی‌های آسیایی تهران (۱۳۵۳) و راهیابی ایران به جام‌جهانی فوتبال (۱۹۷۸) در آرژانتین شروع شد و مجدداً[۲۲] پس از یک دوره‌ی رکود[۲۳] طولانی، در سال‌های ۷۰ به ویژه پس از راه‌یابی[۲۴] ایران به جام‌جهانی فوتبال (۱۹۹۸) در فرانسه و برخی موقعیت‌های ایجاد شده برای فوتبالیست‌های ایرانی در اروپا، توجه علاقه‌مندان جهانی را به خود جلب کرد. در سال‌های اخیر حضور متوالی ایران در دو دوره‌ی جام‌جهانی ۲۰۱۴ و ۲۰۱۸ امیدهای زیادی را برای پیشرفت فوتبال ایران ایجاد کرده است.

اما فوتبال به منزله‌ی پدیده‌ای اجتماعی بیش‌ترین نگاه‌ها را به خود معطوف داشته است.[۲۵] شاید (با روندی[۲۶] که پیش می‌رود) و با توجه به عوامل متعددی که در این عرصه نقش دارند، فوتبال ما هرگز نتواند در سطح جهانی موفقیت

[۱۰] همه‌گیر = عمومی = شایع
[۱۱] تفکیک شدن = جدا شدن
[۱۲] قابلیت = توانایی
[۱۳] پی‌گیری = دنبال کردن
[۱۴] خصلت = ویژگی = خصوصیت = مشخصه
[۱۵] پا گرفتن = ثابت شدن = مستقر شدن
[۱۶] عرصه = میدان = صحنه
[۱۷] در قیاس = در مقایسه
[۱۸] نوین = جدید
[۱۹] بعید = دور از ذهن = غیر قابل باور
[۲۰] عمدتاً = اساساً
[۲۱] صرفاً = تنها = فقط
[۲۲] مجدداً = بار دیگر
[۲۳] رکود = افت
[۲۴] راه‌یابی = ورود
[۲۵] معطوف داشتن = جلب کردن
[۲۶] روند = روش = رفتار = طرز

پایا[۲۷] و قابل توجهی کسب کند، اما کدام پدیده‌ی اجتماعی است که بدون برنامه‌ریزی‌های دراز مدت از پیش تعیین‌شده و بدون آموزش‌های ضروری، بتواند صدهزار جوان را (و در بیشتر موارد یک دل و یک صدا[۲۸]) در محیطی سالم، برای هدفی والا[۲۹] و با رفتاری درست کنار هم قرار دهد، به آن‌ها شور و شوق[۳۰] بخشد، اعتماد به نفس ایجاد کند، احساسات ملی را برانگیزد، هیجان عاطفی به‌وجود آورد و خاطره‌ای مثبت و انگیزساز (حتی پس از شکست‌ها) پدید آورد. (محمدنبی، حسین. فوتبال در ایران: از ایران چه می‌دانم؟. ج۵۲. تهران: دفتر پژوهشهای فرهنگی. ۲۰۰۵ ص ۹-۱۰)

درک مطلب

به پرسش‌های زیر پاسخ کامل بدهید.

۱- چرا بیش‌تر بودجه‌ی ورزشی کشور صرف فوتبال می‌شود؟ چند دلیل ذکر کنید.
۲- چرا فوتبال در ایران پرطرفدار است؟
۳- چند ورزش سنتی را نام ببرید.
۴- چرا فوتبال ایران نمی‌تواند در سطح جهانی موفقیت پایدار کسب کند؟
۵- چرا دهه‌های ۵۰ و ۷۰ را می‌توان دوران طلایی فوتبال ایران دانست؟

تمرین با کلمات

الف- جاهای خالی در متن زیر را با کلمات مناسب پر کنید.

معلوم نیست مردم ایران . . . . چه زمانی به بازی فوتبال . . . . آورده‌اند. برخی معتقدند ملوانان انگلیسی . . . . در بنادر جنوب ایران . . . . و آمد داشته‌اند آن . . . . با خود آورده‌اند و . . . . نیز می‌گویند این بازی . . . . کارگران انگلیسی مقیم مسجد سلیمان . . . . ایران آورده شده است. حتی گروهی آن را . . . . طریق ورود تجّار اروپایی . . . . شیراز می‌دانند. (همان منبع، ص۱۴)

[۲۷] پایا = پایدار = جاوید = ثابت
[۲۸] یک دل و یک صدا = هماهنگ
[۲۹] والا = بالا = بلند = بلندمرتبه
[۳۰] شور و شوق = هیجان

ب- گزینه‌ی درست را انتخاب کنید.

۱-   من با سیاست‌های . . . . دولت جدید موافق نیستم.

الف- چشمگیر   ج- همه‌گیر
ب- کلان   د- پیگیر

۲-   مهمان‌نوازی یکی از . . . . بارز ایرانیان است.

الف- عرصه‌های   ج- خصلت‌های
ب- گیرنده‌های   د- روندهای

۳-   پس از استخراج نفت خام می‌بایست نفت سفید را از مواد دیگر . . . .

الف- پا گرفت   ج- رخنه نمود
ب- معطوف داشت   د- تفکیک کرد

۴-   برای . . . . به دانشگاه جوانان ایرانی با هم به رقابت می‌پردازند.

الف- بطن   ج- پی‌گیری
ب- قابلیت   د- راهیابی

۵-   من شما را به خاطر اهداف . . . . می‌ستایم.

الف- مدونتان   ج- والایتان
ب- نوینتان   د- نهادینه‌تان

نگارش

الف- متن زیر را بخوانید و سپس آن را با استفاده از فرهنگ لغات و با کلمات خودتان بازنویسی کنید.

امروزه علم روان‌شناسی با علوم ورزشی گره خورده است. منظور از تربیت‌بدنی فقط تربیت بدن نیست بلکه تقویت روح و روان را نیز شامل می‌شود. ورزش در جهان نوین تنها یک فعالیت فیزیکی برای سلامت جسم و روح نیست، بلکه ابعاد بزرگ‌تر اقتصادی، صنعتی، اجتماعی و سیاسی را به خود اختصاص داده است. از این رو مسابقات و رقابت‌های ورزشی از حساسیت فوق‌العاده بالایی برخوردار شده‌اند. مسابقات المپیک، دیگر یک جشن یا گردهم‌آیی جهانی به حساب نمی‌آید، رقابت‌های آسیایی تنها برای نشان دادن حسّ مودت و دوستی برگزار نمی‌شوند، و بازی‌های جام جهانی صرفاً یک تفریح و سرگرمی برای مردم و کشورها نیست. تمام این عوامل و منفعت‌های اقتصادی، سیاسی و اجتماعی حاصل از ورزش، به خصوص فوتبال، باعث شده تا به آن از منظر صنعت، تجارت و حتی سیاست بنگرند. همین امر مسئولان مختلف را در تمام رده‌های اجتماعی بر

آن داشته تا برای کسب «سود» بیشتر سرمایه‌گذاری‌های متنوع و زیادتری را بر روی ورزش به ویژه فوتبال متمرکز کنند. (همان منبع، ص۲۳)

ب- مقاله‌ای بنویسید در مورد فوتبال در کشورتان که شامل یک مقدمه، سه پاراگراف متن اصلی و یک نتیجه‌گیری باشد.

ج- در متن اصلی درس، زیر طولانی‌ترین جمله خط بکشید. سپس جملات تشکیل دهنده‌ی آن را مشخص کنید. بعد از آن، هر یک از آن جملات را تجزیه و تحلیل نحوی و دستوری کنید. نهاد و گزاره را مشخص کنید. فاعل و مفعول و فعل را معین کنید. و بعد عبارات اسمی و وصفی و قیدی و . . . را تجزیه و تحلیل نمایید.

شعر: نیما یوشیج

علی اسفندیاری (۱۸۹۷-۱۹۶۰) مشهور به نیما یوشیج شاعر معاصر ایرانی است. وی را بنیان‌گذار شعر نو فارسی نامیده‌اند. شکستن ساختارهای شعر سنتی فارسی سبب شد که اشعار او بسیار مورد توجه قرار گیرد و منشاء پیدایش جریان شعر نو فارسی گردد او که در مازندران در شمال ایران زاده شده بود بسیار از عناصر محلی در اشعارش بهره می‌برد.

می‌تراود مهتاب

می‌تراود مهتاب
می‌درخشد شبتاب
نیست یک دم شکند خواب به چشم کس و لیک
غم این خفته‌ی چند
خواب در چشم ترم می‌شکند
نگران با من استاده سحر
صبح می‌خواهد از من
کز مبارک دم او آورم این قوم به جان باخته را بلکه خبر
در جگر لیکن خاری
از ره این سفرم می‌شکند
نازک‌آرای تن ساق گلی
که به جانش کشتم
و به جان دادمش آب
ای دریغا به برم می‌شکند
دست‌ها می‌سایم
تا دری بگشایم

بر عبث می‌پایم
که به در کس آید
در و دیوار به هم ریخته‌شان
بر سرم می‌شکند
می‌تراود مهتاب
می‌درخشد شبتاب
مانده پای‌آبله از راه دراز
بر دم دهکده مردی تنها
کوله‌بارش بر دوش
دست او بر در، می‌گوید با خود:
غم این خفته‌ی چند
خواب در چشم ترم می‌شکند

الف- در مورد شاعر فوق تحقیق کنید و نتیجه‌ی تحقیقتان را در یک صفحه خلاصه کنید.
ب- شعر بالا را در اینترنت جستجو کنید و نحوه‌ی صحیح خواندن آن را تمرین کنید.
سپس سعی کنید چند بیت آن را حفظ کنید.
ج- در شعر فوق، چه آرایه‌ها یا صنایع ادبی‌ای اعم از لفظی و معنوی به کار رفته؟ چند نمونه را ذکر کنید؟ آیا تشبیهات و استعاره‌ها و دیگر صنایع ادبی به کار رفته در شعر بالا در زبان شما وجود دارد یا خیر؟

ضرب‌المثل

آب در کوزه و ما تشنه‌لبان می‌گردیم

توضیح:
این مثل مصرعی از بیت زیر است:

آب در کوزه و ما تشنه‌لبان می‌گردیم   یار در خانه و ما گرد جهان می‌گردیم

کوزه ظرفی سفالی است که در گذشته برای خنک نگه داشتن مایعات از آن استفاده می‌شد.

کاربرد:
این مثل در مورد کسی به کار می‌رود که برای یافت چیزی که به دنبال آن است با دقت به اطرافش نگاه نمی‌کند و آن را در دوردست‌ها جستجو می‌کند درحالی‌که ممکن است یافتن آنچه می‌خواسته ساده‌تر از این‌ها و در جایی در اطرافش ممکن باشد.

الف- یک داستان یا گفتگو بنویسید و از ضرب‌المثل بالا در آن استفاده کنید.
ب- نزدیک‌ترین معادل ضرب‌المثل بالا در زبان شما چیست؟

درس دوم

داریوش بزرگ

داریوش بی‌تردید[۱] یکی از بزرگترین پادشاهان تاریخ ایران است که پس از سلف[۲] بلندمرتبه‌ی[۳] خود کوروش توانست با اراده و تدبیر و نبوغ[۴] و فرماندهی بی‌مانند[۵] خویش امپراتوری ایران را در حقیقت از نو بنا نهد[۶] و در پرتو[۷] کیاست[۸] و کاردانی و شجاعتی بی‌مانند، شورش‌هایی را که پس از درگذشت[۹] کمبوجیه، تقریباً سراسر قلمرو[۱۰] حکمرانی هخامنشیان را فرا گرفته بود[۱۱] فرونشانَد.[۱۲] او در سنگ‌نگاره‌ای به شرح[۱۳] فتوحاتش پرداخته و در جایی گفته:

«از زمانی که شاه شدم، نوزده جنگ کردم. به فضل[۱۴] اهورا مزدا[۱۵] لشکرشان را در هم شکستم[۱۶] و نه شاه را گرفتم».

[۱] بی‌تردید = بدون شک
[۲] سلف (اسلاف) = پدران و گذشتگان
[۳] بلندمرتبه = عالی مقام
[۴] نبوغ = ذکاوت
[۵] بی‌مانند = بی‌همتا
[۶] بنا نهادن = ساختن
[۷] پرتو = نور
[۸] کیاست = زیرکی = هوشیاری = کاردانی
[۹] درگذشت = فوت = مرگ
[۱۰] قلمرو = حوزه‌ی فرمانروایی
[۱۱] فرا گرفتن = پر کردن
[۱۲] فرو نشاندن = سرکوب کردن
[۱۳] شرح = تفصیل = توضیح
[۱۴] فضل = بخشش = احسان = برکت
[۱۵] اهورا مزدا = خداوند در دین زردشتی
[۱۶] در هم شکستن = شکست دادن

و چون می‌داند که ممکن است آیندگان گفتار[۱۷] او را اغراق‌آمیز[۱۸] بدانند تأکید می‌کند که:

«پادشاهان پیشین، تا هر زمان که شاه بودند، آن همه کار نکردند که من به قدرت اهورا مزدا. آن همه کار را فقط در یک سال کردم».

از خلال[۱۹] سنگ‌نگاره‌ای که از او به جای مانده چهره‌ی پادشاه پیروزمندی را می‌بینیم که به اندیشه‌ی[۲۰] دینی، ایمانی راسخ[۲۱] دارد و شکوه[۲۲] مشروعیت بخشیدن به اقدامات خویش را هم از جانب[۲۳] مبدأ بی‌چون[۲۴] می‌شمارد. سخنان او شاید بیش از آن‌که برای جلب اعتماد مردمی باشد که داریوش از میان آنان برخاسته است، مبین[۲۵] اخلاص عمل و صداقت مرد قدرتمندی است که غرورهای کاذب[۲۶] انسانی را فراموش می‌کند و کانون[۲۷] اساسی اقتدار[۲۸] و راهیابی درست خود را خداوند دانا و فضل و کرم او می‌داند. احترام او به قانون به حدی بود که مصریان او را در تاریخ خود به نام آخرین قانون‌گذار خویش می‌شناختند. رفتار او با ملت‌های مغلوب طوری بود که در قلب آن‌ها نفوذ می‌کرد و برایش احترام بسیار قائل بودند.[۲۹] پیر بریان یادآور می‌شود که منابع کلاسیک داریوش را مانند فرعونی تصویر می‌کنند که به رسوم و آداب رعایای مصری بسیار احترام می‌گذاشت (بریان، ۲۰۰۲، ص۴۷۶). هر فرمانروایی را که بر ملتی مغلوب می‌گماشت[۳۰] تأکید می‌کرد که دل زیردستان[۳۱] را به دست آورد، از مالیات‌ها بکاهد[۳۲] و در آبادی قلمرو خود بکوشد. در زمان او وسعت ممالک ایران، در شمال، از مغرب به مشرق، رود دانوب، کوه‌های قفقاز، دریای مازندران و سیر دریا، در مغرب سرزمین‌های غربی شبه‌جزیره بالکان تا نقطه‌ای در ساحل دریای آدریاتیک، جزائر اژه، بن غازی و صحرای لیبی، در مشرق وادی سند و پنجاب (شامل هر دو بخش پاکستانی و هندی کنونی)، در جنوب، دریای پارس (عمان) خلیج فارس و حبشه مجاور مصر بودند.

[۱۷] گفتار = سخنان
[۱۸] اغراق آمیز = مبالغه آمیز
[۱۹] از خلال = از میان
[۲۰] اندیشه = تفکر
[۲۱] راسخ = محکم = قوی
[۲۲] شکوه = عظمت
[۲۳] از جانب = از طرف
[۲۴] بی‌چون = بی‌مانند = بی‌همتا
[۲۵] مبین = بیان کننده
[۲۶] کاذب = دروغین
[۲۷] کانون = مرکز
[۲۸] اقتدار = قدرت
[۲۹] احترام قائل بودن = احترام گذاشتن
[۳۰] گماشتن = تعیین کردن
[۳۱] زیردستان = مظلومان
[۳۲] کاستن = کم کردن = کاهش دادن

داریوش دریافته بود[۳۳] که برای حل و فصل[۳۴] چنین امپراتوری گسترده‌ای ناگزیر[۳۵] از ایجاد مرکزیتی نیرومند است به نحوی که بتواند هم برای امور کشوری و لشکری، طرح‌ها و برنامه‌های صحیحی ارائه دهد و هم سازمانی ایجاد کند که قادر به اجرای دستورها و تدابیر اتخاذ شده باشد.[۳۶] از این رو تشکیلاتی[۳۷] آفرید[۳۸] که با کفایت[۳۹] و توانمندی توانست کارها را از پیش ببرد. او در دستگاه دیوانی خود از همه ترقیاتی[۴۰] سود برد که توسعه‌ی[۴۱] سازمان اداری در مشرق‌زمین حاصل کرده بود و با گروهی از دبیران و مستوفیان[۴۲] آزموده[۴۳] همه‌ی گزارش‌های کشوری را مطالعه و مکاتبات دولتی را ملاحظه می‌کرد و تصمیمات لازم را برای پیش‌برد امور می‌گرفت. ویژگی[۴۴] ممتاز[۴۵] داریوش در این بود که با توجه به سوابق زندگی هر قوم و ملتی با آن‌ها برخورد می‌کرد[۴۶] و حدود نیاز ساکنان هر منطقه و پیروان هر عقیده را می‌دانست و به درستی درمی‌یافت که به چه صورتی می‌تواند قلب طرفداران حکومت را تسخیر کند.[۴۷] شیوه‌ی رفتار او در تاریخ جهان کهن، پدیده‌ای نو بود که بر بنیاد[۴۸] عدل و داد استوار شده بود. داریوش توانست، با ذهنی قانونمند و بصیر[۴۹] قواعدی از خویش باقی بگذارد که شالوده‌ی[۵۰] بزرگترین، نیرومندترین و توانگرترین امپراتوری جهان را بریزد و با کاردانی و کفایت حفظ کند، و به مرور زمان مردان دانایی را پرورش دهد که مسئولیت‌ها و تکالیف خویش را با توجه به اختیاراتی که به آن‌ها داده شده بود به بهترین وجه انجام دهند. زندگی او بی‌شک بیشترین تأثیر را در پرورش و تکامل انسان‌های بعد از او گذاشته است. او اسوه‌ی[۵۱] ممتازی برای جامعه ایرانی عصر خود بود تا آشکار کند که ملت‌های بزرگ چگونه به

[۳۳] دریافتن = فهمیدن
[۳۴] حل و فصل = اداره
[۳۵] ناگزیر = ناچار
[۳۶] اتخاذ شده = گرفته شده
[۳۷] تشکیلات = سازمان
[۳۸] آفریدن = خلق کردن
[۳۹] کفایت = لیاقت = شایستگی
[۴۰] ترقیات = پیشرفت‌ها
[۴۱] توسعه = گسترش
[۴۲] مستوفی = حسابدار = مسئول امور مالی
[۴۳] آزموده = خبره = مجرب = کاردیده = باتجربه
[۴۴] ویژگی = خصوصیات = خصلت
[۴۵] ممتاز = برجسته
[۴۶] برخورد کردن = رفتار کردن
[۴۷] تسخیر کردن = مغلوب کردن = رام کردن
[۴۸] بر بنیاد = بر اساس
[۴۹] بصیر = بینا = دانا
[۵۰] شالوده = اساس
[۵۱] اسوه = الگو

شخصیت و هویت[52] بارز[53] خویش در جهان رسیده‌اند. (شعبانی، رضا. داریوش بزرگ: از ایران چه می‌دانم؟. ج ۴۰. تهران: دفتر پژوهش‌های فرهنگی. ۲۰۰۳. ص۱۱۳-۱۱۴)

درک مطلب

به پرسش‌های زیر پاسخ کامل بدهید.

۱- شخصیت داریوش را چگونه توصیف می‌کنید؟

۲- تا چه حد داریوش پیروزی‌های خود را مدیون خداوند می‌دانست؟

۳- در زمان داریوش، مرزهای ایران تا کجا گسترده شدند؟

۴- ویژگی ممتاز داریوش چه بود؟

۵- داریوش چگونه تأثیری در جامعه‌ی ایرانی داشته است؟

تمرین با کلمات

الف- جاهای خالی در متن زیر را با کلمات مناسب پر کنید.

صرف نظر از این . . . . داریوش شاه نزدیک‌ترین فرد . . . . خاندان پادشاهی پس . . . . کمبوجیه بوده و یا . . . . اساس استعداد خلاقه و قدرت فرماندهی . . . . به چندان مقام مهمی دست یافته . . . . ، در این امر تردیدی . . . . که او بزرگ‌ترین پادشاه همه‌ی تاریخ . . . . است. همه‌ی منابعی که . . . . این پادشاه سخن گفته‌اند بر این . . . . اتفاق نظر دارند که او . . . . هوش فوق‌العاده‌ای برخوردار بود که توانایی درک و . . . . درست مسائل را به وی . . . . و در همان حال از خواست نیرومندی . . . . می‌گرفت که اراده‌ی تغییر و تحول را با سرعتی باورنکردنی به اجرا در می‌آورد. (همان منبع، ص۸۵)

ب- گزینه‌ی درست را انتخاب کنید.

۱- . . . . تمام ادیان آسمانی یکی است.

الف- اسوه   ج- درگذشت

ب- شالوده   د- سلف

---

[52] هویت = وجود = ذات = هستی

[53] بارز = نمایان = آشکار = هویدا

۲- دلیل خود را برای فراگیری زبان فارسی. . . . .

الف- بگمارید   ج- تسخیر کنید
ب- دریابید   د- شرح دهید

۳- بسیاری از جوانان ما . . . . خود را با پیروی کورکورانه از غرب از دست می‌دهند.

الف- اغراق   ج- قلمرو
ب- گفتار   د- هویت

۴- معلمین مدارس برای . . . . حقوق اعتصاب کردند.

الف- نبوغ   ج- افزایش
ب- فضل   د- کفایت

۵- دانشجویان خواهان استادی . . . . می‌باشند.

الف- مبین   ج- گماشته
ب- آزموده   د- بارز

۶- برخی داروهای اعصاب موجب بروز اشتهای . . . . می‌شوند.

الف- فاضل   ج- مقتدر
ب- آزموده   د- کاذب

نگارش

الـف- متن زیر را بخوانید و سپس آن را با استفاده از فرهنگ لغات و بـا کلمـات خودتـان بازنویسـی کنید.

ملل و مردم تابعه‌ی ایران، البته آزاد بودند که موافق معتقدات دینی و عادات و آداب سنتی خود رفتار کنند و مذهب شاه بر آن‌ها تحمیل نمی‌شد. اخلاقیات و شیوه‌های رفتاری ملل مختلف محفوظ بود و حتی بسیاری از کشورها که به ایران پیوسته بودند مجاز بودند که خاندان‌های محلی حاکم و نیز سلسله مراتب روحانیون جامعه خود را حفظ کنند. چیزی که شاه داریوش از آن‌ها می‌طلبید این بود که مردمان، خود را از شاه بدانند، احکام مرکز را اجرا کنند و قوانین ایران را محترم و محفوظ بدارند. مراد از قوانین، قانون‌های مدنی یا قضایی و مانند آن‌ها نیست، چراکه این نوع قوانین موافق عرفیات و عادات و سنن گذشته ملت‌ها بود و نه حکومت مرکزی و نه استانداران، هیچ‌کدام در این موارد دخالتی نمی‌کردند، بلکه منظور رعایت میثاق‌های دولتی و تنظیماتی بود که امنیت عمومی را حفظ کند، از صدمه زدن به نیروهای مستقر در هر منطقه جلوگیری کند، کار چاپارها را تسهیل کند و مالیات‌های اعلام شده را به خزانه رساند. داریوش به عمران و آبادی ممالک تابع، نظر خاصی داشت تا هم آسایش رعایا فراهم آید و هم به عایدات خزانه آسیبی نرسد. (همان منبع، ص۱۰۷)

ب- در مورد سیاست خارجی یکی از سران کشورتان مقاله‌ای بنویسید که شامل یک مقدمه، سه پاراگراف متن اصلی و یک نتیجه‌گیری باشد.

ج- در متن اصلی درس، زیر طولانی‌ترین جمله خط بکشید. سپس جملات تشکیل دهنده‌ی آن را مشخص کنید. بعد از آن، هر یک از آن جملات را تجزیه و تحلیل نحوی و دستوری کنید. نهاد و گزاره را مشخص کنید. فاعل و مفعول و فعل را معین کنید. و بعد عبارات اسمی و وصفی و قیدی و . . . را تجزیه و تحلیل نمایید.

شعر: فروغ فرخزاد
فروغ فرخزاد (۱۹۳۴-۱۹۶۷) شاعر نامدار معاصر ایرانی است. اشعار او که در قالب شعر نو سروده شده‌اند از جنبه‌های مختلفی در جامعه‌ی فرهنگی و ادبی ایران تأثیر گذاشت. فروغ علاوه بر این، فعالیت‌هایی در سینما و تئاتر نیز داشت.

تولدی دیگر

همه‌ی هستی من آیه‌ی تاریکی است
که تو را در خود تکرار کنان
به سحرگاه شکفتن‌ها و رستن‌های ابدی خواهد برد
من در این آیه تو را آه کشیدم، آه
من در این آیه تو را
به درخت و آب و آتش پیوند زدم
زندگی شاید
یک خیابان دراز است که هر روز زنی با زنبیلی از آن می‌گذرد
زندگی شاید
ریسمانی است که مردی با آن خود را از شاخه می‌آویزد
زندگی شاید طفلی است که از مدرسه بر می‌گردد
زندگی شاید افروختن سیگاری باشد، در فاصله‌ی رخوتناک دو هم‌آغوشی
یا نگاه گیج رهگذری باشد
که کلاه از سر بر می‌دارد
و به یک رهگذر دیگر با لبخندی بی‌معنی می‌گوید «صبح بخیر»
زندگی شاید آن لحظه‌ی مسدودی است
که نگاه من، در نی‌نی چشمان تو خود را ویران می‌سازد
و در این حسی است
که من آن را با ادراک ماه و با دریافت ظلمت خواهم آمیخت
در اتاقی که به اندازه‌ی یک تنهایی است
دل من
که به اندازه‌ی یک عشق است
به بهانه‌های ساده‌ی خوشبختی خود می‌نگرد
به زوال زیبای گل‌ها در گلدان
به نهالی که تو در باغچه‌ی خانه‌مان کاشته‌ای

و به آواز قناری‌ها
که به اندازه‌ی یک پنجره می‌خوانند
آه . . .
سهم من این است
سهم من این است
سهم من،
آسمانی است که آویختن پرده‌ای آن را از من می‌گیرد
سهم من پائین رفتن از یک پله‌ی متروک است
و به چیزی در پوسیدگی و غربت واصل گشتن
سهم من گردش حزن آلودی در باغ خاطره‌هاست
و در اندوه صدایی جان دادن که به من می‌گوید:
«دست‌هایت را
دوست می‌دارم»

دست‌هایم را در باغچه می‌کارم
سبز خواهم شد، می‌دانم، می‌دانم، می‌دانم
و پرستوها در گودی انگشتان جوهریم
تخم خواهند گذاشت
گوشواری به دو گوشم می‌آویزم
از دو گیلاس سرخ همزاد
و به ناخن‌هایم برگ گل کوکب می‌چسبانم
کوچه‌ای هست که در آنجا
پسرانی که به من عاشق بودند، هنوز
با همان موهای درهم و گردن‌های باریک و پاهای لاغر
به تبسم‌های معصوم دخترکی می‌اندیشند که یک شب او را
باد با خود برد
کوچه‌ای هست که قلب من آن را
از محله‌های کودکیم دزدیده است
سفر حجمی در خط زمان
و به حجمی خط خشک زمان را آبستن کردن
حجمی از تصویری آگاه
که ز مهمانی یک آینه بر می‌گردد
و بدین‌سان است
که کسی می‌میرد
و کسی می‌ماند
هیچ صیادی در جوی حقیری که به گودالی می‌ریزد، مرواریدی صید نخواهد کرد.
من
پری کوچک غمگینی را
می شناسم که در اقیانوسی مسکن دارد
و دلش را در یک نی‌لبک چوبین

می‌نوازد آرام، آرام

پری کوچک غمگینی

که شب از یک بوسه می‌میرد

و سحرگاه از یک بوسه به دنیا خواهد آمد.

الف- در مورد شاعر فوق تحقیق کنید و نتیجه‌ی تحقیقتان را در یک صفحه خلاصه کنید.

ب- شعر بالا را در اینترنت جستجو کنید و نحوه‌ی صحیح خواندن آن را تمرین کنید. سپس سعی کنید چند بیت آن را حفظ کنید.

ج- در شعر فوق، چه آرایه‌ها یا صنایع ادبی‌ای اعم از لفظی و معنوی به کار رفته؟ چند نمونه را ذکر کنید؟ آیا تشبیهات و استعاره‌ها و دیگر صنایع ادبی به کار رفته در شعر بالا در زبان شما وجود دارد یا خیر؟

ضرب‌المثل
دیواری از دیوار ما کوتاه‌تر ندیده

توضیح:
معمولاً در گذشته در اطراف خانه‌ها دیوارهایی می‌کشیدند تا از محدوده‌ی خانه در مقابل افراد غریبه محافظت کنند. معمولاً خانه‌های متعلق به افراد ثروتمند و توانگر دیوارهای بلندتری داشتند.

کاربرد:
این مثل در مورد کسی به کار می‌رود که به دلیل ضعف کسی به او ظلم کرده است.

الف- یک داستان یا گفتگو بنویسید و از ضرب‌المثل بالا در آن استفاده کنید.

ب- نزدیک‌ترین معادل ضرب‌المثل بالا در زبان شما چیست؟

درس سوم

ازدواج در جوامع ایلی

در جامعه‌های ایلی ازدواج نقش مهمی در انسجام[۱] روابط اجتماعی، اقتصادی و سیاسی ایفا می‌کند. ازدواج، خانواده‌ها و دودمان‌ها را به یکدیگر نزدیک می‌کند و در میان آن‌ها یک اتحاد اجتماعی پدید می‌آورد. گاهی ازدواج‌ها در سطح رؤسای[۲] ایل‌ها و طایفه‌ها به منظور نزدیک کردن دو ایل یا دو طایفه‌ی رقیب[۳] و دشمن به یکدیگر و برقراری[۴] یک اتحاد سیاسی[۵] انجام می‌گرفت. در میان افراد عادی ایلیاتی ازدواج بیشتر جنبه‌ی طبیعی و اقتصادی[۶] داشت. یکی از انگیزه‌های ازدواج فرونشاندن غرایز جنسی[۷] بود. تولید مثل[۸] و فرزند آوردن (به ویژه[۹] آوردن فرزندان پسر) جهت[۱۰] تولید[۱۱] و ازدیاد[۱۲] جمعیت و توسعه‌ی[۱۳] نسل[۱۴] و نیز بالا بردن توان کار با نیروی انسانی[۱۵] کارآمد[۱۶] و مددرسانی[۱۷] به خانواده از مهم‌ترین دلایل ازدواج بوده است.

[۱] انسجام = نظم و پیوستگی

[۲] رئیس (رؤسا) = سر (سران)

[۳] طایفه‌ی رقیب = دو طایفه که با هم رقابت می‌کنند

[۴] برقراری = ایجاد

[۵] اتحاد سیاسی = یگانگی و وحدت سیاسی

[۶] اقتصادی = مالی

[۷] غریزه‌ی جنسی (غرایز جنسی) = شهوت

[۸] تولید مثل = تناسل = زایش

[۹] به ویژه = به خصوص = مخصوصاً

[۱۰] جهت = به دلیل = به خاطر = برای

[۱۱] تولید = به وجود آوردن

[۱۲] ازدیاد = زیاد کردن = افزایش

[۱۳] توسعه = گسترش

[۱۴] نسل = دودمان

[۱۵] نیروی انسانی = کارگر

[۱۶] کارآمد = خبره

[۱۷] مددرسانی = کمک

در این جامعه‌ها ازدواج تابع مجموعه‌ای از ملاک‌ها و معیارهای[۱۸] اجتماعی و فرهنگی رایج[۱۹] در جامعه‌ی ایلی و متناسب با[۲۰] نظام اجتماعی مستولی[۲۱] بر آن‌ها است. ازدواج‌ها بیشتر به شیوه‌ی درون همسری[۲۲] و بیرون از شبکه‌ی محارم[۲۳] و درون تیره و طایفه صورت می‌گیرند.[۲۴] ازدواج با عموزادگان و خاله‌زادگان، ازدواج با عمه‌زادگان و دایی‌زادگان از ازدواج‌های ترجیحی[۲۵] به شمار می‌رود. مثلاً ازدواج با دخترعمو در میان ایلات کرد کردستان، ایل قشقایی و قبایل عرب و با دختردایی در میان ایل لر بهمنی در کهگیلویه بر انواع ازدواج‌های دیگر ترجیح داده می‌شده است. در برخی از ایلات و عشایر، مانند قبایل عرب بنا بر سنت قبیله‌ای به هنگام شوهر دادن دختر غالباً[۲۶] رضایت[۲۷] پسرعموی او را به دست می‌آوردند.

ازدواج میان دودمان‌های سران ایل گاهی به صورت برون همسری[۲۸] و با افراد خاندان سران ایل‌های دیگر نیز انجام می‌گرفته است. در ایل‌هایی که ارزش[۲۹] و منزلت اجتماعی[۳۰] افراد بر اساس قشربندی[۳۱] اجتماعی تعیین و مشخص می‌شد،[۳۲] ازدواج‌ها بیشتر به شیوه‌ی[۳۳] درون همسری و درون قشر اجتماعی انجام می‌گرفت. مثلاً خان‌ها و کلانتران ایل قشقایی که خود را از قشر اجتماعی برتر جامعه‌ی ایلی به شمار می‌آوردند، غالباً با خانواده‌های درون قشر خود و گاهی نیز با خانواده‌های هم‌سنگ[۳۴] خود در قشرهای دیگر ایل پیوند زناشویی[۳۵] می‌بستند. شیوخ قبایل عرب خوزستانی که به یک قشر اجتماعی تعلق داشتند،[۳۶] نیز در میان خود دختر می‌دادند و می‌گرفتند.

[۱۸] ملاک = معیار = مقیاس
[۱۹] رایج = متداول
[۲۰] متناسب با = همگام با = در راستای = مطابق با
[۲۱] مستولی = چیره = مسلط
[۲۲] درون‌همسری = ازدواج با فامیل
[۲۳] محرم (محارم) = خودی و خویش نزدیک و عضو خانواده که زناشویی با او حرام باشد
[۲۴] صورت گرفتن = رخ دادن = اتفاق افتادن
[۲۵] ازدواج‌های ترجیحی = ازدواجی که به انواع دیگر ازدواج ترجیح داده شده باشد
[۲۶] غالباً = اغلب
[۲۷] رضایت = اجازه
[۲۸] برون همسری = ازدواج با غیر از افراد فامیل
[۲۹] ارزش = بها = قدر
[۳۰] منزلت اجتماعی = مقام و شأن اجتماعی
[۳۱] قشربندی = طبقه‌بندی
[۳۲] تعیین شدن = مشخص شدن = معلوم شدن
[۳۳] شیوه = اسوه = روش
[۳۴] هم‌سنگ = هم‌طراز = هم‌سطح
[۳۵] پیوند زناشویی = ازدواج
[۳۶] تعلق داشتن = وابسته بودن

ازدواج میان نوازندگان،[۳۷] چلنگران،[۳۸] سلمانی‌ها و . . . که از پایین‌ترین قشرهای جامعه به شمار می‌رفتند، درون‌گروهی بود و گروه‌ها و قشرهای دیگر به آن‌ها زن نمی‌دادند و از آن‌ها زن نمی‌گرفتند. (بلوکباشی، علی. جامعه‌ی ایلی در ایران: از ایران چه می‌دانم؟. ج۳۱. تهران: دفتر پژوهشهای فرهنگی. ۲۰۰۳. ص۶۱-۶۳)

درک مطلب

به پرسش‌های زیر پاسخ کامل بدهید.

۱- ازدواج در جوامع ایلی چه نقشی دارد؟
۲- ازدواج در جوامع ایلی تابع چه مسائلی است؟
۳- ازدواج در اقشار مختلف چه تفاوتی دارد؟
۴- هدف ازدواج در سطح سران ایل‌ها چه می‌باشد؟
۵- هدف ازدواج برای افراد عامی چه می‌باشد؟

تمرین با کلمات

الف- جاهای خالی در متن زیر را با کلمات مناسب پر کنید.

یکی از شکل‌های رایج ازدواج . . . . میان عشایر که . . . . مواقع خاص پیش می‌آمد، ازدواج خواهر . . . . دختر کسی که مرتکب قتل . . . .، و در صورتی که قاتل خواهر . . . . دختر نداشت، دختری از خانواده‌ی او . . . . برادریا یکی . . . . اعضای خانواده‌ی مقتول بود. این . . . . ازدواج‌ها که با پادرمیانی ریش سفیدان . . . . بزرگان تیره و طایفه‌ی یک . . . . یا دو ایل متفاوت . . . . مطابق آیینی خاص تحقق می‌یافت . . . . «خون بس» یا «خون بست» و «فصل» مشهور . . . . (همان منبع، ص۶۴)

ب- گزینه‌ی درست را انتخاب کنید.

۱- سپاه ایران بر سپاه یونان . . . . شد.

الف- همسنگ ج- مستولی
ب- منسجم د- رایج

[۳۷] نوازندگان = آن‌هایی که ساز و آلات موسیقی می‌نوازند/می‌زنند
[۳۸] چلنگر (چلنگران) = قفل‌ساز = کسی که قفل می‌سازد

۲- وظیفه‌ی ارتش هر کشور . . . . نظم داخلی و خارجی است.

الف- اتحاد   ج- منزلت

ب- نسل   د- برقراری

۳- فرش‌های ایران بسیار مرغوبند . . . . فرش‌های تبریز و شیراز.

الف- جهت   ج- متناسب با

ب- به ویژه   د- کارآمد

۴- برای ازدواج ابتدا باید . . . . والدین خود را کسب کنی.

الف- پیوند   ج- رضایت

ب- قشر   د- ملاک

۵- انسان آزاده فردی است که هیچ‌گونه . . . . به این دنیا نداشته باشد.

الف- معیاری   ج- تعلقی

ب- مددی   د- غریزه‌ای

۶- پس از زلزله‌ی بم این ناحیه نیاز به . . . . داخلی و بین‌المللی داشت.

الف- اتحاد سیاسی   ج- منزلت اجتماعی

ب- قشربندی   د- مددرسانی

نگارش

الـف- متـن زیـر را بخوانیـد و سپس آن را بـا استفـاده از فرهنـگ لغـات و بـا کلمـات خودتـان بازنویسـی کنیـد.

زن در گزینش شوهر آزادی عمل نداشت و نمی‌توانست با هر مردی که دوست داشت یا می‌پسندید ازدواج بکند. پدر و مادر گاهی، و در نبودن آن دو، پدربزرگ و عمو و دایی و برادر بزرگ‌تر خانواده و مردان گروه نسبی کسانی بودند که درباره‌ی ازدواج دختر و انتخاب همسر برای او تصمیم می‌گرفتند و اجازه‌ی اعمال قدرت داشتند. ازدواج دختر بی‌رضایت و دخالت پدر انجام نمی‌پذیرفت. دختر هیچ‌گاه درباره‌ی شوهر آینده‌اش یا انتخاب او اظهارنظر نمی‌کرد و دربست تابع نظر و میل پدر و مادر بود. چنین شیوه‌ی همسرگزینی کاملاً با موازین فرهنگی جامعه‌ی ایلی-عشیره‌ای و نیز جامعه‌های روستایی ایران مطابقت می‌کرد و خواست‌ها و نیازهای جسمانی، طبیعی و روانی-احساسی زن در برابر ملاک و معیارهای فرهنگی و اجتماعی رایج در جامعه و مصالح اجتماعی و اقتصادی خانواده نادیده گرفته می‌شد.

در این جامعه‌ها ایجاد روابط جنسی بیرون از میثاق‌های عرفی و قوانین شرعی، عشق‌ورزی و مغازله، حتی گفتگو میان دختران و پسران جوان پیش از ازدواج ممنوع و تقریباً ناممکن بود. کسی که مقررات اجتماعی و میثاق‌های عرفی را در جامعه رعایت نمی‌کرد به طرق مختلف تنبیه می‌شد. گاهی اتفاق می‌افتاد که پسر و دختری

در راه چشمه، یا به هنگام علف‌چینی همدیگر را می‌دیدند و با هم حرف و سخنی کوتاه رد و بدل می‌کردند. چنین رفتارهایی باید از دید مردم جامعه پنهان می‌ماند. داستان‌های دلباختگی و عشق و عاشقی و رویاها و آرزوهای جوانان ایلی که ابراز آن‌ها در زندگی عادی روزانه «تابو» یا حرام شمرده می‌شد، در قصه‌ها و ترانه‌ها و تصنیف‌های ایلی آشکارا توصیف و بیان گردیده است. (همان منبع، ص۶۵-۶۷)

ب- در مورد رسوم و شیوه‌ی همسرگزینی و ازدواج در کشور خودتان مقاله‌ای بنویسید که شامل یک مقدمه، سه پاراگراف متن اصلی و یک نتیجه‌گیری باشد.

ج- در متن اصلی درس، زیر طولانی‌ترین جمله خط بکشید. سپس جملات تشکیل دهنده‌ی آن را مشخص کنید. بعد از آن، هر یک از آن جملات را تجزیه و تحلیل نحوی و دستوری کنید. نهاد و گزاره را مشخص کنید. فاعل و مفعول و فعل را معین کنید. و بعد عبارات اسمی و وصفی و قیدی و . . . را تجزیه و تحلیل نمایید.

شعر: فریدون مشیری

فریدون مشیری (۱۹۲۶-۲۰۰۰) شاعر معاصر ایرانی است که به کار مطبوعاتی نیز می‌پرداخت. با اینکه مشیری شعر نو می‌سرود، بسیار از شعر کلاسیک فارسی تأثیر پذیرفت. اصالت کلام مشیری توسط بسیاری از ادیبان و متخصصان ستوده شده است.

کوچه

بی تو مهتاب شبی باز از آن کوچه گذشتم
همه تن چشم شدم خیره به دنبال تو گشتم
شوق دیدار تو لبریز شد از جام وجودم
شدم آن عاشق دیوانه که بودم
در نهانخانه‌ی جانم
گل یاد تو درخشید
باغ صد خاطره خندید
عطر صد خاطره پیچید
یادم آمد که شبی با هم از آن کوچه گذشتیم
پر گشودیم و در آن خلوت دلخواسته گشتیم
ساعتی بر لب آن جوی نشستیم
تو همه راز جهان ریخته در چشم سیاهت
من همه محو تماشای نگاهت
آسمان صاف و شب آرام
بخت خندان و زمان رام
خوشه ماه فرو ریخته در آب
شاخه‌ها دست بر آورده به مهتاب
شب و صحرا و گل و سنگ
همه دل داده به آواز شباهنگ

20 درس سوم ◼ ازدواج در جوامع ایلی

یادم آید تو به من گفتی از این عشق حذر کن
لحظه‌ای چند بر این آب نظر کن
آب آیینه‌ی عشق گذران است
تو که امروز نگاهت به نگاهی نگران است
باش فردا که دلت با دگران است
تا فراموش کنی چندی از این شهر سفر کن
با تو گفتم حذر از عشق؟
ندانم
سفر از پیش تو؟
هرگز نتوانم
روز اول که دل من به تمنای تو پر زد
چون کبوتر لب بام تو نشستم
تو به من سنگ زدی
من نه رمیدم نه گسستم
بازگفتم که تو صیادی و من آهوی دشتم
تا به دام تو در افتم همه جا گشتم و گشتم
حذر از عشق ندانم
سفر از پیش تو هرگز نتوانم نتوانم
اشکی از شاخه فرو ریخت
مرغ شب ناله‌ی تلخی زد و بگریخت
اشک در چشم تو لرزید
ماه بر عشق تو خندید
یادم آید که دگر از تو جوابی نشنیدم
پای در دامن اندوه کشیدم
نگسستم
نرمیدم
رفت در ظلمت غم آن شب و شب‌های دگر هم
نه گرفتی دگر از عاشق آزرده خبر هم
نه کنی دیگر از آن کوچه گذر هم
بی تو اما به چه حالی من از آن کوچه گذشتم

الف‌ـ در مورد شاعر فوق تحقیق کنید و نتیجه‌ی تحقیقتان را در یک صفحه خلاصه کنید.

ب‌ـ شعر بالا را در اینترنت جستجو کنید و نحوه‌ی صحیح خواندن آن را تمرین کنید. سپس سعی کنید چند بیت آن را حفظ کنید.

ج‌ـ در شعر فوق، چه آرایه‌ها یا صنایع ادبی‌ای اعم از لفظی و معنوی به کار رفته؟ چند نمونه را ذکر کنید؟ آیا تشبیهات و استعاره‌ها و دیگر صنایع ادبی به کار رفته در شعر بالا در زبان شما وجود دارد یا خیر؟

ازدواج در جوامع ایلی ■ درس سوم   21

ضرب‌المثل
زبان خوش مار را از سوراخ بیرون می‌کشد

توضیح:

شکار مار در گذشته و امروز در برخی مناطق دنیا رایج بوده است. برای شکار کردن مار و بیرون آوردن آن از لانه‌اش، مارگیرها کارهای خاصی می‌کردند که از همه ساخته نیست.

کاربرد:

با نرمی و مهربانی، می‌توان سخت‌ترین مشکلات را هم حل کرد و دل سخت‌گیرترین آدم‌ها را هم به دست آورد و آن‌ها را رام کرد.

الف‌ـ یک داستان یا گفتگو بنویسید و از ضرب‌المثل بالا در آن استفاده کنید.

ب‌ـ نزدیک‌ترین معادل ضرب‌المثل بالا در زبان شما چیست؟

درس چهارم

تپه ی مارلیک

منطقه‌ی مارلیک از هزاران سال قبل سرزمینی آباد[۱] و دارای فرهنگی پیشرفته و درخشان بوده است. گرچه[۲] رطوبت فراوان[۳] و حفاری‌های غیرمجاز[۴] اجازه نداده‌اند تا از روی آثار باستانی باقیمانده[۵] از پیشینیان[۶]، تاریخ و قدمت[۷] زندگی در این منطقه به درستی تخمین زده شود،[۸] آثار مکشوفه[۹] و شواهد[۱۰] باستان‌شناختی در تپه‌های باستانی به ویژه تپه‌ی مارلیک معرف[۱۱] قدمت و عظمت[۱۲] تمدن درخشان[۱۳] آن در زمان‌های خیلی دور یعنی در حدود سه هزار سال پیش است.

از مطالعات[۱۴] باستان‌شناسی در تپه‌ی مارلیک، پیله قلعه و سایر تپه‌های باستانی در دره‌ی گوهررود این نتیجه حاصل شده است که اقوام ساکن در ناحیه‌ی مارلیک حدود دو قرن در این منطقه سکونت داشته‌اند.[۱۵]

۱ آباد = حاصلخیز

۲ گرچه = اگرچه

۳ فراوان = زیاد

۴ غیرمجاز = غیرقانونی

۵ باقیمانده = به جا مانده

۶ پیشینیان = اجدادمان، آن‌هایی که قبل از ما می‌زیسته‌اند

۷ قدمت = پیشینه = سابقه

۸ تخمین زدن = برآورد کردن = حدس زدن

۹ مکشوفه = کشف شده

۱۰ شواهد = آثار و مدارک

۱۱ معرف = نشانگر

۱۲ عظمت = بزرگی

۱۳ درخشان = برجسته

۱۴ مطالعات = تحقیقات

۱۵ سکونت داشتن = زندگی کردن

بنابر[۱۶] اظهارات[۱۷] کاوشگران[۱۸] مارلیک، مردمان ساکن در مارلیک یکی از تیره‌های[۱۹] هند و اروپایی بوده‌اند که به تدریج در این منطقه حکومت مقتدری تشکیل داده‌اند و محدوده‌ی تپه‌ی مارلیک نیز قبرستان[۲۰] سلاطین[۲۱] و سرداران و خانواده‌ی آن‌ها بوده است.

باستان‌شناسان عقیده دارند، طلا از جمله[۲۲] فلزاتی است که از زمان‌های باستان مورد استفاده‌ی بشر قرار گرفته و در منابع آمده است که در دوره‌ی مادها نیز از معادن طلای اطراف[۲۳] همدان بهره‌برداری می‌شده است.[۲۴] با این حال[۲۵] ذوق و استعداد مردمان ساکن این منطقه در ساخت جام‌های زرین[۲۶] چون جام مارلیک، آدمی را به تعجب وا می‌دارد[۲۷] که در آن شرایط سخت زندگی ابتدایی و اولیه چگونه توانسته‌اند چنین آثار زیبا و هنرمندانه‌ای را با آن نقش و نگار به یادگار بگذارند.[۲۸] نکته‌ی مهم‌تر این‌که طلا را با چه علمی و چگونه شناخته‌اند، از کجا به دست آورده‌اند، چگونه آن را استخراج کرده و چگونه به آلیاژ خاصی دست یافته‌اند[۲۹] که چنین جام زیبایی را نقش دهند تا در طول زمان، طلای به کار برده شده تجزیه[۳۰] نشود و درخشندگی[۳۱] خود را نیز حفظ کند.[۳۲]

[۱۶] بنا بر = بر اساس
[۱۷] اظهارات = گفته‌ها = سخنان
[۱۸] کاوشگران = جست‌وجوکنندگان
[۱۹] تیره = قوم
[۲۰] قبرستان = گورستان
[۲۱] سلطان (سلاطین) = پادشاه (پادشاهان)
[۲۲] از جمله = جزو
[۲۳] اطراف = حوالی
[۲۴] بهره‌برداری کردن = استخراج کردن
[۲۵] با این حال = با این وجود = مع ذلک
[۲۶] زرین = از طلا
[۲۷] به تعجب واداشتن = متعجب کردن
[۲۸] به یادگار گذاشتن = برجاگذاشتن
[۲۹] دست یافتن = رسیدن = حاصل کردن
[۳۰] تجزیه = جزء جزء کردن چیزی
[۳۱] درخشنده = براق
[۳۲] حفظ کردن = نگه داشتن

آن‌ها به رغم[۳۳] وجود تپه‌های جنگلی و دره‌هایی با گیاهان انبوه و کوهستان‌های صعب‌العبور[۳۴] که مانعی[۳۵] برای ارتباط با جوامع دیگر بود، دست به خلق[۳۶] آثار هنری و شاهکارهای بی‌نظیری زدند که حتی مردمان عصر[۳۷] جدید را به شگفتی[۳۸] وا می‌دارد. (ابراهیمی لویه، عادل. تپه‌ی مارلیک: از ایران چه می‌دانم؟. ج۶۲. تهران: دفتر پژوهشهای فرهنگی. ۲۰۰۵. ص۱۰۳-۱۰۴)

درک مطلب

به پرسش‌های زیر پاسخ کامل بدهید.

۱- چرا پیشینه‌ی منطقه‌ی مارلیک را نمی‌توان به درستی برآورد کرد؟
۲- ما از ساکنان منطقه‌ی مارلیک چه اطلاعاتی در دست داریم؟
۳- مهم‌ترین نکته در ساخت جام زرین سال‌ها قبل توسط ساکنان ناحیه‌ی مارلیک چه می‌باشد؟
۴- باستان‌شناسان از آثار مکشوفه‌ی فلزی به چه حقیقتی پی برده‌اند؟
۵- چه نقشی روی جام زرین وجود دارد؟

تمرین با کلمات

الف- جاهای خالی در متن زیر را با کلمات مناسب پر کنید.

حفاری مارلیک تأثیر به سزایی . . . . توسعه و پیشرفت فعالیت‌های ملی و ایرانی . . . . که تا آن زمان تقریباً . . . . یک سطح گسترده نادیده گرفته . . . . بود و راه را برای انجام این . . . . فعالیت‌ها هموار و صاف کرد. موفقیت . . . . حفاری باعث گردید . . . . بتوان برنامه‌های شبیه بدان . . . . در حفاری‌های مناطق باستانی . . . . کشور مورد تأیید و پشتیبانی مسئولان دولتی. . . . . مملکتی در سال‌های بعد از آن قرار . . . . این حفاری

[۳۳] به رغم = علی رغم = با وجود
[۳۴] صعب‌العبور = به سختی قابل عبور
[۳۵] مانع = سدّ
[۳۶] خلق = آفریدن
[۳۷] عصر = زمان
[۳۸] شگفتی = تعجب

منبع و سرچشمه لایزال و نیرومندی . . . . حل مشکلات و رفع آنها . . . .

زمینه‌ی پیشرفت و توسعه‌ی باستان‌شناسی ایران . . . . اختیار قرار داد. (همان منبع، ص۵۳)

ب- گزینه‌ی درست را انتخاب کنید.

۱-   داشتن اسلحه در بسیاری از کشورها . . . . می‌باشد.

الف- درخشان   ج- صعب‌العبور

ب- غیرمجاز   د- مکشوفه

۲-   . . . . گزارش صدا و سیمای جمهوری اسلامی هزار تن در آن درگیری‌ها کشته شدند.

الف- از جمله   ج- بنابر

ب- به رغم   د- گرچه

۳-   رفتار متین جناب‌عالی . . . . فرهنگ والای شماست.

الف- باقیمانده   ج- مانع

ب- معرف   د- خالق

۴-   این متن را . . . . و تحلیل نمایید.

الف- آباد   ج- تجزیه

ب- تخمین   د- زرین

۵-   . . . . شما کذب محض می‌باشد و پایه و اساسی ندارد.

الف- مطالعات   ج- پیشینیان

ب- اظهارات   د- قبرستان

۶-   با تشکر . . . . از شما و خانواده‌ی گرامی به خاطر همیاری صمیمانه‌تان.

الف- خلاق   ج- فراوان

ب- درخشان   د- زرین

نگارش

الف- متن زیر را بخوانید و سپس آن را با استفاده از فرهنگ لغات و با کلمات خودتان بازنویسی کنید.

درباره‌ی نحوه‌ی تقسیم‌بندی دوران و تمدن‌های پیش از تاریخ ایران، دیدگاه‌های مختلفی مطرح شده است. بعضی از دانشمندان به تقسیمات منطقه‌ای و جغرافیایی و برخی به نفوذ و گسترش هر دوره استناد کرده‌اند. بدیهی است

که تقسیمات منطقه‌ای، با توجه به وضع جغرافیایی، بیش‌تر می‌تواند با کیفیت و موقعیت زندگانی اقوام گذشته تطبیق داشته باشد.

اولین دانشمندی که با کوشش و جدیت فراوان سعی کرد تا پیکره‌ی قابل ملاحظه‌ای برای تمدن‌های پیش از تاریخ ایران ترسیم کند پرفسور دونالد مک‌کاون است. او با بررسی دقیق و مطالعه‌ی جامع، برای کلیه‌ی گزارش‌های حفاری مربوط به دوره‌های پیش از تاریخ که در نقاط مختلف ایران تا حدود سال‌های ۱۹۳۵ انجام شده بود جدولی متناسب تنظیم کرد. پرفسور مک‌کاون نتیجه‌ی تحقیقات خود را در کتابی به نام مقایسه‌ی طبقات باستانی ایران کهن به چاپ رسانید.

دکتر نگهبان در سرآغاز کتاب دیگر خود تحت عنوان حفاری‌های مارلیک آورده است:

«انتخاب منطقه‌ی رحمت‌آباد رودبار و دامنه‌های شمالی و ارتفاعات رشته جبال البرز در این ناحیه برای بررسی شامل دو دلیل اصلی بود: اول اینکه در این منطقه از کشور ما حفاری‌های علمی انجام نگرفته و از این نظر تحقیقاتی که بتواند تاریخ گذشته‌ی این سرزمین را روشن کند انجام نگرفته بود. دوم اینکه حفاری‌های غیرقانونی به منظور دستیابی به آثار ارزنده‌ی باستانی در این قسمت رواج فراوان داشت و مدت مدیدی بود که آثار مکشوفه در این حفاری‌های غیرمجاز به طریق قاچاق خرید و فروش و از مملکت خارج می‌شد». (همان منبع، ص۲۱-۲۳)

ب‌- در مورد آثار باستانی و معضل قاچاق این آثار مقاله‌ای بنویسید که شامل یک مقدمه، سه پاراگراف متن اصلی و یک نتیجه‌گیری باشد.

ج‌- در متن اصلی درس، زیر طولانی‌ترین جمله خط بکشید. سپس جملات تشکیل دهنده‌ی آن را مشخص کنید. بعد از آن، هر یک از آن جملات را تجزیه و تحلیل نحوی و دستوری کنید. نهاد و گزاره را مشخص کنید. فاعل و مفعول و فعل را معین کنید. و بعد عبارات اسمی و وصفی و قیدی و . . . را تجزیه و تحلیل نمایید.

شعر: سهراب سپهری
سهراب سپهری (۱۹۲۸-۱۹۸۰) شاعر و نقاش معاصر ایرانی است. اشعار سهراب که در قالب شعر نیمایی یعنی شعر نو سروده شده‌اند، سرشار از مضامین احساسی و طبیعی است.
صدای پای آب اهل کاشانم روزگارم بد نیست تکه نانی دارم خرده هوشی سر سوزن ذوقی مادری دارم بهتر از برگ درخت دوستانی بهتر از آب روان و خدایی که در این نزدیکی است

لای این شب‌بوها، پای آن کاج بلند
روی آگاهی آب روی قانون گیاه
من مسلمانم
قبله‌ام یک گل سرخ
جا نمازم چشمه
مهرم نور
دشت سجاده من
من وضو با تپش پنجره‌ها می‌گیرم
در نمازم جریان دارد ماه
جریان دارد طیف
سنگ از پشت نمازم پیداست
همه ذرات نمازم متبلور شده است
من نمازم را وقتی می‌خوانم
که اذانش را باد گفته باشد سر گلدسته‌ی سرو
من نمازم را پی تکبیرةالاحرام علف می‌خوانم
پی قد قامت موج
کعبه‌ام بر لب آب
کعبه‌ام زیر اقاقی‌هاست
کعبه‌ام مثل نسیم
می‌رود باغ به باغ، می‌رود شهر به شهر
. . . .
کار ما نیست شناسایی راز گل سرخ
کار ما شاید این است
که در افسون گل سرخ شناور باشیم
پشت دانایی اردو بزنیم
. . . .
کار ما شاید این است
که میان گل نیلوفر و قرن
پی آواز حقیقت بدویم

الف- در مورد شاعر فوق تحقیق کنید و نتیجه‌ی تحقیقتان را در یک صفحه خلاصه کنید.

ب- شعر بالا را در اینترنت جستجو کنید و نحوه‌ی صحیح خواندن آن را تمرین کنید. سپس سعی کنید چند بیت آن را حفظ کنید.

ج- در شعر فوق، چه آرایه‌ها یا صنایع ادبی‌ای اعم از لفظی و معنوی به کار رفته؟ چند نمونه را ذکر کنید؟ آیا
تشبیهات و استعاره‌ها و دیگر صنایع ادبی به کار رفته در شعر بالا در زبان شما وجود دارد یا خیر؟

ضرب‌المثل
مُرده آن است که نامش به نکویی نبرند
توضیح: این مثل، مصرعی از یک بیت سعدی است که می‌گوید: سعدیا مرد نکونام نمیرد هرگز   مرده آن است که نامش به نکویی نبرند **کاربرد:** انسان و ارزش او بستگی به اعمال و رفتار او در طول زندگی دارد. کسی که هیچ عمل نیکی نکرده باشد هیچ فرقی با مُرده ندارد؛ حتی اگر زنده و جوان باشد.

الف- یک داستان یا گفتگو بنویسید و از ضرب‌المثل بالا در آن استفاده کنید.

ب- نزدیک‌ترین معادل ضرب‌المثل بالا در زبان شما چیست؟

درس پنجم

تهران

شناخت[۱] تهران از نظر[۲] تاریخی و اجتماعی، و تشخیص محیط جغرافیایی آن، و تحقیق[۳] در مورد فرهنگ و سیاست و اقتصاد آن، به دلیل[۴] سرعت توسعه‌ی[۵] همه جانبه‌ی آن بسیار مشکل است. بدین سبب در بررسی منطقه‌های ویژه‌ی[۶] ایران و جهان (شهرشناسی)، تهران از چشم‌گیرترین[۷] حوزه‌های پژوهشی به شمار می‌آید[۸] و اگر عامل‌های گستردگی شهر از نظر جغرافیایی و بوم‌شناختی (اکولوژیک) و نیز جنبه‌های انسانی و جمعیت‌نگاری (دموگرافیک) با عنایت[۹] به کانون‌های سیاسی قدرت درون‌مرزی[۱۰] و سلطه‌های برون‌مرزی[۱۱] بررسی شود، معلوم خواهد شد که در پهنه‌ی[۱۲] جهانی، تهران به لحاظ[۱۳] داشتن موقعیت خاص منطقه‌ای و تاریخی و مشکلات و معضلات[۱۴] گوناگون از همه‌ی شهرهای بزرگ (کلان‌شهرها) شاخص‌تر است. در گذشته تهران روستای کوچک و ناآشنایی بود و پس از تحولات[۱۵] نه چندان چشم‌گیری، طی چند

۱ شناخت = شناختن
۲ از نظر = از لحاظ
۳ تحقیق = پژوهش
۴ به دلیل = به علت
۵ توسعه = رشد = گستردگی
۶ ویژه = خاص
۷ چشم‌گیر = قابل توجه
۸ به شمار آمدن = به حساب آمدن = در نظر گرفته شدن
۹ عنایت = توجه
۱۰ درون‌مرزی = داخلی
۱۱ برون‌مرزی = خارجی
۱۲ پهنه = گستره
۱۳ به لحاظ = به دلیل
۱۴ معضلات = مشکلات
۱۵ تحولات = تغییرات

سده[16] به صورت روستای پیشرفته‌ای درآمد و در دوره‌ی صفویه (شاه طهماسب) نام و نشان شهری یافت و در مسیر جدید تحول پیدا کرد به طوری‌که به دلایل خاص جغرافیایی و سیاسی «پایتخت» ایران شد. در پی دو بار ویران شدن برج و باروی[17] آن، سرانجام[18] پس از جنگ اول جهانی، به صورت شهری گسترده و بی در و دروازه درآمد و بعد از جنگ دوم جهانی آن‌چنان توسعه پیدا کرد که شاید در جهان هیچ شهری با این سرعت رشد نکرده باشد و هنوز هم روشن[19] نیست که تا چه زمان و به چه اندازه این «توسعه‌یافتگی» مهارگسسته[20] ادامه خواهد داشت. (تکمیل همایون، ناصر. تهران. تهران: از ایران چه می‌دانم؟. ج۴۵. تهران: دفتر پژوهش‌های فرهنگی. ۲۰۱۲. ص۷)

درک مطلب

به پرسش‌های زیر پاسخ کامل بدهید.

۱-   پس از جنگ جهانی اول و دوم برای تهران چه اتفاقی افتاد؟
۲-   چرا شناخت تهران امری است مشکل؟
۳-   دلایل شاخص بودن تهران چیست؟
۴-   در گذشته تهران چگونه بود؟

تمرین با کلمات

الف- جاهای خالی در متن زیر را با کلمات مناسب پر کنید.

با آنکه در دوره‌ی پایتختی تهران، تحولاتی . . . . این شهر پدید آمد و بناهای جدید ساخته . . . . ، اما بر روی . . . . ، منطقه‌هایی از پایتخت به . . . . قدیمی (از نظر معماری و زیباشناختی) و ابتدایی (از . . . . مواد و مصالح ساختمان) باقی ماند. کوچه‌ها، دیوارهای بلند و خانه‌ها غالباً با درخت‌های گوناگون یادآور روزهای . . . . این تازه پایتخت بودند. اگر از خانه‌های کوچک . . . . موقتی چشم‌پوشی شود، اغلب خانه‌های گروه‌های متوسط جامعه و اعیان و اشراف نوعی هماهنگی داشت. حیاط‌های . . . . و اندرونی، دالان‌ها و هشتی‌ها، طویله و آب انبار، اتاق‌های تابستانی و زمستانی، ایوان‌ها و مهتابی‌ها، بالاخانه‌ها،

---

[16] سده = قرن
[17] برج و بارو = قلعه
[18] سرانجام = بالاخره
[19] روشن = واضح = آشکار = معلوم
[20] مهارگسسته = غیر قابل کنترل

باغچه‌های نسبتاً بزرگ، ساخت سنتی و کمابیش معمول، سکونتگاه‌های عمومی مردم . . . .

شمار . . . . (همان منبع، ص۵۴)

ب- گزینه‌ی درست را انتخاب کنید.

۱- پیشرفت دانشجویان این کلاس بسیار . . . . بوده است.

الف- متحول   ج- ویژه

ب- چشمگیر   د- مهارگسسته

۲- . . . . با خداوند سرانجام موفق به کسب مدال قهرمانی شدم.

الف- سده   ج- عنایت

ب- لحاظ   د- پهنه

۳- فرار مغزها یک . . . . بسیار بزرگ در ایران است.

الف- معضل   ج- توسعه

ب- تحول   د- شناخت

۴- پدرم را در بخش مراقبت‌های . . . . این بیمارستان بستری کرده‌اند.

الف- چشمگیر   ج- روشن

ب- ویژه   د- مهارگسسته

۵- ایران . . . . بودن روی خط زلزله، زلزله خیز است.

الف- به شمار   ج- از نظر

ب- با عنایت   د- به لحاظ

نگارش

الف- متن زیر را بخوانید و سپس آن را با استفاده از فرهنگ لغات و با کلمات خودتان بازنویسی کنید.

گرفتاری‌های آغازین جامعه در دوره‌ی انقلاب، فرصت لازم را برای رفع معضلات به وجود نیاورد. سیاست ترویج کشاورزی و بازگشت به روستاها و شهرستان‌ها نیز در حد تبلیغات سیاسی-فرهنگی باقی ماند و با نبودن هماهنگی در کوشش‌های نهادها و ارگان‌های کشور، نتایجی حاصل نگردید. شهرک‌های اقماری و انبوه‌سازی‌های نامتناسب با کلیت شهری، نه تنها سیمای مرکز حکومتی جمهوری اسلامی ایران را دگرگون کرد؛ بلکه بر شمار شهرنشینان، با سرعتی بی‌نظیر افزود. به طوری‌که هم اکنون جمعیت تهران از مرز نه

میلیون تن گذشته است و متخصصان و جمعیت‌شناسان، پیش‌بینی کرده‌اند که تا پنج سال دیگر جمعیت پایتخت، از سیزده میلیون نیز خواهد گذشت.

ورود مهاجران جدید به تهران، وقوع جنگ تحمیلی و مشکلات ناشی از آن شرایط، گرفتاری‌های گذشته را افزون‌تر ساخت و نظام جدید که وارث پایتختی نابسامان و غیرمنطقی و دورافتاده از فرهنگ شهرنشینی ایران شده بود، نتوانست مشکلات رو به تزاید این کلان‌شهر را از میان بردارد.

به هر حال تهران کنونی با جمعیتی حدود نه میلیون تن (یازده درصد جمعیت کل کشور)، در موقعیتی است که برای به سامان کردن آن به گونه‌ی شهری که در آن زندگی انسانی، دینی و ملی ایرانیان شکل یابد، نیاز به بررسی ژرف جامعه‌شناختی و راهیابی های بخردانه دارد و این امر نه تنها ضروری به نظر می‌رسد، بلکه با پژوهش‌های عمیق‌تر، دورنمای روشنگرانه‌ای در پدیداری کلان شهر سامان یافته فراهم خواهد آمد و دیگر شهرهای ایران نیز از آسیب‌های شهرنشینی غیر فرهنگی مصونیت خواهند یافت. (همان منبع، ص۱۱۶)

ب- در مورد مشکلات پایتخت کشورتان مقاله‌ای بنویسید که شامل یک مقدمه، سه پاراگراف متن اصلی و یک نتیجه‌گیری باشد.

ج- در متن اصلی درس، زیر طولانی‌ترین جمله خط بکشید. سپس جملات تشکیل دهنده‌ی آن را مشخص کنید. بعد از آن، هر یک از آن جملات را تجزیه و تحلیل نحوی و دستوری کنید. نهاد و گزاره را مشخص کنید. فاعل و مفعول و فعل را معین کنید. و بعد عبارات اسمی و وصفی و قیدی و . . . را تجزیه و تحلیل نمایید.

شعر: سیمین بهبهانی

سیمین بهبهانی (۱۹۲۷ -۲۰۱۴) شاعر غزل‌سرای معاصر ایرانی است. او در خانواده‌ای اهل ادب پرورش یافت و تمام عمر به تدریس پرداخت. او در دوره‌ای با رادیو ایران همکاری داشت که نتیجه‌ی آن غزل‌ها و ترانه‌های ماندگاری است که توسط برجسته‌ترین خوانندگان ایران خوانده شده است. سیمین یکی از چهره‌های فعال در مسائل اجتماعی ایران بود.

وطن

دوباره می‌سازمت، وطن، اگرچه با خشت جان خویش
ستون به سقف تو می‌زنم، اگرچه با استخوان خویش
دوباره می‌بویم از تو گل، به میل نسل جوان تو
دوباره می‌شویم از تو خون، به سیل اشک روان خویش
دوباره یک روزِ روشنا، سیاهی از خانه می‌رود
به شعر خود رنگ می‌زنم، زِ آبیِ آسمان خویش

اگرچه صدساله مرده‌ام، به گور خود خواهم ایستاد
که بردَرَم قلب اهرمن، زِ نعره‌ی آن چنان خویش
کسی که «عظم رمیم» را، دوباره انشا کند به لطف
چو کوه، می‌بخشدم شکوه، به عرصه‌ی امتحان خویش
اگرچه پیرم، ولی هنوز، مجال تعلیم اگر بُوَد
جوانی آغاز می‌کنم، کنار نوباوگان خویش
حدیث «حُبُّ الوَطَن» ز شوق، بدان روِش ساز می‌کنم
که جان شود هر کلام دل، چو برگشایم دهان خویش
هنوز در سینه آتشی، به جاست کز تاب شعله‌اش
گمان ندارم به کاهشی، زِگرمیِ دودمان خویش
دوباره می‌بخشی‌ام توان، اگر چه شعرم به خون نشست
دوباره می‌سازمت به جان، اگر چه بیش از توان خویش

الف- در مورد شاعر فوق تحقیق کنید و نتیجه‌ی تحقیقتان را در یک صفحه خلاصه کنید.
ب- شعر بالا را در اینترنت جستجو کنید و نحوه‌ی صحیح خواندن آن را تمرین کنید. سپس سعی کنید چند بیت آن را حفظ کنید.
ج- در شعر فوق، چه آرایه‌ها یا صنایع ادبی‌ای اعم از لفظی و معنوی به کار رفته؟ چند نمونه را ذکر کنید؟ آیا تشبیهات و استعاره‌ها و دیگر صنایع ادبی به کار رفته در شعر بالا در زبان شما وجود دارد یا خیر؟

ضرب‌المثل
به تریج قبایش برخورده
توضیح: در قدیم لباس مردان و زنان به صورت امروزی نبود. مردان لباس بلندی به نام «قبا» روی لباس‌های خود می‌پوشیدند. این لباس، دامن بلندی داشت که گوشه‌ی آن را «تریج» یا «تریز» می‌گفتند. **کاربرد:** وقتی این مثل در مورد کسی به کار می‌رود، می‌خواهند نشان دهند که او آدم حساس و زودرنجی است و با کوچک‌ترین حرف و عمل دیگران، ناراحت و دلخور می‌شود.

الف- یک داستان یا گفتگو بنویسید و از ضرب‌المثل بالا در آن استفاده کنید.
ب- نزدیک‌ترین معادل ضرب‌المثل بالا در زبان شما چیست؟

درس ششم

افسانه ی[1] شیرین و فرهاد

شیرین در قصر[2] خود گوشه‌گیری[3] اختیار می‌کند و شب‌ها ستاره می‌شمارد[4] تا روزی برسد که خسرو پرویز به دیدن او بیاید. قصر شیرین و یا زندان‌سرای او در نزدیکی کرمانشاهان است. شیرین و پرستاران[5] وی شیر می‌خورند. لیکن گلّه‌های[6] شیرین فرسنگ‌ها[7] دورتر از قصر او نگهداری می‌شود، برای آن که در چمن‌زارهای[8] اطراف قصر، خرزهره می‌روید[9] و شیر گوسفندان را زهرآلود[10] می‌کند. شیرین در پی[11] چاره‌ی[12] این کار برمی‌آید، با شاپور نقاش مشکل را در میان می‌گذارد[13] و از وی می‌خواهد مجرایی[14] از سنگ بسازند که شیر به آسانی و مدت زمانی کوتاه به قصر شیرین برسد و فاسد[15] نشود. شاپور از یکی از یارانش[16] که در چین

[1] افسانه = قصه
[2] قصر = کاخ
[3] گوشه‌گیری = عزلت‌نشینی
[4] ستاره شمردن = منتظر بودن
[5] پرستار = خدمتکار
[6] گله = رمه
[7] فرسنگ = مقیاس مسافت نزدیک به شش کیلومتر
[8] چمن‌زار = مرغزار
[9] روییدن = رستن = سبز شدن
[10] زهرآلود = سمّی
[11] در پی = به دنبال
[12] چاره = راه حل
[13] در میان گذاشتن = مطرح کردن
[14] مجرا = لوله
[15] فاسد = خراب
[16] یار = دوست = رفیق

با او هم‌منزل بوده به نام فرهاد نام می‌برد، آن‌جا که با شاپور پیش یک استاد درس می‌خواندند، شاپور درس نگارگری[۱۷] آموخته[۱۸] و فرهاد درس معماری و مهندسی خوانده است.

فرهاد در قصر شیرین حضور می‌یابد.[۱۹] شیرین از پشت پرده با وی سخن می‌گوید. با شنیدن صدای شیرین هوش از سر فرهاد می‌رود[۲۰] و او در بیرون قصر از همراهان[۲۱] می‌پرسد که شیرین معشوقه‌ی خسروپرویز با او چه می‌گفته است؟ فرهاد در یک ماه مجرایی سنگی می‌سازد و در کنار قصر حوضی[۲۲] از سنگ می‌تراشد. در دورترها شیر از گله‌ها دوشیده می‌شود و در اندک زمانی[۲۳] به حوض سنگی می‌ریزد. فرهاد برای گرفتن دستمزد[۲۴] به قصر دعوت می‌شود و شیرین گوشواره‌های خود را در پای فرهاد می‌اندازد. در این دیدار است که آتش عشق در وجود فرهاد شعله‌ور می‌گردد و او را دیوانه[۲۵] می‌کند و فرهاد راه دشت می‌گیرد و کوه‌نشین می‌شود. به خسروپرویز از این ماجرا[۲۶] خبر می‌دهند. خودکامگی[۲۷] و عشق و غیرت[۲۸] در دیگ وجود خسروپرویز با هم می‌جوشد. فرهاد را به مجلس پادشاهی می‌خواهند تا شاید او را به زر و زور بفریبند،[۲۹] ممکن نمی‌گردد. از وی می‌خواهند تا در میانه‌ی ایوان مداین و کرمانشاهان، از کوه‌ها راهی بکند. فرهاد به بهای[۳۰] شیرین می‌پذیرد،[۳۱] خسرو با خود می‌اندیشد[۳۲] فرهاد از عهده‌ی این کار برنمی‌آید.[۳۳] او را خبر می‌دهند که فرهاد کوه‌های سنگی را همانند[۳۴] موم می‌برد و این کار برای فرهاد آسان[۳۵] است. همچنین به خسروپرویز خبر می‌دهند که شیرین به دیدن

۱۷ نگارگری = نقاشی
۱۸ آموختن = یاد گرفتن = یاد دادن
۱۹ حضور یافتن = حاضر شدن
۲۰ هوش از سر کسی رفتن = عاشق شدن
۲۱ همراهان = ملازمان
۲۲ حوض = استخر کوچک
۲۳ اندک زمانی = مدت کوتاهی
۲۴ دستمزد = حقوق
۲۵ دیوانه = مجنون
۲۶ ماجرا = حادثه = پیش آمد
۲۷ خودکامگی = استبداد = خودسری
۲۸ غیرت = تعصب
۲۹ فریفتن = فریب دادن = گول زدن = حقه زدن
۳۰ بها = قیمت
۳۱ پذیرفتن = قبول کردن
۳۲ اندیشیدن = فکر کردن
۳۳ از عهده‌ی کاری برآمدن = قابلیت انجام کاری را داشتن
۳۴ همانند = مثل = مانند
۳۵ آسان = سهل

فرهاد رفته و او را ساغری[۳۶] شیر داده است. خسروپرویز در صدد چاره برمی‌آید[۳۷] و جز قتل محرمانه‌ی[۳۸] فرهاد چاره‌ای نمی‌بیند. مردی بدفرجام[۳۹] را پیدا می‌کنند و او نزد فرهاد می‌رود و به یکباره[۴۰] می‌گوید «شیرین مرد». فرهاد تیشه‌ی خود را پرتاب می‌کند و خود را از کوه به زیر می‌اندازد و می‌میرد. (ثروتیان، بهروز. خسرو و شیرین: از ایران چه می‌دانم؟. ج۴۲. تهران: دفتر پژوهشهای فرهنگی. ۲۰۰۸. ص ۵۱-۵۲)

درک مطلب

به پرسش‌های زیر پاسخ کامل بدهید.

۱- چرا رمه‌های شیرین را بسیار دورتر از کاخ او نگه می‌دارند؟
۲- فرهاد که بود؟
۳- چه وقت فرهاد عاشق شیرین می‌شود؟
۴- شاپور فرهاد را از کجا می‌شناخت؟
۵- شیرین به عنوان دستمزد به فرهاد چه می‌دهد؟
۶- خسرو پرویز به فرهاد چه دستوری می‌دهد؟
۷- سرانجام عشق فرهاد به شیرین چگونه است؟

تمرین با کلمات

الف- جاهای خالی در متن زیر را با کلمات مناسب پر کنید.

شاپور گفت: جوانی فرزانه و مهندسی استاد در این جا .... که نام او فرهاد .... و در دانش هندسه همانندی .... ما هر دو در کشور چین شاگرد .... استاد و همزاد بودیم، استاد قلم .... من داد و نقاش شدم و .... تیشه را برداشت و سنگتراش و هنرمند مجسمه‌ساز .... این کار از .... برمی‌آید که مجرایی .... سنگ بتراشد، اگر فرمان دهی

[۳۶] ساغر = جام
[۳۷] در صدد چاره برآمدن = به دنبال راه حل گشتن
[۳۸] محرمانه = مخفی = سرّی
[۳۹] فرجام = عاقبت = پایان
[۴۰] به یک باره = ناگهان

او را . . . . تو می‌آورم. با این حکایت غم شیر از دل شیرین . . . . در

رفت و شاپور آن استاد فرزانه را . . . . شیرین برد.

فرهاد کوهکن . . . . کوهی درآمد، از ستبری و بلندی پیلی بود و . . . .

مقدار دو پیل زور . . . . پرستاران . . . . نگهبانان او . . . .

بنواختند و بیرون . . . . پرده جایگاهی شایسته‌ی او ساختند. (همان منبع، ص۵۳)

ب- گزینه‌ی درست را انتخاب کنید.

۱-   من دیشب مسموم شدم چون غذایی که خوردم . . . . بود.

الف- زهرآلود   ج- دیوانه
ب- فاسد   د- آسان

۲-   در عرفان . . . . تشبیهی برای دل عارف است.

الف- فرسنگ   ج- ساغر
ب- یار   د- فرجام

۳-   برای تشخیص زخم معده در بیمارستان یک لوله‌ی باریک و بلند وارد . . . . گوارش
می‌کنند.

الف- چاره‌ی   ج- مجرای
ب- ماجرای   د- حوض

۴-   اگر انتقادی دارید بهتر است با خود او . . . .

الف- ستاره بشمارید   ج- در میان بگذارید
ب- از عهده‌ی آن برآیید   د- حضور یابید

۵-   بعضی‌ها اعتقاد دارند که موسیقی . . . . گیاهان را تسریع می‌بخشد.

الف- بهای   ج- افسانه‌ی
ب- رویش   د- چاره‌ی

۶-   . . . . خوب است ولی اگر قابل کنترل و محدود باشد.

الف- فریب   ج- نگار
ب- اندیشه   د- غیرت

۷- چندین سال پیش زلزله‌ی مهیبی در رودبار رخ داد و . . . . آن چند پس‌لرزه نیز اطراف شهر را لرزاند.

الف- از عهده‌ی

ب- در صدد

ج- در پی

د- از سر

نگارش

الف- متن زیر را بخوانید و سپس آن را با استفاده از فرهنگ لغـات و بـا کلمـات خودتـان بازنویسی کنید.

به نام آن که هستی نام ازو یافت   فلک جنبش، زمین آرام ازو یافت

نظامی گنجه‌ای از گفته‌ی سخن‌گویان پیشین چنین یاد می‌کند و می‌گوید: چون انوشیروان درگذشت، پسرش هرمز (آهورمزد) در سال ۵۷۹م، یعنی ۴۳ سال پیش از هجرت پیامبر اکرم (ص) به تخت سلطنت ایران رسید و در مداین تاج‌گذاری کرد و به رسم پدر در جهان دادگری پیشه نمود. خداوند به او پسری داد و نام آن شاهزاده را خسروپرویز نهادند. چون به هفت سالگی رسید در خوب‌رویی مشهور جهان شد و پدر او را به آموزگاران سپرد تا روزگارش بیهوده سپری نشود. تا چهارده سالگی هنر سخنوری و کشتی‌گیری و جنگ و تیراندازی آموخت و در ۱۴ سالگی شاهزاده خود بزرگ‌امید را که خود دانای روزگار بود به خلوت خواست و از وی حکمت‌ها آموخت و به اندک‌مدتی در هر فن و هنری آوازه یافت و در همین آغاز جوانی بود که روزی به شکار رفت و هنگام غروب آفتاب در دهکده‌ای ماند و از سر جوانی مجلس می‌آراست و با یاران به نوشانوش نشست و شب زنده‌داری کرد. (همان منبع، ص۱۲)

ب- در مورد نویسنده یا شاعر مورد علاقه‌تان مقالـه‌ای بنویسید کـه شـامل یـک مقدمـه، سـه پاراگراف متن اصلی و یک نتیجه‌گیری باشد.

ج- در متن اصلی درس، زیر طولانی‌ترین جمله خط بکشید. سپس جملات تشکیل دهنده‌ی آن را مشخص کنید. بعد از آن، هر یک از آن جملات را تجزیه و تحلیل نحوی و دستوری کنید. نهاد و گزاره را مشخص کنید. فاعل و مفعول و فعل را معین کنید. و بعد عبارات اسمی و وصفی و قیدی و . . . را تجزیه و تحلیل نمایید.

شعر: نادر نادرپور
نادر نادرپور (۱۹۲۹-۲۰۰۰) شاعر و نویسنده‌ی معاصر ایرانی است. او که اصالتاً اهل کرمان بود در پاریس زبان و ادب فرانسه خواند و بعدها اشعاری را از فرانسه به فارسی ترجمه کرد. او در دوره‌ی برخورد سنت کلاسیک شعر پارسی با اندیشه‌های نو که منجر به شکل‌گیری شعر نیمایی شد ظهور کرد. نادرپور را از پیروان مکتب خانلری و توللی در شعر نو دانسته‌اند.

خون و خاکستر

آن زلزله‌ای که خانه را لرزاند   یک شب همه چیز را دگرگون کرد
چون شعله جهان خفته را سوزاند   خاکستر صبح را پر از خون کرد
او بود که شیشه‌های رنگین را   از پنجره‌های دل به خاک انداخت
رخسار زنان و رنگ گل‌ها را   در پشت غبار کینه پنهان ساخت
گهواره‌ی مرگ را بجنبانید   چون گور به خوردن کسان پرداخت
در زیر رواق کهنه‌ی تاریخ   بر سنگ مزار شهریاران تاخت
تندیس هنروران پیشین را   بشکست و بهای کارشان نشناخت
آنگاه ترانه‌های فتحش را   با شیون شوم باد موزون کرد
او راه وصال عاشقان را بست   فانوس خیال شاعران را کشت
رگ‌های صدای ساز را بگسست   پیشانی جام را به خون آغشت
گنجینه‌ی روزهای شیرین را   در خاک غم گذشته مدفون کرد
تالار بزرگ خانه خالی شد   از پیکره‌های مرده و زنده
دیگر نه کبوتری که از بامش   پرواز کند به سوی آینده
در ذهن من از گذشته، یادی ماند   غمناک و گسسته و پراکنده
با خانه و خاطرات من، ای دوست   آن زلزله کار صد شبیخون کرد
ناگاه به هر طرف که رو کردم   دیدم همه وحشت است و ویرانی
عزم سفر به پیشواز آمد   تا پشت کنم بر آن پریشانی
اما غم ترک آشیان گفتن   چشمان مرا که جای خورشید است
همچون افق غروب، گلگون کرد

چون روی به سوی غربت آوردم   غم بار دگر به دیدنم آمد
من برده‌ی پیر آسمان بودم   زنجیر بلا به گردنم آمد
من خانه‌ی خود به غیر نسپردم   تقدیر مرا ز خانه بیرون کرد
اکنون که دیار آشنایی را   چون سایه‌ی خویش در قفا دارم
بینم که هنوز و همچنان با او   در خواب و خیال ماجرا دارم
این عشق کهن که در دلم باقی است   بنگر که مرا چگونه مجنون کرد

اینجا که منم کرانه‌ی نیلی	از پنجره‌ی مقابلم پیداست
خورشید برهنه‌ی سحرگاهش	هم‌بستر آسمانی دریاست
گاهی به دلم امید می‌بخشم	کان وادی سبز آرزو اینجاست
افسوس که این امید بی‌حاصل	اندوه مرا هماره افزون کرد
این‌جا که منم بهشت جاوید است	اما چه کنم که خانه‌ی من نیست
دریای زلال لاجوردینش	آینه‌ی بیکرانه‌ی من نیست
تاب هوس آفرین امواجش	گهواره‌ی کودکانه‌ی من نیست
ماهی که برین کرانه می‌تابد	آن نیست که از بلندی البرز
	تابید و مرا همیشه افسون کرد
اینجاست که من جبین پیری را	در آینه‌ی پیاله می‌بینم
اوراق کتاب سرگذشتم را	در ظرف پر از زباله می‌بینم
خود را به گناه کشتن ایام	جلاد هزار ساله می‌بینم
اما به کدام کس توانم گفت	این بازی تازه را که گردون کرد
هربار که رو نهم به کاشانه	در شهر غریب و در شب دلگیر
هر بار که سایه‌ی سیاه من	در نور چراغ کوچه‌ای گمنام
بر پشت دری به رنگ تنهایی	آوارگی مرا کند تصویر
با کهنه کلید خویش می‌گویم	کای حلقه به گوش مانده در زنجیر
این‌جا نه همان سرای دیرین است	در این در بسته کی کنی تأثیر؟
کاشانه‌ی نو کلید نو خواهد	در قلب جوان اثر ندارد پیر
از پنجه‌ی سرد من چه می‌خواهی؟	سودی ندهد ستیزه با تقدیر
وقتی که خروس مرگ می‌خواند	دیرست برای در گشودن، دیر
آن زلزله‌ای که خانه را لرزاند	گفتن نتوان که با دلم چون کرد

الف- در مورد شاعر فوق تحقیق کنید و نتیجه‌ی تحقیقتان را در یک صفحه خلاصه کنید.
ب- شعر بالا را در اینترنت جستجو کنید و نحوه‌ی صحیح خواندن آن را تمرین کنید. سپس سعی کنید چند بیت آن را حفظ کنید.
ج- در شعر فوق، چه آرایه‌ها یا صنایع ادبی‌ای اعم از لفظی و معنوی به کار رفته؟ چند نمونه را ذکر کنید؟ آیا تشبیهات و استعاره‌ها و دیگر صنایع ادبی به کار رفته در شعر بالا در زبان شما وجود دارد یا خیر؟

ضرب‌المثل
در باغ سبز نشان دادن
توضیح: در زندگی باید واقع‌بین بود و همه چیز را همان‌طور که هست دید و پذیرفت. در غیر این صورت، دیگران می‌توانند ما را فریب دهند. **کاربرد:** اگر کسی بخواهد چیزی را که چندان خوب و خوشایند نیست، بیش از آن‌که هست، خوب جلوه دهد، یا بخواهد با وعده‌های دروغین، دیگری را فریب دهد و آینده‌ای امیدوارکننده نشان بدهد، این مثل را به او می‌گوییم. معنای آن این است که «ما را با وعده‌های دروغ و بی‌اساس، فریب مده».

الف- یک داستان یا گفتگو بنویسید و از ضرب‌المثل بالا در آن استفاده کنید.

ب- نزدیک‌ترین معادل ضرب‌المثل بالا در زبان شما چیست؟

درس هفتم

راه و راه‌سازی

انسان راه می‌رود، پس نیاز به راه دارد. کودکی که راه رفتن آغاز می‌کند،[۱] مادر مراقب[۲] اوست که به راه خطا[۳] نرود، از بلندی نیفتد و به بیراهه[۴] و کژراهه قدم نگذارد. شاعران ایران از راه و راه رفتن بسیار سخن گفته‌اند و نیز در مثل‌ها[۵] آمده است: راه می‌بینی چرا فرسنگ[۶] می‌پرسی؟

راه نخستین[۷] وسیله‌ی ارتباط انسان‌هاست. گردش چرخ اقتصاد بی‌وجود راه ممکن نیست. همچنان‌که[۸] گردش خون در بدن آدمی بی‌وجود شریان‌ها[۹] غیرممکن است. از این‌رو[۱۰] می‌توان گفت که کشور بدون «راه» مثل انسانی است که رگی برای جریان خون ندارد.

در سال‌های دور[۱۱] که شبکه‌ی شاهراه‌ها و آزادراه‌ها تا این حد گسترش نیافته بود،[۱۲] می‌گفتند شاهرگ‌های بدن آدمی حکم راه‌آهن را دارد[۱۳] و مویرگ‌ها حکم راه‌های اصلی و فرعی را. ولی با پیشرفت شبکه‌ی شاهراه‌ها به تدریج راه‌آهن اعتبار نخستین خود را از دست داد به نحوی که اکنون خطوطی از راه‌آهن در آمریکا بی‌استفاده مانده و به حال خود رها شده است.

[۱] آغاز کردن = شروع کردن
[۲] مراقب = مواظب
[۳] خطا = اشتباه
[۴] بیراهه = کژراهه = راه خطا
[۵] مثل = ضرب‌المثل
[۶] فرسنگ = فرسخ = مقیاس مسافت قریب شش کیلومتر
[۷] نخستین = اولین
[۸] همچنان‌که = همان‌طورکه
[۹] شریان = رگ
[۱۰] از این‌رو = به همین دلیل
[۱۱] در سال‌های دور = در زمان‌های گذشته
[۱۲] گسترش یافتن = توسعه یافتن
[۱۳] حکم چیزی را داشتن = به منزله‌ی چیزی بودن

به قول زنده‌یاد احمد حامی، در اصطلاح اقتصادی، راه وسیله‌ی جا به جا کردن ثروت است زیرا فرآورده‌های[۱۴] کشاورزی و صنعتی را از روی راه، از مکان[۱۵] تولید به مکان مصرف، می‌برند. در اصطلاح نظامی راه وسیله‌ی انتقال نیرو است و به عبارت دیگر[۱۶] انتقال خون و آتش. زیرا از راه برای جابه‌جا کردن[۱۷] سرباز، مهمات[۱۸] و تجهیزات[۱۹] نظامی استفاده می‌شود.

در اصطلاح کشورداری راه وسیله‌ی تأمین[۲۰] وحدت ملی است و از این طریق است که یک دولت می‌تواند قدرت حکومت را بر کشور مستقر سازد. بر این روال[۲۱] در زمینه‌های گوناگون زندگی و پایداری[۲۲] اجتماع، راه عاملی مؤثر و سودمند[۲۳] به شمار می‌رود، به طوری که اکنون راه را از پایه‌های گسترش تمدّن و مدنیت[۲۴] می‌دانند، برای این که تنها با داشتن یک شبکه‌ی راه خوب می‌توان عوامل و آثار تمدّن را در زوایای دور و نزدیک اجتماع گسترد.[۲۵]

در صنعت جهانگردی، که یکی از عوامل آشنایی فرهنگی و شناخت بیشتر اجتماعات مختلف در جهان امروز است، راه دارای اهمیت ویژه‌ای[۲۶] است و در حقیقت نخستین پایه است.

گروهی از محققان، سده‌های اخیر را مبدأ راهسازی در نظر گرفته‌اند در حالی که راهسازی با تمدّن آغاز شده و حتی پیش از آن وجود داشته است. چنان‌که می‌توان گفت پیدایش راه همزمان با پیدایش انسان بوده است. برای این که انسان راه می‌رود و برای رفتن از جایی به جای دیگر احتیاج به راه دارد.

بی‌تردید[۲۷] انسان‌های آغازین[۲۸] در پی شکار و به دست آوردن خوراک،[۲۹] راه‌هایی را می‌پیمودند.[۳۰] لگدکوب کردن علف‌های هرزه، شکستن شاخه‌های اضافی درختان و نشانه‌گذاری راه‌های دور و پر پیچ و خم را می‌توان

[۱۴] فرآورده‌ها = محصولات
[۱۵] مکان = محل
[۱۶] به عبارت دیگر = به بیان دیگر
[۱۷] جابه‌جا کردن = انتقال دادن
[۱۸] مهمات = آلات و ادوات جنگ
[۱۹] تجهیزات = ساز و برگ لشکر
[۲۰] تأمین کردن = فراهم کردن
[۲۱] روال = روش = اسلوب = نظم = ترتیب (بر این روال = بدین ترتیب)
[۲۲] قصر = کاخ
[۲۳] سودمند = مفید
[۲۴] مدنیت = شهرنشینی
[۲۵] گستردن = گسترش دادن
[۲۶] ویژه = خاص
[۲۷] بی‌تردید = بدون شک
[۲۸] آغازین = نخستین = اولیه
[۲۹] خوراک = غذا
[۳۰] پیمودن = رفتن

نخستین اقدام بشر در زمینه‌ی راهسازی به شمار آورد. چنین است که راه و راهسازی از عصر سنگ، آهن و مفرغ تا امروز سابقه دارد. راهسازی در طول زمان دست‌خوش تغییر و تحول شده[۳۱] و در هر زمان و عصر[۳۲] پاسخ‌گوی نیاز انسان‌ها یا جامعه‌ی همان عصر بوده است.

روزگاری[۳۳] که انسان پابرهنه و پیاده راه می‌رفت، به کوره‌راهی باریک نیاز داشت، زمانی که چهارپایان را به خدمت می‌گرفت راه وسیع‌تری ساخت و هنگامی که به زندگی اجتماعی و مهاجرت‌های گروهی پرداخت، ناگزیر[۳۴] درصدد[۳۵] ایجاد راه‌های بهتری برآمد. (احتشامی، منوچهر. راه و راه سازی در ایران: از ایران چه می‌دانم؟. ج۲۴. تهران: دفتر پژوهشهای فرهنگی. ۲۰۰۲. ص ۹-۱۰)

درک مطلب

به پرسش‌های زیر پاسخ کامل بدهید.

۱- یک ضرب‌المثل برای راه بگویید.
۲- چرا وجود راه ضرورت دارد؟
۳- راه را چگونه به اعضای بدن تشبیه می‌کنند؟
۴- راه در اصطلاح اقتصادی یعنی چه؟
۵- در اصطلاح نظامی راه به چه معناست؟
۶- راه در اصطلاح کشورداری یعنی چه؟
۷- در صنعت جهانگردی راه به چه معناست؟

تمرین با کلمات

الف- جاهای خالی در متن زیر را با کلمات مناسب پر کنید.

این سه عامل با پیشرفت انسان و در . . . . زمان تغییر کرد. عرض راه به طور مرتب زیاد . . . . عرض کوره‌راه معمولاً شصت سانتی‌متر است. امّا عرض راهروها . . . . ۱۲۰ سانتی‌متر . . . . نظر می‌گرفتند تا دو نفر . . . . آسانی بتوانند از کنار . . . . عبور کنند. . . . . شهرهای ایران کوچه‌های کم‌عرض . . . . کوچه‌ی آشتی‌کنان می‌نامیدند، برای این که دو نفر . . . .

[۳۱] دست‌خوش تغییر و تحول شدن = تغییر کردن
[۳۲] عصر = زمان = دوره
[۳۳] روزگار = زمان
[۳۴] ناگزیر = به ناچار
[۳۵] درصدد = در پی = به دنبال

با هم قهر بودند . . . . مقابل هم قرار می‌گرفتند و . . . . لبخندی که بر . . . . یکی ظاهر می‌شد دیگری . . . . لبخند می‌زد و به آشتی مبدل می‌شد. کوچه‌های‌تنگ کاربرد دیگری. . . . . .داشت. برای. . . . . .قوای مهاجم با اسب، . . . . .راحتی‌نمی‌توانست‌به‌کوچه‌وارد‌شود‌و همین‌طور‌در‌خانه‌ها. . . . . کوتاه در نظر می‌گرفتند . . . . دشمن نتواند . . . . اسب به خانه داخل شود، که اگر جز این بود صاحب‌خانه . . . . ناچار غذای سوار دشمن و علوفه‌ی اسبش . . . . هم می‌بایستی تأمین کند. عرض بزرگراه‌ها . . . . آزاد راه‌های امروزی، . . . . ویژه در حوالی فرودگاه‌ها، . . . . هفتاد متر هم می‌رسد. (همان منبع، ص١١)

ب- گزینه‌ی درست را انتخاب کنید.

١- شما باید . . . . حرف زدنتان باشید چراکه زمان از دست رفته و سخن به زبان رانده را نمی‌توان پس گرفت.

الف- ناگزیر ج- درصدد
ب- مراقب د- تأمین

٢- پس از . . . . مسیر طولانی بهتر است کمی استراحت کنیم.

الف- گستردن ج- گسترش یافتن
ب- جابه‌جا کردن د- پیمودن

٣- خواندن کتاب بسیار . . . . است.

الف- سودمند ج- ویژه
ب- روال د- خطا

۴- پیش از . . . . کار خدا را یاد کن.

الف- شریان ج- مکان
ب- آغاز د- خوراک

۵- در این . . . . تفاوت‌های میان زن و مرد کمرنگ‌تر شده است.

الف- مدنیت ج- بیراهه
ب- خطا د- عصر

نگارش

الـف- متـن زیـر را بخوانیـد و سپـس آن را بـا اسـتفاده از فرهنـگ لغـات و بـا کلمـات خودتـان بازنویسـی کنید.

هزاران سال است که انسان‌ها در این سرزمین زندگی می‌کنند. انسان‌ها در روزگاران دور نمی‌توانستند بی‌دغدغه به راهی قدم گذارند و بی‌هراس به مقصد برسند. آن‌ها از کویرهای سخت می‌گذشتند و در کوهستان‌های صعب‌العبور به سختی، کوره راه‌ها را پشت سر می‌نهادند. عبور از رودخانه‌ها مشکل بود. باید پل می‌ساختند، آن هم به گونه‌ای که در برابر سیل و طغیان آب مقاوم باشد. آثار پل‌های باقی‌مانده از دوره‌های هخامنشی و ساسانی حاکی از آن است که محل پل و زاویه‌ی برخورد پل با رودخانه به درستی محاسبه شده است. ساختن راه و پل در آن زمان کار آسانی نبود، اما مردم آن زمان نیز با مشکلات دست و پنجه نرم می‌کردند و به اصطلاح خم به ابرو نمی‌آوردند و با ساختن پل و احداث راه بر مشکلات فایق می‌آمدند.

راه به ظاهر وسیله‌ی ارتباط بین دو شهر و یا دو منطقه است، در حالی‌که این ارتباط باید از جوانب گوناگون بررسی شود. محتمل است که راهی بدون مطالعه احداث شود امّا پس از مدتی معلوم می‌شود که ساختن آن اشتباه بوده و راه به مثابه یک پدیده‌ی فرهنگی بررسی نشده است، بلکه به مثابه یک شیء و یا خط جامدی در طبیعت به آن نگاه کرده‌اند، و یا تنها به مثابه وسیله‌ای برای نقل و انتقال. در حالی‌که راه تنها جاده‌ای نیست که انسان و حیوان از آن عبور می‌کنند بلکه یک پدیده‌ی فرهنگی است و راه‌سازان در سال‌های اخیر به این نکته کمتر توجه کرده‌اند و در واقع از آن غافل بوده‌اند. (همان منبع، ص۹۵)

ب- در مـورد وضعیت راه‌هـای کشورتان مقالـه‌ای بنویسـید کـه شـامل یـک مقدمـه، سـه پاراگـراف متـن اصلـی و یـک نتیجه‌گیـری باشـد.

ج- در متن اصلی درس، زیر طولانی‌ترین جمله خط بکشید. سپس جملات تشکیل دهنده‌ی آن را مشخص کنید. بعد از آن، هر یک از آن جملات را تجزیه و تحلیل نحوی و دستوری کنید. نهاد و گزاره را مشخص کنید. فاعل و مفعول و فعل را معین کنید. و بعد عبارات اسمی و وصفی و قیدی و ... را تجزیه و تحلیل نمایید.

شعر: احمد شاملو

احمد شاملو (۱۹۲۵-۲۰۰۰) شاعر و نویسنده‌ی معاصر ایرانی است. او پدیدآور گونه‌ای از شعر در سنت شعر نو ایران بود که به «شعر سپید» معروف است. علاوه براین او نتیجه‌ی پژوهش‌هایش در باب فرهنگ عامه را در کتابی به نام کتاب کوچه منتشر کرد. دکلمه‌ی اشعار و قصه‌هایی برای کودکان با صدای گرم او امروز به صورت صوتی به یادگار مانده است.

در این بن‌بست
دهانت را می‌بویند
مبادا که گفته باشی دوستت می‌دارم
دلت را می‌بویند
روزگارِ غریبی‌ست نازنین
و عشق را
کنارِ تیرکِ راه‌بند
تازیانه می‌زنند
عشق را در پستوی خانه نهان باید کرد
در این بُن‌بستِ کج‌وپیچِ سرما
آتش را
به سوخت‌بارِ سرود و شعر
فروزان می‌دارند
به اندیشیدن خطر مکن
روزگارِ غریبی‌ست نازنین
آن که بر در می‌کوبد شباهنگام
به کُشتنِ چراغ آمده است
نور را در پستوی خانه نهان باید کرد
آنک قصابان‌اند
بر گذرگاه‌ها مستقر
با کُنده و ساتوری خون‌آلود
روزگارِ غریبی‌ست نازنین
و تبسم را بر لب‌ها جراحی می‌کنند
و ترانه را بر دهان
شوق را در پستوی خانه نهان باید کرد
کبابِ قناری
بر آتشِ سوسن و یاس
روزگارِ غریبی‌ست نازنین
ابلیسِ پیروزْمست
سورِ عزای ما را بر سفره نشسته است
خدا را در پستوی خانه نهان باید کرد

الف- در مورد شاعر فوق تحقیق کنید و نتیجه‌ی تحقیقتان را در یک صفحه خلاصه کنید.

ب- شعر بالا را در اینترنت جستجو کنید و نحوه‌ی صحیح خواندن آن را تمرین کنید. سپس سعی کنید چند بیت آن را حفظ کنید.

ج- در شعر فوق، چه آرایه‌ها یا صنایع ادبی‌ای اعم از لفظی و معنوی به کار رفته؟ چند نمونه را ذکر کنید؟ آیا تشبیهات و استعاره‌ها و دیگر صنایع ادبی به کار رفته در شعر بالا در زبان شما وجود دارد یا خیر؟

ضرب‌المثل
برگ سبزی است تحفه‌ی درویش
توضیح: در قدیم چنین معمول بوده که درویش‌ها دسته‌ای «شوید» (نوعی سبزی معطر) در دست می‌گرفتند و ساقه‌ای از آن سبزی را به مردم می‌دادند و «حق دوست» می‌گفتند و پولی را از آنان می‌گرفتند. رفته رفته این برگ سبزی، تبدیل شد به نقل و نبات و شکلات. درویش‌های فقیر، این نوع خوردنی‌ها را به مردم می‌دادند و در مقابل، از آنان پول یا غذا می‌گرفتند. **کاربرد:** این مثل، بیشتر جنبه‌ی تعارف و تواضع دارد. هنگامی‌که کسی بخواهد هدیه‌ای به دیگری بدهد، با گفتن این ضرب‌المثل، ناچیز بودن هدیه را در برابر لطف یا ارزش هدیه‌گیرنده بیان می‌کند.

الف- یک داستان یا گفتگو بنویسید و از ضرب‌المثل بالا در آن استفاده کنید.

ب- نزدیک‌ترین معادل ضرب‌المثل بالا در زبان شما چیست؟

درس هشتم

راه آهن

بشر[۱] هنگامی‌که هیچ نداشت، راه داشت چون باید برای شکار یا یافتن[۲] آب کوره‌راهی برای خود بسازد و آن را به طریقی[۳] علامت‌گذاری[۴] کند که راهِ خانه را گم نکند. بر حسب[۵] نیاز این کوره‌راه‌ها هم عرضشان زیاد شد و هم شیب‌هایشان کم و شعاع شیب‌هایشان زیاد؛ تا جهشی پدید آمد[۶] و چرخ اختراع گردید که گردونه‌ی خدایان شد و سپس حیوانات اهلی به کار گرفته شدند. چون سرعت حیوانات باربر کم بود، بشر به فکر استفاده از ماشین بخار افتاد. این جهش دوم بود، یکی از مشکلات چرخ‌ها بر روی زمین اصطکاک چرخ با زمین بود. می‌باید این اصطکاک کم شود. دور چرخ‌های چوبی را آهن گرفتند، اصطکاک کم شد، کم‌کم چرخ‌ها را به جای چوب از آهن ساختند، سنگینی آهن خود سبب اتلاف[۷] نیروی محرکه شد.

حدود چهار قرن پیش در معادن زغال سنگ هارز در آلمان برای سهولت[۸] حرکت ارابه‌ها، با تیرهای چوبی راهی به شکل ریل ساختند و به وسیله‌ی سگ مواد استخراج شده را از طریق این ریل‌ها به محل بارگیری حمل می‌کردند. ملکه الیزابت تعدادی از کارگران و کارشناسان معدن‌های آلمان را به انگلستان فرا خواند تا معادن زغال سنگ انگلستان را نیز سامان دهند.[۹] در انگلستان نخستین وسیله‌ی حمل و نقل با سگ بر روی ریل در سال ۱۶۴۹م/۱۰۵۹ در زمان ملکه الیزابت در ایالت گال به راه افتاد. پس از چندی برای جلوگیری از فرسایش چوب‌ها روی آن‌ها را با ورقه‌ی آهن پوشانیدند و حتی لبه‌ای برای آن‌ها تعبیه کردند[۱۰] که از خارج شدن چرخ‌ها از ریل جلوگیری می‌کرد. فاصله‌ی دو ریل پنج فوت یا ۱۵۲۴ میلی‌متر بود، چهارچرخه‌های

[۱] بشر = انسان

[۲] یافتن = پیدا کردن

[۳] به طریقی = به شکلی = به صورتی

[۴] علامت‌گذاری = نشانه‌گذاری

[۵] بر حسب = طبق

[۶] پدید آمدن = به وجود آمدن

[۷] اتلاف = نابود کردن = تباه کردن

[۸] سهولت = آسانی

[۹] سامان دادن = بهبود بخشیدن

[۱۰] تعبیه کردن = ساختن

این مسیر با نیروی اسب حرکت می‌کردند. روشن شد که در چنین راهی اسب قادر است[۱۱] چهار برابر وزنی را بکشد که در جاده حمل می‌کرد. رفته رفته راه‌آهن به وجود آمد و مشکلات آن حل شد. حمل و نقل در همه‌ی زمان‌ها نقشی بنیادین[۱۲] در توسعه‌ی اقتصادی و صنعتی جوامع داشته است. به موقع رساندن مواد خام به مراکز صنعتی و کشاورزی موجب تحرک دایمی[۱۳] چرخ‌های تولید می‌شود و حمل محصولات تولید شده به بازارهای مصرف داخلی و خارجی؛ و ادامه‌ی این فعالیت یعنی نزدیک کردن و اتصال حلقه‌های کارخانه‌های تولیدی و مراکز مصرف، رونق اقتصادی را در پی دارد.

راه‌آهن به دلیل برخورداری[۱۴] از ویژگی‌های ایمنی و حمل و صرفه‌ی[۱۵] اقتصادی جایگاه خاصی در میان سایر روش‌های حمل و نقل دارد. این ویژگی‌ها موقعیت فنی خاص و اهمیت فوق‌العاده‌ای به این مجموعه‌ی عظیم می‌بخشد. سرمایه‌گذاری اولیه برای احداث راه‌آهن و مخارج[۱۶] تأمین و نگهداری آن، در مجموع، راه‌اندازی راه‌آهن را پرهزینه[۱۷] می‌کند. اما در سیاست‌گذاری‌های کلان در بخش حمل و نقل، راه‌آهن جای رفیعی[۱۸] برای خود باز کرده است. در هر کشور راه‌آهن به عاملی اساسی در فرایند توسعه‌ی پایدار تبدیل می‌شود تا آن جا که می‌توان توسعه‌ی اقتصادی را مستقیماً با میزان توسعه‌ی شبکه‌ی راه‌آهن مرتبط[۱۹] دانست. به علاوه راه‌آهن به عنوان یکی از عظیم‌ترین سازمان‌های حمل و نقل کشورها، عموماً جزء صنایع بزرگ است و با سرمایه‌گذاری دولت احداث می‌شود و تحت نظارت[۲۰] مستقیم و یا با حمایت دولت اداره می‌شود.

از زمان ناصرالدین شاه قاجار تلاش‌هایی[۲۱] برای ایجاد راه‌آهن در ایران صورت گرفت که حاصل[۲۲] چندانی نداشت. در یک جمع‌بندی کلان، ایران تا پایان سال ۱۳۰۶ش جمعاً دارای ۲۴۲ کیلومتر راه‌آهن بود و از ۱۳۰۶ تا ۱۳۲۱ش، ۱۵۱۰ کیلومتر راه‌آهن ساخته شد. از ۱۳۲۱ش تا پایان سال ۱۳۵۷ش کشور دارای ۲۸۴۳ کیلومتر راه‌آهن بود. از ۱۳۵۸ش تا اردیبهشت سال ۱۳۸۱، ۲۴۴۲ کیلومتر بر خطوط راه‌آهن

[۱۱] قادر بودن = توانایی داشتن = توانستن
[۱۲] بنیادین = اساسی
[۱۳] دایمی = مدام = بدون وقفه
[۱۴] برخورداری = داشتن
[۱۵] صرفه = سود = بهره = فایده
[۱۶] مخارج = هزینه‌ها
[۱۷] پرهزینه = گران
[۱۸] رفیع = والا = بالا
[۱۹] مرتبط = مربوط = وابسته
[۲۰] نظارت = کنترل
[۲۱] تلاش = کوشش = سعی
[۲۲] حاصل = نتیجه

افزوده شد. در مجموع اکنون کشور دارای ۷۰۸۷ کیلومتر خط راه‌آهن است. به امید روزی که ایران بتواند دارای شبکه‌ی راه‌آهنی قابل مقایسه با کشورهای اروپایی گردد. (احتشامی، منوچهر. راه آهن در ایران: از ایران چه می‌دانم؟. ج۳۷. تهران: دفتر پژوهشهای فرهنگی. ۲۰۰۲. ص۱۰۳-۱۰۵)

درک مطلب

به پرسش‌های زیر پاسخ کامل بدهید.

۱- چه وقت بشر به فکر استفاده از ماشین بخار افتاد؟

۲- چرا ملکه الیزابت کارشناسان معدن‌های آلمان را فراخواند؟

۳- چرا چرخ‌های چوبی را با ورقه‌ی آهن پوشانیدند؟

۴- ویژگی‌های ممتاز راه‌آهن چیست؟

۵- توسعه‌ی راه‌آهن از دوره‌ی قاجار تا کنون به چه صورت بوده است؟

تمرین با کلمات

الف- جاهای خالی در متن زیر را با کلمات مناسب پر کنید.

همان‌طور . . . . لکوموتیوهای دیزلی کم‌کم لکوموتیوهای بخاری را . . . . دور خارج کردند، پیدایش لکوموتیوهای برقی . . . . به اعتبار لکوموتیوهای دیزلی لطمات جدّی وارد ساخت، . . . . مقایسه بین موتورهای بخاری و موتورهای برقی نتایج جالب زیر . . . . دست می‌آید.

وزن لکوموتیوهای برقی با نیروی یکسان . . . . مراتب از وزن لکوموتیوهای بخاری کم‌تر است.

دود لکوموتیوهای بخاری . . . . نزدیکی شهرها و مخصوصاً . . . . تونل‌ها موجب مشکلات فراوان می‌شد.

سرعت لکوموتیوهای برقی، . . . . خصوص در کوهستان‌های پیچ و خم و با شیب زیاد، . . . . مراتب بیشتر . . . . لکوموتیوهای بخاری است.

مسأله شایان توجه دیگر آن که موتورهای برقی . . . . کوتاه زمانی سرعت می‌گیرند و در مسافت‌های طولانی، سرعت زیاد خود . . . . حفظ می‌کنند؛ در همین چند سال گذشته سرعت لکوموتیوها به ۳۳۰ . . . . کیلومتر در . . . . رسیده است. (همان منبع، ص۲۲)

ب- گزینه‌ی درست را انتخاب کنید.

۱- وی تلاش کرد به وضعیت آشفته‌ی مملکت ....

الف- تعبیه کند   ج- پدید آید

ب- سازمان دهد   د- علامت‌گذاری کند

۲- به خاطر .... از صلح و آرامش خدا را شکر بگو.

الف- صرفه   ج- برخورداری

ب- نظارت   د- سهولت

۳- او فردی بسیار فرصت‌طلب است و .... شرایط عقاید خود را تغییر می‌دهد.

الف- به طریق   ج- با تلاش

ب- در ارتباط   د- بر حسب

۴- زندگی در شهرهای کلان بسیار .... می‌باشد.

الف- مخارج   ج- باصرفه

ب- پرهزینه   د- بنیادین

۵- کشاورزان پس از برداشت محصول، .... دسترنج خود را به بازار می‌برند و می‌فروشند.

الف- تلاش   ج- حاصل

ب- تعبیه   د- سامان

نگارش

الف- متن زیر را بخوانید و سپس آن را با استفاده از فرهنگ لغات و با کلمات خودتان بازنویسی کنید.

کشوری که به نام ایران یا فارس، یا به اصطلاح نویسندگان و مورخان به ایران‌شهر موسوم است از دیرباز مهد تمدنی اصیل و فرهنگی غنی بوده که عرصه‌ی آن از کنار رود سند در مشرق تا شط فرات در مغرب و از دامن جیحون و دامنه‌ی جبال قفقاز در شمال تا ساحل خلیج فارس در جنوب گسترش یافته و آثاری با عظمت و مظاهری با فرّ و شکوه از اعصار باستانی تا زمان حاضر پدید آورده است.

فلات ایران، که گاهی فلات کبیر ایران نیز نامیده می‌شود، و بخش وسیعی از ایران‌زمین است، در حدود ۱۲۰۰ متر از سطح دریا ارتفاع دارد. ولی بلندی قسمت عمده‌ای از وسعت فلات از این میزان تجاوز می‌کند و تنها در جلگه‌های باریک ساحلی دریای خزر در شمال و خلیج فارس در جنوب است که اراضی پست و کم ارتفاع آن بین مرتفعات فلات و ساحل دریاها واقع شده است.

تهران و توکیو و تولسا در اوکلاهامای آمریکا در یک مدار ۳۵/۴۴ عرض شمالی قرار دارند. مساحت ایران در حدود ۱۶۴۸۰۰۰ کیلومتر مربع است و از نظر وسعت خاک به پای کشورهای وسیع آسیا، مانند چین، نمی‌رسد. (همان منبع، ص۴۳-۴۴)

ب- در مورد راه‌آهن در کشور خودتان مقاله‌ای بنویسید که شامل یک مقدمه، سه پاراگراف متن اصلی و یک نتیجه‌گیری باشد.

ج- در متن اصلی درس، زیر طولانی‌ترین جمله خط بکشید. سپس جملات تشکیل دهنده‌ی آن را مشخص کنید. بعد از آن، هر یک از آن جملات را تجزیه و تحلیل نحوی و دستوری کنید. نهاد و گزاره را مشخص کنید. فاعل و مفعول و فعل را معین کنید. و بعد عبارات اسمی و وصفی و قیدی و . . . را تجزیه و تحلیل نمایید.

شعر: شهریار

سید محمدحسین بهجت شیرازی معروف به شهریار (۱۹۰۶-۱۹۸۸) شاعر معاصر ایرانی است که به زبان‌های فارسی و آذری شعر می‌سرود. او در شهر تبریز متولد شد و رشد کرد. مهم‌ترین اثر شهریار منظومه‌ی «حیدربابایه سلام» (سلام به حیدربابا) است. شهریار از پیروان سنت کلاسیک شعر فارسی بود.

حالا چرا

آمدی جانم به قربانت ولی حالا چرا؟ — بی‌وفا حالا که من افتاده‌ام از پا چرا
نوشدارویی و بعد از مرگ سهراب آمدی — سنگدل این زودتر می‌خواستی حالا چرا
عمر ما را مهلت امروز و فردای تو نیست — من که یک امروز مهمان توام فردا چرا
نازنینا ما به ناز تو جوانی داده‌ایم — دیگر اکنون با جوانان ناز کن با ما چرا
وه که با این عمرهای کوته بی اعتبار — این همه غافل شدن از چون منی شیدا چرا
شور فرهادم به پرسش سر به زیر افکنده بود — ای لب شیرین جواب تلخ سر بالا چرا
ای شب هجران که یکدم درتوچشم من نخفت — اینقدر با بخت خواب آلود من لالا چرا
آسمان چون جمع مشتاقان پریشان می‌کند — در شگفتم من نمی‌پاشد ز هم دنیا چرا
در خزان هجر گل، ای بلبل طبع حزین — خامشی شرط وفاداری بود غوغا چرا
شهریارا بی‌حبیب خود نمی‌کردی سفر — این سفر راه قیامت می‌روی تنها چرا

الف- در مورد شاعر فوق تحقیق کنید و نتیجه‌ی تحقیقتان را در یک صفحه خلاصه کنید.
ب- شعر بالا را در اینترنت جستجو کنید و نحوه‌ی صحیح خواندن آن را تمرین کنید. سپس سعی کنید چند بیت آن را حفظ کنید.
ج- در شعر فوق، چه آرایه‌ها یا صنایع ادبی‌ای اعم از لفظی و معنوی به کار رفته؟ چند نمونه را ذکر کنید؟ آیا تشبیهات و استعاره‌ها و دیگر صنایع ادبی به کار رفته در شعر بالا در زبان شما وجود دارد یا خیر؟

ضرب‌المثل
نوشدارو پس از مرگ سهراب
توضیح: این مثل به داستان مشهور رستم و سهراب در شاهنامه‌ی فردوسی مربوط می‌شود. رستم هنگام جدا شدن از همسرش تهمینه پس از آن‌که فهمید به زودی دارای فرزندی خواهند شد، بازوبندی به تهمینه داد که آن را به بازوی او ببندد. پس از مدتی تهمینه پسری به دنیا آورد و بازوبند را به بازوی او بست. سهراب کم‌کم بزرگ شد و در شجاعت و پهلوانی همانند پدرش بود. یک روز با مادر در مورد پدرش صحبت کرد و فهمید که پدرش کیست. سهراب تصمیم گرفت به جست‌وجوی پدر برود و با او همراه باشد. اما رستم و سهراب ندانسته در مقابل یکدیگر قرار گرفته و با هم به رزم پرداختند. ابتدا سهراب رستم را شکست داد ولی به رسم پهلوانی تصمیم گرفتند دوباره با هم به مبارزه بپردازند و این بار رستم سهراب را شکست داد و با خنجرش قلب او را درید. بعد از این بود که رستم بازوبند را بر بازوی سهراب دید و پی به خطای خود برد و کسی را در پی نوشدارو فرستاد. ولی کار از کار گذشته بود و سهراب درگذشت. **کاربرد:** این مثل هنگامی به کار می‌رود که انسان برای رفع مشکلی در پی چاره است ولی زمانی به مقصود می‌رسد که کار از کار گذشته و چاره‌ی مورد نظر دیگر فایده‌ای ندارد.

الف- یک داستان یا گفتگو بنویسید و از ضرب‌المثل بالا در آن استفاده کنید.
ب- نزدیک‌ترین معادل ضرب‌المثل بالا در زبان شما چیست؟

درس نهم

قحطی های ایران

سرزمین ایران، از روزگاران کهن، به کرّات[۱] در معرض قحطی‌هایی کم و بیش[۲] سهمگین[۳] قرار گرفته است. برخی از مورّخان و صاحب‌نظران، ساده‌اندیشانه، کوشیده‌اند وقوع قحطی‌های مزبور[۴] را صرفاً و منحصراً به قهر[۵] طبیعت منتسب کنند،[۶] ولی اگر جانب منطق و عدالت رعایت شود، بی‌مهری و ناسازگاری طبیعت را باید فقط به عنوان یکی از عوامل موجبه‌ی قحطی -و نه تنها عامل آن- به شمار آورد.

بررسی تحلیلیِ قحطی‌های متعدد و متناوبی[۷] که از دیرباز در پهنه‌ی ایران‌زمین روی داده، به روشنی[۸] گویای[۹] این واقعیت است که در کنار علل[۱۰] طبیعی و جغرافیایی، عوامل تاریخی و اجتماعی هم، نقش و سهم شایان توجه[۱۱] -و گاه تعیین کننده‌ای- در ایجاد و یا تشدید[۱۲] این قحطی‌ها ایفا کرده‌اند. از جمله‌ی اهمّ[۱۳] این عوامل می‌توان از جنگ‌ها و تهاجم‌های مکرّر، حاکمیت ملوک‌الطوایفی و وقوع منازعه‌ها[۱۴] و کشمکش‌های

۱ به کرّات = به دفعات = چند دفعه = چند بار

۲ کم و بیش = نسبتاً

۳ سهمگین = وحشتناک = خوفناک = ترسناک

۴ مزبور = مذکور

۵ قهر = خشم

۶ منتسب کردن = نسبت دادن

۷ متناوب = یکی پس از دیگری

۸ به روشنی = به وضوح

۹ گویا = بیانگر

۱۰ علت (علل) = دلیل (دلایل)

۱۱ شایان توجه = قابل ملاحظه

۱۲ تشدید = تقویت

۱۳ اهمّ = مهم‌ترین

۱۴ منازعه = درگیری

دایمی بین امرا،[15] بی‌ثباتی[16] سیاسی و ناامنی، بی‌کفایتی[17] و سوء سیاست[18] و مظالم[19] حکام[20] و مقامات دیوانی و نیز رواج فساد[21] مالی در بین آن‌ها، خودکامگی[22] فرمانروایان، بی‌اعتمادی و فقدان[23] همبستگی[24] بین توده‌های مردم و حاکمان و همچنین بعضی نارسایی‌های[25] زیربنایی از قبیل فقدان شبکه‌ی ارتباطی مناسب، ابتدایی بودن وسایل و امکانات حمل و نقل، نازل بودن[26] سطح بهداشت و مراقبت‌های پزشکی و نظایر[27] آن یاد کرد.

به عنوان قضاوتی کلی و عمومی، می‌توان گفت که در ایجاد قحطی‌های مورد بررسی و تعیین شدت و ضعف آن اغلب، آمیزه‌ای[28] از عوامل طبیعی و علل و دلایل تاریخی و اجتماعی -که در هر مورد ترکیب خاصی داشته‌اند- مؤثر بوده است. (کتابی، احمد. قحطی‌های ایران: از ایران چه می‌دانم؟. ج۵۹. تهران: دفتر پژوهش‌های فرهنگی. ۲۰۰۵. ص۹-۱۰)

درک مطلب

به پرسش‌های زیر پاسخ کامل بدهید.

۱ – عوام دلایل قحطی در ایران را به چه چیزی نسبت می‌دهند؟

۲ – علل مختلف قحطی در ایران چه بوده است؟

۳ – سیاست چه سهمی در بروز قحطی داشته است؟

۴ – بررسی تحلیلی قحطی در ایران بیانگر چه مطلبی است؟

[15] امیر (امرا) = خلیفه (خلفا)

[16] بی‌ثباتی = پایدار نبودن

[17] بی‌کفایتی = بی‌لیاقتی

[18] سوء سیاست = سیاست بد

[19] ظلم (مظالم) = ستم

[20] حاکم (حکام) = فرمانروا

[21] فساد = تباهی = پوسیدگی

[22] همبستگی = استبداد = خودسری

[23] فقدان = کمبود

[24] همبستگی = یکپارچگی = وحدت

[25] نارسایی = ضعف

[26] نازل بودن = پایین بودن

[27] نظیر (نظایر) = مثال (امثال)

[28] آمیزه = مخلوط = ترکیب

تمرین با کلمات

الف۔ جاهای خالی در متن زیر را با کلمات مناسب پر کنید.

کتاب‌ها . . . . متون تاریخی فارسی آکنده . . . . شرح و تفصیل

قحطی‌های . . . . منطقه‌ای است . . . . اغلب با فواصل زمانی کوتاه

تکرار . . . . است. تناوب این . . . .، کم و بیش، با . . . .

. . . . . دوران‌های خشکسالی و ترسالی تقارن داشته است.

. . . . گذشته، بالطبع، امکان حمل و . . . . سریع آذوقه از نقاط

. . . . محصول به نقاط کم‌محصول فراهم نبوده است. بنابراین،

محض وقوع خشکسالی . . . . یک منطقه، موجبات بروز کمیابی و قحطی در آن فراهم می‌آمده

است. در . . . . مناطق مختلف کشور، منطقه‌ی اصفهان، . . . . نظر تعدّد

قحطی‌های حادث شده، وضعی استثنایی دارد . . . . آنجا که در بعضی . . . .

. . . . . ادوار، هر دو سه سال یک . . . .، با قحطی مواجه بوده است. (همان منبع، ص۱۰۶)

ب۔ گزینه‌ی درست را انتخاب کنید.

۱- طوفان . . . . خانه‌های کناره‌ی اقیانوس را ویران کرد.

الف۔ متناوب   ج۔ سهمگین

ب۔ مزبور   د۔ فاسد

۲- این اشعار . . . . به فردوسی است.

الف۔ اهم   ج۔ آمیزه

ب۔ تشدید   د۔ منتسب

۳- سخنران دیروز مطلب را بسیار . . . . و روان بیان کرد.

الف۔ نارسا   ج۔ گویا

ب۔ به روشنی   د۔ به کرّات

۴- . . . . استعفای رئیس‌جمهور سابق هنوز مشخص نیست.

الف۔ تشدید   ج۔ علل

ب۔ فساد   د۔ خودکامگی

۵- ملت یک کشور می‌توانند با . . . . خود انقلابی مردمی ایجاد کنند.

الف۔ سوء سیاست   ج۔ همبستگی

ب۔ بی‌ثباتی   د۔ منازعه

نگارش

الف- متن زیر را بخوانید و سپس آن را با استفاده از فرهنگ لغات و با کلمات خودتان بازنویسی کنید.

قحطی در ایران، سابقه‌ای به قدمتِ تاریخ این سرزمین دارد. ساکنان فلات ایران، از کهن‌ترین روزگاران، به صورت ادواری، با قحطی و کم‌یابی دست به گریبان بوده و هر چند زمان یک بار، بر اثر آن قربانیان بسیار داده‌اند.

درباره‌ی اسباب و علل این قحطی‌ها، بسیار سخن رفته است. بعضی از محققان، ساده‌اندیشانه و عجولانه به سراغ نزدیک‌ترین عاملی که به نظرشان می‌رسیده -قهر طبیعت- رفته‌اند و مصایب بی‌شماری را که طی قرون متمادی بر مردم ایران از قِبَلِ قحطی رفته است، یک باره و یک سره، معلول بی‌مهری طبیعت دانسته‌اند.

این تصور نه به کلی خالی از واقعیت است و نه تمام واقعیت را در بر دارد: تردیدی نیست که مناطقی مانند فلات ایران -در مقایسه با بخش‌هایی از جهان نظیر اروپای غربی و شمالی، کانادا و نیز در قیاس با متوسط کل جهان- از رطوبت و بارندگی کافی برخوردار نبوده و نیست. به همین مناسبت، در طول تاریخ، بسیاری از قحطی‌های ایران از خشکسالی‌های متناوب نشأت گرفته است.

با وجود این، دور از منطق و واقعیت خواهد بود اگر نقش بسیار مؤثر و تعیین‌کننده عوامل مختلف اجتماعی و تاریخی در ایجاد و سیر تحوّل قحطی‌های ایران نادیده و یا دست کم گرفته شود.

در این میان، سهم و تأثیر نظام حکومتی در ایران و روابط و مناسبات آن با مردم، شایان توجه و تأمل بیشتری است تا آن‌جا که به جرأت می‌توان گفت اگر استبدادگرایی، ناکارآمدی و فسادپذیری حکومت‌ها در ایران نبود، بسیاری از قحطی‌های ایران اصلاً رخ نمی‌داد و یا لااقل پیآمدهایی به مراتب خفیف‌تر و کم‌هزینه‌تر داشت. از این‌رو، بی‌مناسبت نیست که با تأسی به دکتر هما ناطق، که در پژوهش عالمانه‌ی خود در زمینه‌ی تاریخچه‌ی وبا در ایران بینِ «مصیبتِ وبا» و «بلایِ حکومت» غیر مردمی و فاسد در ایران، پیوندی نزدیک یافته است، میان وقوع قحطی و نظام حکومتی در ایران نیز، همبستگی و ارتباطی جست‌وجو شود.

سخن را با این جمع‌بندی و نتیجه‌گیری محققانه‌ی پرفسور شوکو اوکازاکی به پایان می‌بریم که اگر چه اصلًادر خصوص قحطی سال ۱۲۸۸ ق اظهار شده، ولی به حق درباره‌ی اکثریت غالب قحطی‌های ایران صادق است:

«عامل قحطی سال ۱۲۸۸ بروز دو خشکسالی پی در پی بود. اما این بلا، به هیچ وجه کاملًا نتیجه‌ی بلهوسی طبیعت نبود . . . بخش بزرگی از مسئولیت این رویداد ناگوار را می‌توان، واقع‌بینانه، متوجه مقامات بالا، ملاکان، سوداگران غله و برخی روحانی‌نمایان که دست‌اندرکار احتکار و سوء استفاده از اوضاع به نفع خود بودند، شناخت. همچنین حکومت مرکزی و حکام ولایات و نواحی که تدبیر و اقدام مؤثری برای اصلاح

وضع در کار نیاوردند، در این بلیه سزاوار نکوهش‌اند. به سخن دیگر، حرص و بی‌کفایتی دولتمردان به همان اندازه مسبب گرسنگی و رنج مردم بود که خشکسالی و بخل طبیعت».

(همان منبع، ص۱۰۷-۱۰۸)

ب- در مورد بلایای طبیعی در کشورتان مقاله‌ای بنویسید که شامل یک مقدمه، سه پاراگراف متن اصلی و یک نتیجه‌گیری باشد.

ج- در متن اصلی درس، زیر طولانی‌ترین جمله خط بکشید. سپس جملات تشکیل دهنده‌ی آن را مشخص کنید. بعد از آن، هر یک از آن جملات را تجزیه و تحلیل نحوی و دستوری کنید. نهاد و گزاره را مشخص کنید. فاعل و مفعول و فعل را معین کنید. و بعد عبارات اسمی و وصفی و قیدی و . . . را تجزیه و تحلیل نمایید.

شعر: رودکی

ابوعبدالله جعفربن‌محمد معروف به رودکی (۸۵۸-۹۴۰) شاعر پارسی‌گوی ایرانی است. اشعار او قدیمی‌ترین اشعار فارسی به جا مانده است و به همین دلیل او را پدر شعر فارسی نامیده‌اند. مدیحه‌سرایی، تعلیم و غنایی از مایه‌های اصلی اشعار رودکی هستند.

بوی جوی مولیان

بوی جوی مولیان آید همی — یاد یار مهربان آید همی
ریگ آموی و درشتی‌های او — زیر پایم پرنیان آید همی
آب جیحون از نشاط روی دوست — خنگ ما را تا میان آید همی
ای بخارا، شاد باش و دیر زی — میر زی تو شادمان آید همی
میر سرو است و بخارا بوستان — سرو سوی بوستان آید همی
میر ماه ست و بخارا آسمان — ماه سوی آسمان آید همی

الف- در مورد شاعر فوق تحقیق کنید و نتیجه‌ی تحقیقتان را در یک صفحه خلاصه کنید.

ب- شعر بالا را در اینترنت جستجو کنید و نحوه‌ی صحیح خواندن آن را تمرین کنید. سپس سعی کنید چند بیت آن را حفظ کنید.

ج- در شعر فوق، چه آرایه‌ها یا صنایع ادبی‌ای اعم از لفظی و معنوی به کار رفته؟ چند نمونه را ذکر کنید؟ آیا تشبیهات و استعاره‌ها و دیگر صنایع ادبی به کار رفته در شعر بالا در زبان شما وجود دارد یا خیر؟

ضرب‌المثل
خلایق هرچه لایق

کاربرد:
هر کسی همانطور زندگی میکند که شایسته‌ی آن است و برای به دست آوردن چیزی تلاش میکند که خود را لایق آن میداند. هنگامی که کسی زندگی دشوار خود را بپذیرد و سعی در تغییر آن نداشته باشد، نمی توان او را مجبور به این کار کرد؛ چراکه او خود را شایسته‌ی آن همه سختی و دشواری می داند و رفاه و آسایش و آزادی را در حدّ خود نمی بیند. این مثل تأکید به این نکته دارد که هر کس خود چگونگی زندگیش را تعیین میکند و سزاوار همانگونه زندگی است.

الف- یک داستان یا گفتگو بنویسید و از ضرب‌المثل بالا در آن استفاده کنید.
ب- نزدیک‌ترین معادل ضرب‌المثل بالا در زبان شما چیست؟

درس دهم
میراث طبیعی ایران

طبیعت ایران بسیار متنوع، گونه‌گون[1] و شگفت‌انگیز است. ناهمواری‌ها، شرایط اقلیمی،[2] گیاهان و جانوران آن که به تعبیری[3] جغرافیای طبیعی و زیستی را شامل می‌شوند کنار یکدیگر مجموعه‌ای را تشکیل داده‌اند که می‌توان آن را در سراسر دنیا کم‌نظیر دانست.

وجود کوه‌های بلندی که همیشه پوشیده از برف است تا جنگل‌های گرمسیری مشرف به[4] خلیج فارس و دریای عمان از یک سو[5] و جنگل‌های مرطوب گیلان و مازندران تا بیابان‌های فراخشک[6] لوت از دیگر سو به علاوه‌ی مجموعه‌ی تضادهای[7] اقلیمی، توپوگرافی و زمین‌شناسی سبب پیدایش طیف وسیعی از انواع اکوسیستم‌ها در این سرزمین شده است. جلوه‌های طبیعت در ایران پهناور آن‌چنان متنوع است که عناصری از اروپا، آسیا و آفریقا را در دل خود جای داده است. این عناصر در کنار گونه‌های جانوری، گیاهی و چشم‌اندازهای[8] خاص ایران، قابلیت‌ها و ویژگی‌های طبیعت کشور را دو چندان[9] کرده است. این تنوع به دلیل موقعیت ایران است که همچون چهارراهی میان جغرافیای زیستی سه قاره قرار گرفته است. به عبارت دیگر تنوع اکوسیستمی در ایران سبب شده تا از گیاهان و جانوران و چشم‌اندازهای گوناگون و گاه منحصر به فردی برخوردار شود.[10]

۸۰۰۰ گونه‌ی گیاهی -که برخی از گیاه‌شناسان این رقم را تا ۱۲۰۰۰ گونه نیز قابل ارتقاء[11] می‌دانند- ۱۷۴ گونه ماهی آب‌های داخلی، ۲۰ گونه دوزیست، ۲۰۶ گونه خزنده، ۵۱۴ گونه پرنده، ۱۶۸ گونه پستاندار، ۲۵

---

[1] گونه‌گون = گوناگون = متنوع
[2] اقلیمی = آب و هوای منطقه‌ای
[3] به تعبیری = به عبارتی
[4] مشرف به = مجاور به
[5] از یک سو = از یک طرف
[6] فراخشک = بسیار خشک
[7] تضاد = ناسازگاری
[8] چشم‌انداز = منظره
[9] دو چندان = دو برابر
[10] برخوردار بودن = دارا بودن
[11] ارتقاء = افزایش

هزار گونه حشره و به طور مشخص ۳۵۸ گونه پروانه روزپرواز آن بخش از تنوع گونه‌های کشور را شامل می‌شود که تا کنون شناخته شده است. اطلاعات موجود درباره‌ی طبیعت ایران را می‌توان به کوه یخی تشبیه کرد که تنها بخش اندکی از آن آشکار شده است. به علاوه همین یافته‌های موجود در اکثر موارد پراکنده و غیر منسجم است. به جز چند اثر انگشت‌شمار[۱۲] که به گونه‌های جانوری ایران پرداخته‌اند[۱۳] بررسی و طبقه‌بندی چندانی درباره‌ی اجزای طبیعت کشور انجام نگرفته است. البته این امیدواری وجود دارد که با تحقیقات بیشتر بر شمار[۱۴] گونه‌های گیاهی و جانوری ایران افزوده شود.

بهره‌برداری‌های بی‌برنامه، توسعه‌ی نسنجیده و تخریب سرزمین با روندی فزاینده[۱۵] باعث شده طبیعت و منابع طبیعی کشور، بسیاری از قابلیت‌های خود را از دست بدهد. خوشبختانه مناطقی که به نوعی تحت حفاظت قرار گرفته‌اند به جزایر امیدی تبدیل شده‌اند که تا حدی با مدیریت صحیح[۱۶] می‌توان باقیمانده‌ی داشته‌های طبیعی کشور را به مدد[۱۷] آن‌ها حفظ کرد.[۱۸]

۱۶ پارک ملی، ۱۳ اثر طبیعی ملی، ۳۳ پناهگاه حیات وحش، ۹۰ منطقه حفاظت شده، ۸۸ منطقه‌ی شکار ممنوع، ۲۲ تالاب[۱۹] بین‌المللی، ۹ ذخیره‌گاه زیست کره و ۹۱ ذخیره‌گاه جنگلی که به منظور حفاظت و حمایت طبیعت کشور ایجاد شده‌اند در واقع همان جزایر امید هستند که در صورت مدیریت و بهره‌وری[۲۰] خردمندانه می‌توانند نقش اصلی خود را ایفا نمایند. (خسروی فرد، سام. میراث طبیعی ایران: از ایران چه می‌دانم؟ ج۶۳. تهران: دفتر پژوهشهای فرهنگی. ۲۰۱۱. ص۵-۶)

درک مطلب

به پرسش‌های زیر پاسخ کامل بدهید.

۱- جغرافیای طبیعی و زیستی ایران چگونه این کشور را در سراسر دنیا کم‌نظیر ساخته است؟

۲- دلیل پیدایش انواع مختلف اکوسیستم در ایران چیست؟

۳- موقعیت ایران که میان سه قاره قرار گرفته است چه تأثیری در تنوع اکوسیستمی این کشور داشته است؟

۴- چه چیزی باعث شده طبیعت و منابع طبیعی کشور بسیاری از قابلیت‌های خود را از دست بدهد؟

۵- نویسنده یافته‌های موجود درباره‌ی ایران را به چه چیزی تشبیه کرده است؟ چرا؟

---

[۱۲] انگشت‌شمار = معدود

[۱۳] پرداختن = بررسی کردن

[۱۴] شمار = تعداد

[۱۵] فزاینده = در حال افزایش

[۱۶] صحیح = درست

[۱۷] مدد = کمک

[۱۸] حفظ کردن = نگهداری کردن

[۱۹] تالاب = آبگیر = برکه

[۲۰] بهره‌وری = بهره‌برداری

تمرین با کلمات

الف ـ جاهای خالی در متن زیر را با کلمات مناسب پر کنید.

آمارها . . . . می‌دهد ارزش سالانه‌ی هر شیر . . . . پارک ملی آمبولسی در کنیا تنها از درآمدهای توریستی رقمی . . . . ۲۷ هزار دلار بوده است. درحالی‌که به عنوان . . . . یوزپلنگ آسیایی که تنها ۶۰ قلاده از آن در ایران باقی . . . . مطابق مبلغ جریمه شکار هر قلاده حداکثر ۲۲۰ میلیون ریال ـبا احتساب رقم . . . . و ضرر و زیان سازمان . . . . . . زیستـ ارزش اقتصادی دارند ـمشروط . . . . آنکه چنین ارقامی از فرد خاطی اخذ . . . . ـ اما اگر زمینه‌ی جذب گردشگران . . . . بازدید از این حیوانات نادر فراهم . . . . درآمدهای ماندگار و هنگفتی . . . . . . دست خواهد آمد. به بیان . . . . ، یک شیر بیش از ۲۱۶ میلیون ریال . . . . یک کشور آفریقایی در یک سال درآمد . . . . ارمغان آورده است. از این رقم . . . . بدون احتساب ارزش‌های اکولوژیکی و تنوع زیستی جانور، به دست آمده است، برمی‌آید . . . . . . یوزپلنگ کمیاب ایران با شیر آفریقایی . . . . . . نظر ارزش اقتصادی چه فاصله‌ی بعیدی دارد. . . . . علاوه هنوز ارزش‌های اقتصادی ناشی . . . . . . درآمدهای توریستی کشور . . . . توجه به این‌که این درآمدها می‌تواند مربوط . . . . . . میراث‌های طبیعی، فرهنگی و . . . . . . باشد به قدری نازل است . . . . نمی‌توان هیچ گونه آماری . . . . . . جانوران ایران ارائه کرد. نتیجه آنکه هنوز ارزش جانوران ایران به لحاظ اقتصادی . . . . . . درستی محاسبه نشده و روش‌های بهره‌برداری از آن‌ها همچنان به شیوه‌های سنتی شکار محدود . . . . . . است. حال آن . . . . . . تماشای حیات وحش امروزه به یکی . . . . . . پردرآمدترین بخش‌های صنعت توریسم تبدیل شده است. بدیهی است . . . . . . ارزش جانوران به درستی محاسبه شود و افراد محلی در فواید حاصل . . . . . . آن سهیم باشند در حفاظت . . . . آن‌ها خواهند کوشید. چرا . . . . . . حفاظت از طبیعت سبب خواهد شد . . . . . . وضعیت حیات وحش منطقه روند بهبود را پیش . . . . . . و به تبع آن افراد محلی قادر خواهند بود با برداشت . . . . . . مازاد جمعیت جانوران قابل شکار بخشی . . . . . . نیازهای خود را تأمین کنند. همچنین حفاظت طبیعت . . . . . . افراد بومی این امکان . . . . . . می‌دهد که از سایر مواهب طبیعی . . . . . . گیاهان در منطقه خود . . . . . . شیوه‌های مختلف بهره‌برداری کنند.

(همان منبع، ص۱۱۰)

ب- گزینه‌ی درست را انتخاب کنید.

۱- زیبایی هنر در خلق . . . . بین رنگ‌ها است.

الف- شمار   ج- ارتقاء
ب- تضاد   د- اقلیم

۲- تابلوهای نقاشی آویخته بر دیوار زیبایی این خانه را . . . . کرده است.

الف- انگشت‌شمار   ج- دو چندان
ب- مدد   د- فراخشک

۳- خانه‌ی ما . . . . به یک مسجد است.

الف- از یک سو   ج- مشرف
ب- فزاینده   د- صحیح

۴- . . . . بی‌رویه از منابع نفتی امری بسیار اشتباه است.

الف- تالاب   ج- برخورداری
ب- بهره‌وری   د- پرداخت

۵- او از مقام وزارت کشور به نخست‌وزیری . . . .

الف- حفظ کرد   ج- ارتقاء یافت
ب- برخوردار شد   د- مدد خواست

نگارش

الف- متن زیر را بخوانید و سپس آن را با استفاده از فرهنگ لغات و با کلمات خودتان بازنویسی کنید.

آشنایی با طبیعت و منابع طبیعی از یک سو و شناخت فواید آن‌ها از سوی دیگر سبب خواهد شد لزوم حفاظت از این جلوه‌های خدادادی در افراد و گروه‌های مختلف جامعه احساس شود. تنها در این صورت است که می‌توان از میراث طبیعی ایران بهره جست و آن را به آیندگان انتقال داد. در این میان سازمان‌ها و نهادهای دولتی به هیچ وجه قادر نخواهند بود نقشی را ایفا کنند که تک‌تک افراد یک جامعه در حمایت و نگهداری از طبیعت و سرزمین خود به عهده دارند.

اگر امروز نیاکان ما به کاستی دانش متهم می‌شوند که به واسطه‌ی آن شیر و ببر ایرانی را از دست داده‌اند و با رفتار نابخردانه‌ی خود این دو جانور زیبا را به پرتگاه انقراض افکنده‌اند، در صورت تکرار چنین فجایعی،

آیندگان بیش از این، نسل حاضر را گناهکار خواهند دانست چراکه امروز نمی‌توان کمی دانش را بهانه فعالیت‌های مخرب قلمداد کرد.

آن‌چه امروز از طبیعت ایران باقی مانده است به طور حتم از نظر کمیت و کیفیت قابل ارتقاء خواهد بود مشروط بر آن‌که مشارکتی همه‌گیر و همدلی واقعی میان تمامی ایرانیان پدیدار شود.

علی‌رغم توجه جهانی به محیط زیست متأسفانه فعالیت و عزم فراگیری در میان افراد جامعه در جهت نگهداری این سرمایه ملی چندان احساس نمی‌شود. کوه‌ها که مظهر سرفرازی و سرچشمه مهم‌ترین عنصر حیات‌بخش جهان یعنی آب هستند مورد استفاده لجام‌گسیخته قرار می‌گیرند و منابع آب آن نیز آلوده می‌شوند، چاه‌ها و غارهای طبیعی در برخی مواقع به زباله‌دان بدل شده‌اند و بیابان‌ها فاقد زیبایی و ارزش انگاشته می‌شوند، آلودگی سواحل دریای خزر دل هر طبیعت‌دوستی را به درد می‌آورد، شمار بسیاری از گونه‌های گیاهی و جانوری در لبه انقراض و نابودی قرار گرفته‌اند و بالاخره سودجویان در پی تصاحب اندوختگاه‌های ملی و بین‌المللی ایران هستند. دریافت این واقعیت‌های تلخ به راحتی از لابه‌لای صفحات جراید و مروری بر سایر رسانه‌های جمعی امکان‌پذیر است. توقف روند شتابناک تخریب و آلودگی طبیعت و سیر قهقرایی محیط زیست تنها با شناخت ارزش‌ها، قابلیت‌ها و ویژگی‌های عناصر زنده طبیعت عملی می‌شود. زمانی که چنین دریافتی حاصل شود هر فرد خود به عنوان حافظ محیط زیست از دست‌اندازهای نابخردانه جلوگیری خواهد کرد و بدین ترتیب طبیعت کشور سیر پویایی و تکامل خود را ادامه خواهد داد. در غیر این صورت در آینده‌ای نزدیک میراث طبیعی ایران رو به زوال خواهد گذاشت و دیگر اثری از آن نخواهد بود. میراثی که از دوران گذشته چون امانتی به نسل امروز سپرده شده و باید به آیندگان تحویل داده شود. (همان منبع، ص۱۱۱-۱۱۲)

ب- در مورد طبیعت و میراث طبیعی کشورتان مقاله‌ای بنویسید که شامل یک مقدمه، سه پاراگراف متن اصلی و یک نتیجه‌گیری باشد.

ج- در متن اصلی درس، زیر طولانی‌ترین جمله خط بکشید. سپس جملات تشکیل دهنده‌ی آن را مشخص کنید. بعد از آن، هر یک از آن جملات را تجزیه و تحلیل نحوی و دستوری کنید. نهاد و گزاره را مشخص کنید. فاعل و مفعول و فعل را معین کنید. و بعد عبارات اسمی و وصفی و قیدی و . . . را تجزیه و تحلیل نمایید.

شعر: فردوسی
ابوالقاسم فردوسی (۹۴۰-۱۰۲۰) شاعر پارسی‌گوی ایرانی است. کتاب او شاهنامه یکی از مهم‌ترین نوشته‌های ادبیات کهن فارسی به حساب می‌آید. این کتاب سرشار از داستان‌ها، افسانه‌ها و آیین‌های باستانی ایرانی است و به همین دلیل اهمیت بسیاری در ملی‌گرایی ایرانی داشته است.
نبرد رستم و سهراب دگر باره اسپان ببستند سخت / به سر بر همی گشت بدخواه بخت به کشتی گرفتن نهادند سر / گرفتند هر دو دوال کمر

هر آنگه که خشم آورد بخت شوم   کند سنگ خارا به کردار موم

سرافراز سهراب با زور دست   تو گفتی سپهر بلندش ببست

غمی بود رستم بیازید چنگ   گرفت آن بر و یال جنگی پلنگ

خم آورد پشت دلیر جوان   زمانه بیامد نبودش توان

زدش بر زمین بر به کردار شیر   بدانست کاو هم نماند به زیر

سبک تیغ تیز از میان برکشید   بر شیر بیدار دل بردرید

بپیچید زان پس یکی آه کرد   ز نیک و بد اندیشه کوتاه کرد

بدو گفت کاین بر من از من رسید   زمانه به دست تو دادم کلید

تو زین بیگناهی که این کوژپشت   مرا برکشید و به زودی بکشت

به بازی بگویند همسال من   به خاک اندر آمد چنین یال من

نشان داد مادر مرا از پدر   ز مهر اندر آمد روانم بسر

هر آنگه که تشنه شدستی به خون   بیالودی آن خنجر آبگون

زمانه به خون تو تشنه شود   براندام تو موی دشنه شود

کنون گر تو در آب ماهی شوی   وگر چون شب اندر سیاهی شوی

وگر چون ستاره شوی بر سپهر   ببری ز روی زمین پاک مهر

بخواهد هم از تو پدر کین من   چو بیند که خاکست بالین من

ازین نامداران گردنکشان   کسی هم برد سوی رستم نشان

که سهراب کشتست و افگنده خوار   ترا خواست کردن همی خواستار

چو بشنید رستم سرش خیره گشت   جهان پیش چشم اندرش تیره گشت

بپرسید زان پس که آمد به هوش   بدو گفت با ناله و با خروش

که اکنون چه داری ز رستم نشان   که کم باد نامش ز گردنکشان

بدو گفت ار ایدونکه رستم تویی   بکشتی مرا خیره از بدخویی

ز هر گونه‌ای بودمت رهنمای   نجنبید یک ذره مهرت ز جای

چو برخاست آواز کوس از درم   بیامد پر از خون دو رخ مادرم

همی جانش از رفتن من بخست	یکی مهره بر بازوی من ببست
مرا گفت کاین از پدر یادگار	بدار و ببین تا کی آید به کار
کنون کارگر شد که بیکار گشت	پسر پیش چشم پدر خوار گشت
همان نیز مادر به روشن روان	فرستاد با من یکی پهلوان
بدان تا پدر را نماید به من	سخن برگشاید به هر انجمن
چو آن نامور پهلوان کشته شد	مرا نیز هم روز برگشته شد
کنون بند بگشای از جوشنم	برهنه نگه کن تن روشنم
چو بگشاد خفتان و آن مهره دید	همه جامه بر خویشتن بردرید
همی گفت کای کشته بر دست من	دلیر و ستوده به هر انجمن
همی ریخت خون و همی کند موی	سرش پر ز خاک و پر از آب روی
بدو گفت سهراب کین بدتریست	به آب دو دیده نباید گریست
ازین خویشتن کشتن اکنون چه سود	چنین رفت و این بودنی کار بود

الف- در مورد شاعر فوق تحقیق کنید و نتیجه‌ی تحقیقتان را در یک صفحه خلاصه کنید.

ب- شعر بالا را در اینترنت جستجو کنید و نحوه‌ی صحیح خواندن آن را تمرین کنید. سپس سعی کنید چند بیت آن را حفظ کنید.

ج- در شعر فوق، چه آرایه‌ها یا صنایع ادبی‌ای اعم از لفظی و معنوی به کار رفته؟ چند نمونه را ذکر کنید؟ آیا تشبیهات و استعاره‌ها و دیگر صنایع ادبی به کار رفته در شعر بالا در زبان شما وجود دارد یا خیر؟

ضرب‌المثل
جور استاد بِه ز مهر پدر
توضیح: این مثل مصرعی از یک شعر سعدی است: پادشاهی پسر به مکتب داد — لوح سیمینش برکنار نهاد بر سر لوح او نوشته به زر — جور استاد به ز مهر پدر

حکایتی نیز در ارتباط با این مثل وجود دارد. می‌گویند معلم مکتب‌خانه‌ای بسیار بداخلاق بود و به هر بهانه‌ای دانش‌آموزان مکتب‌خانه را تنبیه می‌کرد. بچه‌ها پیش پدر و مادرشان از دست معلم شکایت کردند. در نتیجه معلم بداخلاق را برکنار کردند و معلمی خوش اخلاق و مهربان را به جای او گذاشتند. بچه‌ها از اخلاق خوب معلم تازه سوء استفاده کردند و از آن‌جاکه معلم جدید کاری به کارشان نداشت، در عرض چند روز درس و مطالعه و کار را رها کردند و مکتب‌خانه را به میدان جنگ تبدیل کردند. پدر و مادرها که دیدند بچه‌ها هر روز با سر و صورت خونی به خانه می‌آیند و درس و مشقی هم ندارند، فهمیدند مشکل کجاست. معلم تازه را برداشتند و معلم بداخلاق قبلی را سر کلاس بردند و این مثل را به کار می‌بردند.

کاربرد:
این مثل معمولاً به هنگام شکایت بچه ها از معلمشان و یا گلایه ی کوچکترها از بزرگترها گفته می‌شود.

الف- یک داستان یا گفتگو بنویسید و از ضرب‌المثل بالا در آن استفاده کنید.
ب- نزدیک‌ترین معادل ضرب‌المثل بالا در زبان شما چیست؟

درس یازدهم

بازار

هنگامی‌که امروز به بازار اشاره می‌شود، در وهله‌ی نخست[۱] و به طور عمده[۲] جنبه‌ی اقتصادی آن مطرح می‌شود، در حالی‌که در گذشته افزون بر[۳] این ویژگی،[۴] نقش اجتماعی و شهری آن بسیار بیشتر از امروز اهمیت داشت، زیرا بازار غالباً در امتداد مهم‌ترین راه و معبر[۵] شهری شکل می‌گرفت و اصلی‌ترین راه شهری به شمار می‌رفت و کمابیش[۶] همه‌ی فعالیت‌ها و فضاهای عمومی و شهری به طور مستقیم یا غیرمستقیم با آن مرتبط بود[۷] و بناها و فضاهای مهمی مانند مسجد جامع، مدرسه‌های علمیه و کاروانسراهای متعدد در امتداد آن قرار داشتند و به این ترتیب محوری بی‌نظیر و یگانه در هر شهر به شمار می‌آمد، و چون اخبار و اطلاعات غالباً[۸] به صورت شفاهی انتقال می‌یافت، بازار مرکز انتشار خبرها و اطلاعات بود، در حالی‌که امروز تنها به عنوان یک مرکز خرید و دادوستد[۹] مورد توجه قرار دارد، زیرا توسعه‌ی شهرها در دوره‌ی معاصر و ایجاد راه‌های سواره و دگرگونی[۱۰] در شیوه‌های[۱۱] تولید و عرضه‌ی کالا و سایر تحولات، مجالی[۱۲] برای انطباق[۱۳] بازارها با شرایط جدید به نحو[۱۴] مطلوب و مساعد فراهم نکرده است و مراکز جدید خرید و بازرگانی در نقاط گوناگونی در سطح شهر پراکنده شده‌اند.

[۱] در وهله‌ی نخست = در ابتدا
[۲] به طور عمده = به طور کلی = عمدتاً
[۳] افزون بر = علاوه بر
[۴] ویژگی = خصوصیت
[۵] معبر (معابر) = محل گذر
[۶] کمابیش = تقریباً
[۷] مرتبط بودن = ارتباط داشتن
[۸] غالباً = اغلب
[۹] داد و ستد = تجارت
[۱۰] دگرگونی = تغییر
[۱۱] شیوه = روش
[۱۲] مجال = فرصت
[۱۳] انطباق = همگون شدن = وفق یافتن
[۱۴] به نحو = به صورت = به شکل

این مراکز جدید از لحاظ کالبدی[۱۵] غالباً فضاهای مناسب و جذاب برای شهروندان به شمار نمی‌آیند زیرا بیشتر آن‌ها در کنار خیابان‌های شلوغ و پرتردد[۱۶] قرار دارند و عدم ایمنی کافی به سبب تردد انواع وسایل نقلیه موتوری، سر و صدا و فقدان[۱۷] فضای سرپوشیده و آلودگی هوای ناشی از[۱۸] حرکت وسایل نقلیه از کیفیت فضای تجاری می‌کاهد.[۱۹]

بازارهای کهن[۲۰] و تاریخی را می‌توان به سه گروه طبقه‌بندی کرد. نخست بازارهای شهرهای بزرگ مانند تهران، اصفهان، تبریز و مانند آن که امروز حیات[۲۱] اقتصادی آن‌ها تداوم یافته،[۲۲] و جاذبه‌های جهانگردی[۲۳] و تاریخی نیز موجب اهمیت یافتن آن‌ها شده است، اما به سبب تراکم برخی از کاربری‌ها غالباً دگرگونی‌هایی ناروا[۲۴] در آن‌ها صورت گرفته است. گروه دوم بازارهای بعضی از شهرهای متوسط و کوچک است که حیات اقتصادی آن‌ها وابسته به تأمین[۲۵] نیاز بخشی از مردم شهر است و در سطحی محدود مورد استفاده قرار می‌گیرند و بخش‌هایی از آن‌ها متروک یا نیمه متروک شده‌اند. بازارهای شهرهای قزوین و سمنان از این گونه هستند. گروه سوم بعضی از بازارهای شهرهای کوچک را در بر می‌گیرد[۲۶] که به دلیل جابه‌جایی مرکز شهر و دگرگونی‌های اساسی در مسیر راه‌های اصلی شهر و مراکز خرید، به طور عمده متروک شده‌اند و برخی از فضاهای آن‌ها در حال ویرانی[۲۷] است. بازارهای شهرهایی مانند نایین و زواره نمونه‌هایی از اینگونه بازارها هستند.

به این ترتیب در دوره‌ی معاصر حیات شهری و کالبدی اغلب بازارها به صورت‌های گوناگون به مخاطره افتاده است[۲۸] و نتوانسته‌ایم فضاهای تجاری مطلوب و مناسبی را جایگزین آن‌ها کنیم. (سلطان زاده، حسین. بازارهای ایرانی: از ایران چه می‌دانم؟. ج۱۱. تهران: دفتر پژوهشهای فرهنگی. ۲۰۰۲. ص۱۰۸-۱۰۹)

[۱۵] کالبدی = فیزیکی
[۱۶] پرتردد = پر رفت و آمد
[۱۷] فقدان = نبود
[۱۸] ناشی از = حاصل از
[۱۹] کاستن = کم کردن
[۲۰] کهن = قدیمی = باستانی
[۲۱] حیات = زندگی
[۲۲] تداوم یافتن = ادامه یافتن
[۲۳] جهانگردی = سیاحتی = توریستی
[۲۴] ناروا = نادرست
[۲۵] تأمین = فراهم کردن
[۲۶] در بر گرفتن = شامل شدن
[۲۷] ویرانی = خرابی
[۲۸] به مخاطره افتادن = به خطر افتادن

درک مطلب

به پرسش‌های زیر پاسخ کامل بدهید.

۱ـ بازار در گذشته با بازار امروزی چه تفاوتی داشت؟
۲ـ چرا مراکز جدید خرید که در سطح شهر پراکنده شده‌اند غالباً فضاهای مناسب و جذاب برای شهروندان به حساب نمی‌آیند؟
۳ـ بازارهای کهن و تاریخی بر چند گروهند؟ چند مثال ذکر کنید.
۴ـ چرا امروزه حیات شهری بازارها به خطر افتاده است؟

تمرین با کلمات

الف- جاهای خالی در متن زیر را با کلمات مناسب پر کنید.

بازار . . . . معنی محل خرید و . . . . و عرضه‌ی کالاست. واژه‌ی بازار . . . . کهن است و . . . . برخی از زبان‌های . . . . ایرانی وجود داشته است. بازار در فارسی میانه . . . . صورت «وازار» و با ترکیب‌هایی . . . . «وازارک» (بازاری) و «وازارگان» (بازرگان) . . . . کار می‌رفته؛ و در پارتی به صورت «واژار» . . . . استفاده قرار گرفته است. این واژه‌ی ایرانی به زبان برخی . . . . سرزمین‌هایی که . . . . ایران تبادلات بازرگانی داشتند، . . . . سرزمین‌های عربی، ترکی، عثمانی و برخی . . . . کشورهای اروپایی راه یافته است.

دهخدا اظهار داشته . . . . بازار از واژه‌ی پهلوی «واکار» اخذ . . . . است. واژه‌ی فرانسوی بازار . . . . پرتغالی گرفته . . . . و آنان این . . . . را از ایرانیان گرفته‌اند.

در زبان فارسی بازار . . . . عنوان اسم مکان . . . . معنی محل خرید و فروش کالاست و . . . . وجود آن که این واژه امروز بیشتر درباره‌ی بازارهای دائمی، اصلی و قدیمی شهرهای کهن و . . . . به کار می‌رود، در . . . . گاه به صورت ساده و گاه با پیشوند یا پسوندهایی به . . . . مکان خرید و فروش به طور مطلق بوده است. واژه‌ی بازار . . . . ادبیات فارسی مفهومی . . . . و گسترده دارد و به معنی محل . . . . و پر ازدحام؛ اعتبار و اهمیت اشخاص و غیره . . . . کار می‌رفته است. (همان منبع، ص۱۱-۱۲)

ب- گزینه‌ی درست را انتخاب کنید.

۱- تهمت‌هایی که به او زده بودند همه و همه .... بود.

الف- کمابیش   ج- ناروا

ب- کهن   د- پرتردد

۲- بهترین .... شخصیتی شما چیست؟

الف- معبر   ج- ویرانی

ب- نحو   د- ویژگی

۳- افرادی که شغل‌های مهم و کلیدی دارند همواره از اینکه موقعیتشان .... واهمه دارند.

الف- انطباق کند   ج- در بر گرفته شود

ب- تداوم یابد   د- به مخاطره افتد

۴- طرز فکر شما بسیار سنتی است و نیاز به یک .... عمده دارد.

الف- داد و ستد   ج- مجال

ب- دگرگونی   د- تأمین

۵- در این سرزمین بلایای طبیعی .... چشمگیری بر جای گذاشته است.

الف- شیوه‌های   ج- ویرانی‌های

ب- معبرهای   د- خطرهای

نگارش

الـف- متن زیر را بخوانید و سپس آن را با استفاده از فرهنگ لغات و با کلمـات خودتـان بازنویسـی کنید.

بازار مهم‌ترین محور ارتباطی و فضای شهری در شهرهای ایرانی در گذشته به شمار می‌آمده است زیرا بازارهای اصلی و دائمی در هر شهر به طور معمول در امتداد مهم‌ترین راه و محور شهری که از یک دروازه شروع می‌شد و تا مرکز شهر ادامه می‌یافت، شکل می‌گرفت؛ به عبارت دیگر در وهله‌ی نخست یک راه اصلی و پرتردد وجود داشت که فضاهای تجاری و گاه تولیدی در کنار آن تشکیل می‌شدند و به تدریج بازار پدید می‌آمد. شکل‌گیری تدریجی بازار به این علت بود که بیشتر شهرهای ایرانی از توسعه‌ی یک روستا پدید می‌آمدند و تنها تعداد انگشت‌شماری از شهرها به صورت طراحی شده ساخته می‌شدند.

بر اساس اسناد موجود می‌توان حدس زد که پیشینه‌ی تاریخی بازارها حداقل به چند هزار سال پیش از میلاد می‌رسد. بازار هر شهر تا اوایل قرن معاصر با سایر فضاهای شهری ارتباطی ارگانیک و منسجم داشت اما از آغاز دوره‌ی معاصر و در پی توسعه‌ی شهرها و ایجاد خیابان‌هایی برای دسترسی سواره و تعیین الگوهای سکونت و شهرنشینی، ارتباط آن با سایر فضاهای شهری به تدریج گسیخته شد.

از یک سو، موقعیت و جایگاه شهری بازار و فضاها و مراکز واقع در امتداد آن، و از سوی دیگر اهمیت نقش و منزلت اجتماعی اصناف و بازاریان در زندگی شهری موجب شد که بازار تنها یک فضای اقتصادی به شمار نیاید، بلکه فضایی برای بسیاری از فعالیت‌های اجتماعی از جمله برگزاری جشن‌های ملی و مذهبی باشد. به همین ترتیب فضای بازار در هنگام برگزاری سوگواری‌های مذهبی، سیمایی خاص می‌یافت.

نقش و کارکرد اجتماعی بازار تنها به موارد مزبور خلاصه نمی‌شود، بلکه غالباً بازاریان به ویژه در دوران اسلامی مهم‌ترین تشکیلات صنفی و اجتماعی بودند که به خصوص در شهرهای بزرگ، گاه در برابر حکومت‌ها و حکام مستبد ایستادگی می‌کردند.

خصوصیات کالبدی بازارهای دائمی و سرپوشیده به گونه‌ای بود که فضایی مطلوب و مناسب برای عابران و خریداران پدید می‌آمد. سرپوشیده بودن بازار سبب می‌شد که فضای درون آن‌ها در تابستان خنک‌تر از فضای باز و در زمستان گرم‌تر باشد. همچنین عابران از آزار و گزند آفتاب، باد و باران در امان بودند و به همین دلیل بود که گاه مردم بخشی از ساعات خود را برای گذران فراغت در بازار می‌گذارندند. (همان منبع، ص۹-۱۰)

ب- مراکـز تجـاری در گذشتـه و حـال کشـورتان را بـا هـم مقایسـه کنیـد و در ایـن مـورد مقالـه‌ای بنویسـید کـه شـامل یـک مقدمـه، سـه پاراگـراف متـن اصلـی و یـک نتیجه‌گیـری بـاشـد.

ج- در متن اصلی درس، زیر طولانی‌ترین جمله خط بکشید. سپس جملات تشکیل دهنده‌ی آن را مشخص کنید. بعد از آن، هر یک از آن جملات را تجزیه و تحلیل نحوی و دستوری کنید. نهاد و گزاره را مشخص کنید. فاعل و مفعول و فعل را معین کنید. و بعد عبارات اسمی و وصفی و قیدی و . . . را تجزیه و تحلیل نمایید.

شعر: خیام

ابوالفتح عمر بن ابراهیم خیام نیشابوری (۱۰۴۸-۱۱۳۱) فیلسوف، ریاضی‌دان، منجم و شاعر پارسی‌گوی ایرانی است. هرچند شهرت خیام در دوره‌ی معاصر در ایران بیشتر به دلیل رباعیاتی بوده است که به فارسی سروده، در گذشته او را با آثاری که به عربی در فلسفه و علوم نوشته بود می‌شناختند. راز زندگی، درد زندگی، اندیشیدن به حال و بیهوده بودن عالم از مفاهیمی است که در رباعیات خیام دیده می‌شود.

کارگه کوزه‌گری

در کارگه کوزه‌گری رفتم دوش | دیدم دو هزار کوزه گویا و خموش
ناگاه یکی کوزه برآورد خروش | کو کوزه‌گر و کوزه‌خر و کوزه فروش

تماشاگه

چون ابر به نوروز رخ لاله بشست | برخیز و به جام باده کن عزم درست
کاین سبزه که امروز تماشاگه توست | فردا همه از خاک تو برخواهد رست

جای آرمیدن

ای کاش که جای آرمیدن بودی | یا این ره دور را رسیدن بودی
کاش از پی صد هزار سال از دل خاک | چون سبزه امید بر دمیدن بودی

الف- در مورد شاعر فوق تحقیق کنید و نتیجه‌ی تحقیقتان را در یک صفحه خلاصه کنید.
ب- شعر بالا را در اینترنت جستجو کنید و نحوه‌ی صحیح خواندن آن را تمرین کنید. سپس سعی کنید چند بیت آن را حفظ کنید.
ج- در شعر فوق، چه آرایه‌ها یا صنایع ادبی‌ای اعم از لفظی و معنوی به کار رفته؟ چند نمونه را ذکر کنید؟ آیا تشبیهات و استعاره‌ها و دیگر صنایع ادبی به کار رفته در شعر بالا در زبان شما وجود دارد یا خیر؟

ضرب‌المثل

اگر نخورده‌ایم نان گندم، دیده‌ایم دست مردم

توضیح:
معمولاً نانی که از آرد تهیه می‌شود، مرغوب‌تر و خوشمزه‌تر از نانی است که از سایر غلات تهیه شده باشد.

کاربرد:
اگرچه چیزی را خودمان شخصاً امتحان نکرده ایم، اما به کمک هوش و حواسمان آن را درک می کنیم، بد و خوب را از یکدیگر تشخیص می دهیم. این مثل در برابر کسی که مخاطبش را بی اطلاع فرض میکند به کار می رود.

الف- یک داستان یا گفتگو بنویسید و از ضرب‌المثل بالا در آن استفاده کنید.
ب- نزدیک‌ترین معادل ضرب‌المثل بالا در زبان شما چیست؟

درس دوازدهم

نخل گردانی

شیعیان جهان، به ویژه[۱] شیعیان ایران، در نمایش‌های آیینی-مذهبی و دسته‌های عزاداری خود در ایام سوگواری‌های[۲] مذهبی، صندوق‌ها، صورت‌ها و دستگاه‌هایی را به شکل ضَریح، صندوق گور، نَخل و جز آن[۳] می‌آرایند[۴] و به نام تابوت شهیدان دینی در گذرها[۵] و محله‌ها می‌گردانند.

حمل تابوت و ساز و برگ‌های تابوت‌واره‌ی دیگر در دسته‌های عزا پرسش‌های زیر را در ذهن بیننده‌ی کنجکاو و پژوهشگر[۶] برمی‌انگیزد. رسم نخل‌گردانی در دسته‌های عزا چیست و چه معنا و مفهومی دارد؟ سبب پدید آمدن[۷] رسم تابوت‌گردانی چیست؟ آیا می‌توان این آیین را بقایایی[۸] از واقعه‌ای[۹] کهن و مصادیقی[۱۰] از اسطوره‌های آغازین و تکرار و تقلید رفتارهای آیینی مردم جوامع ابتدایی دانست؟ این پرسش‌ها و پرسش‌هایی چند از این‌گونه معمولاً ذهن هر پژوهشگر و بیننده‌ی این نوع مراسم را به خود مشغول می‌دارد.

تابوت‌گردانی، یا به طور کلی هر شکلی از تابوت مانند نخل، حجله و شبیه‌گردانی برای مردم دیندار[۱۱] برگزارکننده‌ی این نوع رفتارها و آیین‌های مذهبی بخشی از اعمال[۱۲] عبادی[۱۳] آنان در زندگی عادی است و نقش آن در

[۱] به ویژه = مخصوصاً = به خصوص

[۲] سوگواری = عزاداری

[۳] جز آن = مانند آن = نظیر آن

[۴] آراستن = تزیین کردن

[۵] گذر = معبر

[۶] پژوهشگر = جست‌وجوگر

[۷] پدید آمدن = به وجود آمدن

[۸] بقایا = بازمانده‌ها = آثار

[۹] واقعه = اتفاق = رخداد = حادثه

[۱۰] مصداق (مصادیق) = نشانه

[۱۱] دیندار = متدین = مذهبی

[۱۲] عمل (اعمال) = فعالیت = کار

[۱۳] عبادی = برای عبادت

حیات معنوی و آرمانی مردم تجلی می‌کند[۱۴] و با رشته‌ای[۱۵] نهانی،[۱۶] آنان را با قدیسان[۱۷] فرهنگ ملی و مذهبی پیوند می‌دهد. مردم درباره‌ی خاستگاه این تابوت‌های مثالی و معنا و مفهوم نمادین[۱۸] آن، و پیشینه‌ی[۱۹] شبیه‌گردانی در دسته‌های عزا، اطلاع درست و روشنی ندارند و بیشتر آنان حمل انواع ساز و برگ‌های مذهبی شبیه تابوت را رسمی قدیم و بازمانده[۲۰] از رسوم نیاکان[۲۱] می‌پندارند.[۲۲] مثلاً می‌گویند چون پدران و اجدادشان در سوگواره‌های شهیدان دینی، شبیه و شمایل شهیدان و شبیه تابوت‌های آنان را می‌ساختند و در سالگرد شهادتشان با دسته‌های عزا می‌گرداندند، آنان نیز آداب و رفتار نیاکانشان را تقلید و تکرار می‌کنند! توجیه مردم از این‌گونه مناسک[۲۳] و آیین‌ها توجیهی[۲۴] کلی و براساس شنیده‌ها و گفته‌هایی است که سینه به سینه از گذشتگان به آیندگان رسیده است.

توجیه عامه‌ی مردم از این رفتار تمثیلی اصولاًمبتنی بر[۲۵] منطق عامّه و شعور جمعی است و بر مجموعه‌ای از عقاید کهن و روایات شفاهی استوار است. اما همین توجیه و استدلال و ارجاع خاستگاه و پیشینه‌ی تابوت یا شبیه‌گردانی به رسم‌های کهن، ما را کم و بیش به دریافت[۲۶] بخشی از واقعیت‌ها کمک می‌کند.

صورت‌های تمثیلی و رمزی رفتارهای مذهبی و کاربرد اشیای نمادین در مناسک و مراسم مذهبی دارای معانی ویژه‌ای است که درک آن‌ها و ارزشیابی آن‌ها با معیارهای بیرون از حوزه‌ی تفکرات دینیِ بیگانه با عقاید مردم تا حدودی دشوار[۲۷] می‌نماید. بنابراین فلسفه‌ی پیدایی[۲۸] چنین صورت‌های مثالی و شبیه‌ها و تابوت‌واره‌ها در رفتارهای آیینی-عبادی مردم هر جامعه را باید در فرهنگ دینی همان جامعه و در نظام اعتقادی مردم آن در گذشته‌های دور، و در تاریخ اسطوره‌ای و فرهنگ‌های درآمیخته[۲۹] با فرهنگ آن مردم جست‌وجو کرد. (بلوکباشی، علی. نخل گردانی: از ایران چه می‌دانم؟. ج۱۸. تهران: دفتر پژوهشهای فرهنگی. ۲۰۰۱. ص۹-۱۰)

[۱۴] تجلی کردن = بروز کردن
[۱۵] رشته = پیوند
[۱۶] نهانی = پنهانی
[۱۷] قدیس = معصوم
[۱۸] نمادین = تمثیلی
[۱۹] پیشینه = سابقه
[۲۰] باز مانده = به جا مانده
[۲۱] نیاکان = اجداد = پدران
[۲۲] پنداشتن = تفکر کردن
[۲۳] مناسک = آیین‌ها = رسوم
[۲۴] توجیه = دلیل تراشی
[۲۵] مبتنی بر = بر پایه‌ی
[۲۶] دریافتن = درک کردن = فهمیدن = پی بردن
[۲۷] دشوار = سخت
[۲۸] پیدایی = پیدایش = به وجود آمدن
[۲۹] درآمیخته با = مخلوط با

درک مطلب

به پرسش‌های زیر پاسخ کامل بدهید.

۱- مراسم سوگواری شیعیان را شرح دهید
۲- حمل تابوت و دیگر مراسم عزاداری چه سؤالاتی را در ذهن هر بیننده برمی‌انگیزد؟
۳- مناسک و آیین مذهبی امروزه چه ارتباطی با افکار گذشتگان دارند؟
۴- توجیه عامه‌ی مردم برای انجام دادن مراسم مذهبی چیست؟
۵- فلسفه‌ی پیدایش این مراسم را در کجا می‌توان یافت؟

تمرین با کلمات

الف- جاهای خالی در متن زیر را با کلمات مناسب پر کنید.

ابوبکر سورآبادی . . . . قصص قرآن مجید، بخشی . . . . تفسیر معروفش، می‌نویسد: «خدای تعالی . . . . اسراییل را ظفر می‌داد . . . . سببِ تابوتی که ایشان را بود، یادگار . . . . موسی و هارون علیهم السلام». این تابوت . . . . قوم بنی‌اسراییل . . . . هنگام جنگ . . . . دشمن پیشاپیش سپاه حمل می‌کردند. در آن تابوت، بنا . . . . تفسیر سورآبادی «عصای موسی بود و پاره‌های الواح موسی و عمامه‌ی هارون و طشت زرین» و «کویزی (پیمانه‌ای) از منّ (خوراکی مخصوص از شیره‌ی پرورده‌ی گیاه) و سَکینه‌ای (آرامش، آرام‌دل)؛ آن را سری بود چون سر گربه‌ای و رویی چون روی مردم و دو پَر بر آن».

این تابوت همان تابوتی . . . . که گفته‌اند حضرت موسی . . . . فرمان خدا از چوب آکاسیا (اقاقیا)، یا شمشاد و موی بز و پوست گوسفند ساخت و درون آن . . . . با طلای ناب بیاراست. . . . . بنی‌اسراییل تابوت یادگار حضرت موسی . . . . «تابوت عهد» یا «صندوق عهد» و «تابوت شهادت» یا «خیمه‌ی شهادت» می‌نامیدند و آن را مظهر قدرت خداوندی می‌پنداشتند. . . . . جنگ‌ها «آن تابوت . . . . فرا پیش بردندی، آوازی می‌آمدی از آن سکینه، رعبی از آن . . . . دل‌های کافران افتادی و به هزیمت شدندی».

به روایتی، تابوت سکینه دیر زمانی . . . . مسجدالاقصی قرار . . . . است. ناصرخسرو در سفرنامه‌اش می‌نویسد: یکی . . . . درهای مسجدالاقصی «باب‌السکینه» نامیده می‌شد. «در دهلیز آن مسجدی است با محراب‌های بسیار». می‌گویند تابوت سکینه را که «ایزد تبارک و تعالی در قرآن یاد کرده است آن‌جا نهاده است که فرشتگان برگرفتندی».

بزرگان تصوف یکی از معانی سکینه . . . . روشنایی مقدس و فروغ الهی نوشته‌اند. . . . . ادبیات ایران باستان نیز «خرّه» یا «فَرّ» . . . . معنای فروغ الهی آمده است. بنا . . . . اعتقاد ایرانیان، خداوند با تفویض خرّه . . . . بندگان، . . . . ویژه شاهان مقرب خود، آن‌ها . . . . مقدس و نیرومند و شکست‌ناپذیر می‌ساخت.

سهروردی در سه رساله عقیده‌ی ایرانیان باستان به خرّه . . . . نقل می‌کند. او خرّه را نوری تعریف می‌کند . . . . انسان را نیرو می‌بخشد و تأیید می‌کند و تن و روانش . . . . منوّر می‌سازد. بنا . . . . نظر او، دارندگان این نور . . . . دیگران تفوق می‌یافتند. (همان منبع، ص ۸۸-۸۹)

ب- گزینه‌ی درست را انتخاب کنید.

۱- به تازگی در تهران چند پل زیر . . . . ساخته‌اند که تردد در خیابان‌های شلوغ و پرترافیک را راحت‌تر کرده است.

الف- واقعه ج- رشته
ب- گذر د- عمل

۲- شما هیچ . . . . برای کار اشتباهتان ندارید. بهتر است عذرخواهی کنید.

الف- مصداقی ج- توجیهی
ب- عبادی د- قدیسی

۳- از ریزترین ذرات تا بزرگترین موجودات همه و همه نمایانگر . . . . قدرت مطلق خدا بر روی زمین است.

الف- رشته ج- تجلی
ب- عمل د- پیدایی

۴- مطالب این مقاله . . . . شایعات نارواست.

الف- جز آن ج- به ویژه
ب- مبتنی بر د- پنداری از

۵- او می‌تواند دسته‌گل‌های بسیار زیبایی درست کند چون در رشته‌ی گل . . . . فارغ‌التحصیل شده است.

الف- پنداری ج- آرایی
ب- پیدایی د- آمیزی

نگارش

الف- متن زیر را بخوانید و سپس آن را با استفاده از فرهنگ لغات و با کلمات خودتان بازنویسی کنید.

در فرهنگ مردم جوامع سنتی، معمولاً تاریخ با افسانه درمی‌آمیزد و رویدادهای تاریخی به صورت نمونه‌های ازلی و روایت‌های اسطوره‌ای درمی‌آید. بینش مردم عامه عموماً بینشی فراتاریخی است و با منطقی اسطوره‌ای

به تاریخ می‌نگرد و وقایع و شخصیت‌ها و قهرمانان تاریخی را می‌سازد و ارزیابی می‌کند. میرچا الیاده می‌گوید: «مردم میل دارند که برای رویدادهای تاریخی توجیهی فراتر از تاریخ بیابند، از این‌رو، در تبدیل تاریخ به نمونه‌های کهن ازلی، شخصیت تاریخی را به پهلوان نمونه و رویداد تاریخی را به روایت اساطیری تبدیل می‌کنند». هانری کربن «ایمان و اصول اخلاقی مزدایی» ایرانیان پیرو دین مزدیَسنا را نهاده بر یک «قضیه‌ی مافوق تاریخ»، و تمام ایمان و اعتقاد یک مسلمان مؤمن را فراتر از تاریخ و برگرفته از یک «قضیه‌ی ماورای تاریخی»، یعنی «پیمان اَلستی» می‌داند.

در فرهنگ سنتی ایران نیز بسیاری از رویدادهای تاریخی-مذهبی با روایت‌های اساطیری درآمیخته است و قهرمانان تاریخی شخصیت و جلوه‌ای اساطیری گرفته‌اند و به نمونه‌های ازلی یا مثالی نزدیک شده‌اند. برای نمونه می‌توان به توصیف‌هایی اشاره کرد که نویسندگان داستان‌های تاریخی-مذهبی از شخصیت‌ها و قهرمانان دینی و خصایل و شمایل آنان و رادمردی و دلیری و قدرتشان در مقتل‌نامه‌ها، سوگ چامه‌ها، روضه‌های شهادت و تعزیه‌نامه‌ها و کتاب‌هایی چون حیدرنامه، خاوران‌نامه، مشهور به خاورنامه، امیرحمزه‌نامه و . . . آورده‌اند. در این متن‌های مذهبی، منطق فراتاریخی مردم بر منطق تاریخی چیره شده و زندگی واقعی شخصیت‌ها و رویدادهای تاریخی و نحوه‌ی شهادت قهرمانان مذهبی در هاله‌ای از اسطوره و افسانه پنهان شده است.

شیعیان ایران، در مراسم عزاداری شهیدان دین با نمایش و حمل تابوت‌های تمثیلی شهیدان، خاطرات مصایب قهرمانان و شخصیت‌های مذهبی و روحانی فرهنگ دینی و راز مرگ و تجدید حیات آنان را بازسازی می‌کنند. در این نمایش‌واره‌های مذهبی، مردم وقایع قدسی روزگاران گذشته و آیین‌های نیاکان و یادمان‌های برجسته‌ی دینی را، گویی که در زمان کنونی روی داده است، در زندگی روزانه‌شان احیا می‌کنند.

به نظر میرچا الیاده، نمایش و تکرار واقعه‌ای قدسی که در زمان گذشته روی داده، تحقق بخشیدن به حضور دوباره‌ی آن واقعه در زمان کنونی است. او در مبحثی با عنوان «تکرار ادواری، حضور ابدی»، در اثبات نظر بالا مثالی می‌آورد و می‌نویسد: نمایش مصایب و آلام مسیح، یعنی نمایش مرگ و رستاخیز او در مراسم عبادی هفته‌ی مقدس، تنها یادآور آن رویدادها نیست، بلکه این رویدادها دوباره در برابر دیدگان مؤمنان به دین مسیح روی می‌دهد. پس هر مسیحی راستینی باید احساس کند که معاصر با این رویدادهای فراتاریخی است. بنابراین، زمانِ تجلّی قداست، با به نمایش درآوردن رویدادها، واقعیت و حضور دوباره می‌یابد. (همان منبع، ص ۸۷-۸۸)

ب- در مورد یکی از مراسم مذهبی دین خودتان مقاله‌ای بنویسید که شامل یک مقدمه، سه پاراگراف متن اصلی و یک نتیجه‌گیری باشد.

ج- در متن اصلی درس، زیر طولانی‌ترین جمله خط بکشید. سپس جملات تشکیل دهنده‌ی آن را مشخص کنید. بعد از آن، هر یک از آن جملات را تجزیه و تحلیل نحوی و دستوری کنید. نهاد و گزاره را مشخص کنید. فاعل و مفعول و فعل را معین کنید. و بعد عبارات اسمی و وصفی و قیدی و . . . را تجزیه و تحلیل نمایید.

شعر: عطار

فریدالدین محمد عطار نیشابوری (۱۱۴۶-۱۲۲۱) عارف و شاعر پارسی‌گوی ایرانی است. عطار چهره‌ای برجسته در تاریخ تصوف و عرفان در ایران به شمار می‌رود و اشعارش سرشار از مضامین عرفانی است.

آتش عشق تو

آتش عشق تو در جان خوشتر است — جان ز عشقت آتش افشان خوشتر است
هر که خورد از جام عشقت قطره‌ای — تا قیامت مست و حیران خوشتر است
تا تو پیدا آمدی پنهان شدم — زانکه با معشوق پنهان خوشتر است
درد عشق تو که جان می سوزدم — گر همه زهر است از جان خوشتر است
درد بر من ریز و درمانم مکن — زانکه درد تو ز درمان خوشتر است
می نسازی تا نمی سوزی مرا — سوختن در عشق تو زان خوشتر است
چون وصالت هیچکس را روی نیست — روی در دیوار هجران خوشتر است
خشک سال وصل تو بینم مدام — لاجرم در دیده طوفان خوشتر است
همچو شمعی در فراقت هر شبی — تا سحر عطار گریان خوشتر است

الف- در مورد شاعر فوق تحقیق کنید و نتیجه‌ی تحقیقتان را در یک صفحه خلاصه کنید.
ب- شعر بالا را در اینترنت جستجو کنید و نحوه‌ی صحیح خواندن آن را تمرین کنید. سپس سعی کنید چند بیت آن را حفظ کنید.
ج- در شعر فوق، چه آرایه‌ها یا صنایع ادبی‌ای اعم از لفظی و معنوی به کار رفته؟ چند نمونه را ذکر کنید؟ آیا تشبیهات و استعاره‌ها و دیگر صنایع ادبی به کار رفته در شعر بالا در زبان شما وجود دارد یا خیر؟

ضرب‌المثل

نو که آمد به بازار، کهنه شود دل آزار

کاربرد:
این مثل هنگامی استفاده می‌شود که جایگزین کردن چیزی که کهنه شده با یک چیز نو سبب کم‌توجهی به آن چیز کهنه می‌شود. یکی از موارد کاربرد این مثل وقتی است که کسی دوستی جدید پیدا می‌کند و این سبب می‌شود که با دوستان قدیمی کمتر وقت بگذراند. در این مورد دوستان قدیمی در مواجهه با فرد، این مثل را ذکر می‌کنند.

الف- یک داستان یا گفتگو بنویسید و از ضرب‌المثل بالا در آن استفاده کنید.
ب- نزدیک‌ترین معادل ضرب‌المثل بالا در زبان شما چیست؟

درس سیزدهم

دانشنامه نگاری در ایران معاصر

از اواخر سده‌ی نوزدهم به دنبال تحولاتی که در اروپا رخ داد،[۱] دولت ایران در صدد برآمد[۲] با تمدن غرب آشنا شود. تمایل دولت ایران به آشنایی با فرهنگ و تمدن غرب نتایجی داشت، از جمله[۳] اعزام[۴] دانشجو به اروپا، ورود صنعت چاپ به ایران، تأسیس مدرسه‌ی دارالفنون در پایتخت و دیگر مدارس جدید در چند شهر بزرگ ایران، استخدام معلمان خارجی برای تدریس در این مدارس و ترجمه‌ی متون غربی به فارسی. این عوامل در اوضاع سیاسی، فرهنگی و اجتماعی ایران تأثیر فراوانی گذاشت. یکی از بارزترین[۵] تأثیرها، که به موضوع این مقاله مربوط است، توجه به ترجمه‌ی متون غربی و همزمان تلاش[۶] برای تألیف[۷] آثارِ مهم در حوزه‌های گوناگون، از قبیل دانشنامه بود.

پیش از آن‌که ایرانیان خود به تألیف دانشنامه‌ها یا فرهنگنامه‌هایی به معنای امروزی بپردازند، عده‌ای از خارجیان، آثاری را درباره‌ی تمدن و فرهنگ ایرانی و شرق پدید آوردند؛ چنان‌که در ۱۶۹۷ در پاریس، کتابی با عنوان *کتاب‌شناسی شرق*، یا *واژه‌نامه‌ی عمومی* اثر بارتلمی اربلو دو مولنویل (۱۶۲۵-۱۶۹۵)، مستشرق[۸] فرانسوی و کتابدار کتابخانه‌ی ملی پاریس، به زبان فرانسه، منتشر شد. این کتاب شامل همه‌ی موضوع‌های مربوط به مردم شرق، از جمله تاریخ، رسوم و سنت‌ها، ادیان و فرقه‌ها، حکومت‌ها، قوانین، سیاست، اخلاق و عادات و تحولات حکومت‌هاست. مطالب کتاب براساس منابع مستند و در دسترس مؤلف[۹] بوده و حاوی[۱۰] مقاله‌های مفصّلِ[۱۱] چندین صفحه‌ای، مانند تیمور، هارون‌الرشید، فرعون، ترک، فریدون، مصر، و مقاله‌های متوسطِ چندصفحه‌ای، همچون

[۱] رخ دادن = روی دادن = اتفاق افتادن
[۲] در صدد برآمدن = تصمیم گرفتن
[۳] از جمله = مثلاً = به عنوان مثال
[۴] اعزام = فرستادن
[۵] بارز = آشکار
[۶] تلاش = کوشش
[۷] تألیف = نگارش
[۸] مستشرق = شرق‌شناس = خاورشناس
[۹] مؤلف = نگارنده = نویسنده
[۱۰] حاوی = شامل
[۱۱] مفصّل = طولانی

حافظ، تابوت، مکه، هیئت، و مقاله‌های مختصر[۱۲] یک یا دو صفحه‌ای، مانند شاهجهان، فریبرزشاه، ابراهیم و شاهرخ است. هنگام نگارش این اثر، شرق کاملاً شناخته شده نبود و این کتاب، که اثری دانشنامه‌گونه است، تا قرن هجدهم مأخذ[۱۳] مهمی در زمینه‌ی شرق‌شناسی به شمار می‌رفت و بارها نیز تجدید چاپ شد.[۱۴] محققان، از روی اطلاعاتی که سیاحان[۱۵] و مورخان عرضه می‌کردند،[۱۶] اطلاعات این کتاب را در چاپ‌های بعد تکمیل[۱۷] و تصحیح[۱۸] کردند. نسخه‌ای از این دانشنامه که در شش جلد بین سال‌های ۱۷۸۱-۱۷۸۳ منتشر شده در کتابخانه‌ی مجلس شورای اسلامی یافت می‌شود[۱۹] (اربلو، ۱۷۸۱، ج۱، مقدمه و صفحات متعدد از دیگر مجلدات؛ *دایرةالمعارف فارسی*، ۱۳۷۴، ج۲/۲، ص۳۲۵۹، ذیل «هربلو»). در قرن نوزدهم و اوایل قرن بیستم میلادی، چند اثر ارزشمند دیگر نیز از خاورشناسان منتشر شد؛ از جمله *فرهنگ ایران باستان* تألیف فردریک اشپیگل (۱۸۲۰-۱۹۰۵)، به زبان آلمانی، که در سه جلد بین سال‌های ۱۸۷۱ تا ۱۸۷۸ انتشار یافت، در موضوع‌هایی چون جغرافیا، نژادها و قبایل، اساطیر، تاریخ، مذاهب، حکومت، قوانین، هنر، علوم و ادبیات ایران از آغاز تا پادشاهی ساسانیان؛ *نام‌نامه‌ی ایرانی* اثر فردیناند یوستی (۱۸۳۷-۱۹۰۷)، زبان‌شناس و مستشرق آلمانی، مشتمل بر[۲۰] توضیح اسامی کسانی که در تاریخ و تمدن ایران مقامی داشته‌اند، با ذکر[۲۱] دقیق مأخذ، و بیشتر متوجه نام‌های ایران باستان است (*دانشنامه‌ی ایران و اسلام*، ۱۳۵۴ مقدمه، ص۹-۱۰)؛ و اثری از بارون یوزف فون هامر پورگشتال (۱۷۷۴-۱۸۵۶)، مستشرق و مورخ اتریشی، با عنوان نگاه اجمالیِ[۲۲] *دایرةالمعارفی به دانش‌های مشرق زمین*، ترجمه شده از هفت اثر عربی و فارسی و ترکی که در ۱۸۰۴ منتشر شد و در آن فهرستی از دانشنامه‌های عربی و فارسی و ترکی آورده شده است. (مقدسی، مهناز. دانشنامه‌های ایرانی: از ایران چه می‌دانم؟. ج۵۵. تهران: دفتر پژوهشهای فرهنگی. ۲۰۰۵. ص۶۷-۶۸)

درک مطلب

به پرسش‌های زیر پاسخ کامل بدهید.

۱- در پی تحولاتی که در قرن دوازدهم تا نوزدهم اتفاق افتاد، دولت ایران چه تصمیمی گرفت؟ چگونه این تصمیم را عملی کرد؟

[۱۲] مختصر = کوتاه
[۱۳] مأخذ = منبع
[۱۴] تجدید چاپ شدن = دوباره چاپ شدن
[۱۵] سیاح = جهانگرد = توریست
[۱۶] عرضه کردن = ارائه کردن
[۱۷] تکمیل = کامل کردن
[۱۸] تصحیح = درست کردن
[۱۹] یافت شدن = پیدا شدن
[۲۰] مشتمل بر = شامل = حاوی
[۲۱] ذکر = گفتن = اشاره
[۲۲] اجمالی = خلاصه = مختصر = کوتاه

۲- چه عواملی در اوضاع سیاسی، فرهنگی و اجتماعی ایران در قرون بین دوازدهم تا نوزدهم نقش داشتند؟
۳- چه کسانی پیشکسوت نوشتن دربارهٔ تمدن و فرهنگ ایرانی و شرق به شمار می‌روند؟
۴- کتاب‌شناسی شرق حاوی چه مطالبی است؟
۵- چه آثار ارزشمندی از شرق‌شناسان در قرون نوزدهم و بیستم منتشر شد؟

تمرین با کلمات

الف- جاهای خالی در متن زیر را با کلمات مناسب پر کنید.

با بررسی آثار چند دانشی پیش . . . . اسلام و بعد از . . . . می‌توان این آثار را . . . . سه دورهٔ زبانی تقسیم کرد: . . . . اول، که . . . . این آثار . . . . زبان‌های پهلوی نوشته می‌شد، مانند *دینکرد و بندهش*؛ دورهٔ دوم، . . . . اواسط قرن دوم، که به سبب نفوذ فرهنگ و . . . . عربی، دانشمندان و مؤلفان ایرانی آثار . . . . را به عربی می‌نوشتند، مانند *احصاء العلوم* و *جوامع العلوم*؛ دورهٔ سوم، از اوایل . . . . پنجم، که به سبب حمایت پادشاهان ایرانی، دانشمندان و مؤلفان آثار خود . . . . به فارسی تألیف یا به فارسی ترجمه می‌کردند، . . . . *دانشنامهٔ علایی* و *جام جهان‌نمای*. وجه اشتراک همهٔ . . . . آثار، ثبت دانش‌های زمان . . . . یک مجموعهٔ منظم، . . . . منظور انتقال آن . . . . دیگران بوده است.

با آن که از ادوار کهن . . . . قرن اخیر تألیف . . . . جامع علمی، تاریخ، فلسفی، مذهبی و ادبی موضوع تلاش مؤلفان بوده، آن‌چه حاصل می‌شده . . . . شکل امروزی دانشنامه . . . . این آثار دشوار . . . . نظر می‌رسد؛ اما آن‌چه مسلم . . . . این که کوشش دانشمندان و مؤلفان جمع‌آوری دانش‌ها در یک مجموعهٔ منسجم را می‌توان نخستین . . . . در راه تدوین دانشنامه‌های چند جلدی امروزی دانست. (همان منبع، ص۶۶)

ب- گزینهٔ درست را انتخاب کنید.

۱- واقعه‌ای که برای شما . . . . از عجایب است.

الف- عرضه شده ج- رخ داده
ب- یافت شده د- در صدد برآمده

۲- عدس، نخود، لوبیا و کلاً حبوبات . . . . مقادیر بسیاری از آهن می‌باشند.

الف- مأخذ ج- ذکر
ب- حاوی د- تألیف

۳- من تمام آثار صادق هدایت را دوست دارم، . . . . بوف کور و مانکن.

الف- به طور اجمالی ج- از جمله
ب- مشتمل بر د- در صدد

۴- . . . . این کتاب بسیار سنت‌گراست.

الف- سیاح ج- مؤلف
ب- اعزام د- ذکر

۵- باید برایت . . . . تعریف کنم چه اتفاقاتی در نبودن تو افتاد.

الف- مفصل ج- مستشرق
ب- مأخذ د- تلاش

نگارش

الف- متن زیر را بخوانید و سپس آن را با استفاده از فرهنگ لغات و با کلمات خودتان بازنویسی کنید.

دینکرد: این کتاب را به سبب اشتمال بر موضوع‌های متعدد می‌توان اولین دانشنامه‌ی فارسی دانست. دینکرد در لفظ به معنای «تألیف دینی» است و کتاب مبتنی است بر *اوستا* و ترجمه‌های آن. این اثر بزرگ در اصل مشتمل بر نُه کتاب بوده که کتاب‌های اول و دوم آن تماماً و بخشی از کتاب سوم از میان رفته است. از نظرِ دربرداشتن مطالب گوناگون، دینکرد را به درستی «دانشنامه‌ی مزدیَسنی» نام نهاده‌اند که مجموعه‌ی بزرگی است از اطلاعات مربوط به قواعد و اصول و آداب و رسوم و روایت‌ها و تاریخ کیش مزداپرستی. دینکرد به معنای کلمه تألیف است یعنی «گردآوری» و «تدوین» شده. در این کتاب، فقط نام دو تن از مؤلفان آن آمده است. آخرین فصلِ کتاب سوم متضمن مطالبی درباره‌ی خود کتاب است. پس از برافتادن سلسله‌ی ساسانی و به حکومت رسیدن اعراب، این کتاب دچار پراکندگی و آشفتگی شد، تا این‌که آذرفرنبَغ فرّخزادان (آذرفرنبغ پسر فرّخزاد)، پیشوای بزرگ زردشتیان، در قرن سوم هجری و در زمان حکومت مأمون خلیفه‌ی عباسی (۱۹۸-۲۱۸ق)، آن را گرد آورد و از پراکندگی رهایی بخشید، اما پس از مدتی کتاب دوباره پراکنده شد و احتما لاً شخصی به نام آذرباد، پسر امید، مطالب کتاب را جمع و دینکرد را تدوین کرد. مطالب کتاب‌های سوم و چهارم و پنجم دینکرد بیشتر جنبه‌ی جدلی و کلامی و فلسفی دارد. کتاب سوم دینکرد بزرگترین کتاب از کتاب‌های موجود دینکرد است که ۴۲۰ فصل دارد و مطالب آن کلام ایزدی به شمار می‌رود و به عقاید دینی زردشتی می‌پردازد. کتاب چهارم منتخبی از آیین‌نامه‌ی آذرفرنبغ فرّخزاد است و نوشته‌های آن به کتاب سوم شبیه است، اما جنبه‌ی جدلی و منطقی آن ضعیف‌تر است. در آن شرح آفرینش و مطالب تاریخی آمده است و مطالب آن از کتاب‌های دیگرِ این اثر مشکل‌تر است. کتاب پنجم پرسش و پاسخ درباره‌ی زندگی زردشت و امور مابعدالطبیعه و الهام ایزدی و پرستش و آیین‌های دینی زردشتی است. کتاب ششم مشتمل بر اندرزهای پهلوی است و باید آن را بزرگترین اندرزنامه‌ی پهلوی دانست. کتاب هفتم بر اساس متن اصلی و ترجمه‌ی سه نَسک (کتاب) اوستایی است. (همان منبع، ص۳۷)

ب- در مورد کتب مرجع و استفاده‌ی آن‌ها مقاله‌ای بنویسید که شامل یک مقدمه، سه پاراگراف متن اصلی و یک نتیجه‌گیری باشد.

ج- در متن اصلی درس، زیر طولانی‌ترین جمله خط بکشید. سپس جملات تشکیل دهنده‌ی آن را مشخص کنید. بعد از آن، هر یک از آن جملات را تجزیه و تحلیل نحوی و دستوری کنید. نهاد و گزاره را مشخص کنید. فاعل و مفعول و فعل را معین کنید. و بعد عبارات اسمی و وصفی و قیدی و . . . را تجزیه و تحلیل نمایید.

شعر: نظامی گنجوی
جمال‌الدین الیاس بن یوسف نظامی گنجوی (۱۱۴۱-۱۲۰۹) شاعر پارسی‌گوی ایرانی است. وی در شهر گنجه می‌زیست و در همان‌جا از دنیا رفت. منظومه‌های خسرو و شیرین، مخزن الاسرار، لیلی و مجنون و هفت پیکر و دیوان قصاید و غزلیات نظامی در مجموعه‌ای با عنوان خمسه گردآوری شده است.

بردن پدر مجنون را به خانه کعبه

چون موسم حج رسید برخاست — اشتر طلبید و محمل آراست
فرزند عزیز را به صد جهد — بنشاند چو ماه در یکی مهد
آمد سوی کعبه سینه پرجوش — چون کعبه نهاد حلقه بر گوش
گوهر به میان زر برآمیخت — چون ریگ بر اهل ریگ می‌ریخت
شد در رهش از بسی خزانه — آن خانه گنج گنج خانه
آندم که جمال کعبه دریافت — دریافتن مراد بشتافت
بگرفت به رفق دست فرزند — در سایه کعبه داشت یکچند
گفت ای پسر این نه جای بازیست — بشتاب که جای چاره سازیست
در حلقه کعبه حلقه کن دست — کز حلقه غم بدو توان رست
گو یارب از این گزاف کاری — توفیق دهم به رستگاری
رحمت کن و در پناهم آور — زین شیفتگی به راهم آور
دریاب که مبتلای عشقم — و آزاد کن از بلای عشقم
مجنون چو حدیث عشق بشنید — اول بگریست پس بخندید
از جای چو مار حلقه برجست — در حلقه زلف کعبه زد دست
می‌گفت گرفته حلقه در بر — کامروز منم چو حلقه بر در
در حلقه عشق جان فروشم — بی حلقه او مباد گوشم
گویند ز عشق کن جدائی — کاینست طریق آشنائی

من قوت ز عشق می‌پذیرم	گر میرد عشق من بمیرم
پرورده عشق شد سرشتم	جز عشق مباد سرنوشتم
آن دل که بود ز عشق خالی	سیلاب غمش براد حالی
یارب به خدائی خدائیت	وانکه به کمال پادشائیت
کز عشق به غایتی رسانم	کو ماند اگر چه من نمانم
از چشمه عشق ده مرا نور	واین سرمه مکن ز چشم من دور
گرچه ز شراب عشق مستم	عاشق‌تر ازین کنم که هستم
گویند که خو ز عشق واکن	لیلی طلبی ز دل رها کن
یارب تو مرا به روی لیلی	هر لحظه بده زیاده میلی
از عمر من آنچه هست بر جای	بستان و به عمر لیلی افزای

الف- در مورد شاعر فوق تحقیق کنید و نتیجه‌ی تحقیقتان را در یک صفحه خلاصه کنید.

ب- شعر بالا را در اینترنت جستجو کنید و نحوه‌ی صحیح خواندن آن را تمرین کنید. سپس سعی کنید چند بیت آن را حفظ کنید.

ج- در شعر فوق، چه آرایه‌ها یا صنایع ادبی‌ای اعم از لفظی و معنوی به کار رفته؟ چند نمونه را ذکر کنید؟ آیا تشبیهات و استعاره‌ها و دیگر صنایع ادبی به کار رفته در شعر بالا در زبان شما وجود دارد یا خیر؟

ضرب‌المثل
چه هیزم تری فروختم؟
توضیح: هیزم چوب خشکی است که به عنوان سوخت برای ایجاد گرما مورد استفاده قرار می‌گیرد. شاخه‌های درختان پس از قطع شدن، خیس و مرطوب هستند. زمانی که آن‌ها را در برابر گرمای آفتاب قرار می‌دهیم رطوبت آن‌ها از بین می‌رود و تبدیل به هیزم مناسب می‌گردند. در صورتی‌که هیزم مرطوب باشد، به شدت ایجاد دود می‌کند و موجب آلوده شدن هوای اتاق می‌شود. در گذشته افرادی بودند که شغلشان تهیه هیزم و فروش آن بود. در برخی موارد اتفاق می‌افتاد که هیزم فروش هیزم تر و مرطوب را به مشتریان می‌فروخت. **کاربرد:** این مثل معمولاً وقتی به کار میرود که فردی بدون علت مشخص با ما دشمنی یا بدرفتاری کند.

الف- یک داستان یا گفتگو بنویسید و از ضرب‌المثل بالا در آن استفاده کنید.

ب- نزدیک‌ترین معادل ضرب‌المثل بالا در زبان شما چیست؟

درس چهاردهم
دریانوردی در ایران باستان

گذشته از[1] حکایت‌ها[2] و شعرهای شاعر ایرانی، حکیم ابوالقاسم فردوسی درباره‌ی دریا و دریانوردی ایرانیان، تحقیقات باستان‌شناسی هم حاکی از[3] آن است که ایرانیان سابقه‌ای[4] بسیار طولانی در امر کشتی‌سازی و کشتیرانی داشته‌اند. آصف‌نیا آریانی می‌نویسد:

«بدون تردید،[5] دریانوردی و کشتیرانی تجاری از دوران افسانه‌ای تا کنون در کشور ما وجود داشته و شواهد تاریخی بسیاری را می‌توان برشمرد و هر سند تاریخی موثقی[6] که در این زمینه از گذشته‌های دور به ما رسیده، سند معتبری در تفوق[7] و برتری ایرانیان در فن[8] تجارت دریایی، کشتیرانی و امور دریانوردی به شمار می‌آید. قدیمی‌ترین سند حاضر[9] از دریانوردی ایرانیان، گویچه‌ای است از گِل پخته که در حفاری‌های ناحیه‌ی چغامیش خوزستان به دست آمده و نشان می‌دهد نقوش این گویچه، مربوط به دوران قبل از پیدایش خط می‌باشد.

این گوی گلی از اکتشافات دو نفر از استادان معتبر باستان‌شناسی، پرفسور پ. دولوگاز، از دانشکده‌ی شرقی دانشگاه شیکاگو و پرفسور جی. کانتور استاد بخش زبان‌های خاور نزدیک دانشگاه کالیفرنیاست.

این دانشمندان چهار بار و به تناوب[10] در تپه‌های چغامیش خوزستان که در دامنه‌ی کوه زاگرس و حاشیه‌ی شمالی شوش در میان رودخانه‌های دز و کارون واقع شده به کاوش‌های باستان‌شناسی پرداخته‌اند و در میان

---

[1] گذشته از = به جز
[2] حکایت = روایت = داستان
[3] حاکی از = نشانگر
[4] سابقه = پیشینه
[5] بدون تردید = بی‌شک
[6] موثق = معتبر
[7] تفوق = برتری
[8] فن = مهارت
[9] حاضر = موجود
[10] به تناوب = یکی پس از دیگری

اشیای مکشوفه،[۱۱] قدیمی‌ترین و جالب‌ترین سند دریانوردی ایرانیان را که به نوشته‌ی آن‌ها ریشه‌ی فرهنگی آن به شش هزار سال قبل از میلاد بر می‌گردد، کشف کرده و به جهانیان عرضه داشته‌اند.[۱۲]

گذشته از این سند معتبر، خط نوشته‌های میخی، لوح‌های مصوّر،[۱۳] سکه‌های تاریخی و اشیای متنوع[۱۴] دیگری در دست می‌باشد که نشان می‌دهد ایرانیان از زمان‌های بسیار دور با دریا و کشتیرانی الفتی[۱۵] دیرینه[۱۶] داشته‌اند و همواره پرچم مرز و بوم توسط ناوگان‌های تجاری و نظامی در دریاها در اهتزاز بوده است.[۱۷]

در این میان از مطالب مکتوب و نوشته‌های مورّخان خارجی که حتی اغلب با دریانوردی، مغرضانه[۱۸] یا ناآگاهانه برخورد کرده‌اند گرفته، تا نوشته‌های مورّخان، دانشمندان داخلی و نیز شعرا و نویسندگان و جغرافی‌نویسان نیز باید یاد کرد که به ما می‌نمایاند،[۱۹] جایگاه[۲۰] کشتیرانی و به طور کلی دریانوردی در بستر تاریخ پر فراز و نشیب ایران زمین تا چه پایه[۲۱] سرافرازانه[۲۲] و غرورآفرین بوده است.» (نوربخش، ۱۳۷۶، ص۱۴-۱۵).

پرفسور دولوگاز، در آخرین روزهای زندگی خود (او در محل کار خود در چغامیش درگذشت) اظهار داشت:

«باستان‌شناسان بیشتر اطلاعات خود را از روی بقایای ظروف گلی به دست می‌آورند. ما خوشبختانه به مقادیر زیادی قطعات ظروف گلی دسترسی پیدا کرده‌ایم.

بقایای بناهای حفاری شده، اثر مهرهای استوانه‌ای شکل، اسباب خانه و قطعات کوچک هنری که از زیر ویرانه‌ها و آوارهای قرون در چغامیش به دست می‌آید باعث مزید اطلاعات باستان‌شناسی می‌گردد».

(نوربخش، حسین. دریانوردی در ایران: از ایران چه می‌دانم؟. ج۳۲. تهران: دفتر پژوهشهای فرهنگی. ۲۰۰۳. ص۲۴-۲۷)

[۱۱] مکشوفه = کشف شده
[۱۲] عرضه داشتن = ارائه کردن
[۱۳] مصوّر = با تصویر
[۱۴] متنوع = گوناگون
[۱۵] الفت = دوستی
[۱۶] دیرینه = طولانی
[۱۷] در اهتزاز بودن = افراشته بودن (پرچم)
[۱۸] مغرضانه = غرض ورزانه
[۱۹] نمایاندن = نشان دادن
[۲۰] جایگاه = مرتبه = شأن = منزلت
[۲۱] تا چه پایه = تا چه حد
[۲۲] سرافراز = پرغرور

درک مطلب

به پرسش‌های زیر پاسخ کامل بدهید.

۱- قدیمی‌ترین سند موجود از دریانوردی ایرانیان چیست؟
۲- چه کسانی قدیمی‌ترین سند دریانوردی ایرانیان را کشف کردند؟
۳- قدیمی‌ترین سند دریانوردی ایرانیان چقدر قدمت دارد؟
۴- به جز این سند، چه شواهد دیگری در دسترس است که نمایانگر وجود دریانوردی و کشتیرانی در ایران قدیم می‌باشد؟
۵- جایگاه کشتیرانی ایرانیان در طول تاریخ به چه صورت بوده است؟

تمرین با کلمات

الف- جاهای خالی در متن زیر را با کلمات مناسب پر کنید.

ناوگان دریایی نیرومند جمهوری اسلامی ایران: با توجه و مراقبتی . . . . جمهوری . . . . ایران در همه‌ی زمینه‌ها . . . . نیروی دریایی خود دارد، اکنون . . . . نیرو، . . . . سراسر آب‌های خلیج فارس، . . . . عمان و دریای خزر . . . . صورت یک نیروی . . . . برتر و بدون رقیب درآمده است.

ناوگان دریایی . . . . اسلامی ایران از انواع ناو جنگی، از نوع ناوشکن، ناوهای پاسور، ضد دریایی و سطحی، ناوهای لجستیکی، ناوهای مین‌روب، ناوچه‌های ضد زیردریایی و ناوچه‌های گشتی و نیروبر و غیره تشکیل . . . . است.

صرف . . . . از این نیروی عظیم، . . . . بزرگترین ناوگان هاورکرافت منطقه . . . . خلیج فارس، در اختیار جمهوری اسلامی ایران است و کشور ما . . . . جمله کشورهایی . . . . که نیروی دریایی خود را به هوانا (هاورکرافت) . . . . کرده است. این هاورکرافت‌ها قبل از پیروزی انقلاب اسلامی ایران خریداری شده است . . . . هم روی آب و . . . . در خشکی حرکت می‌کنند و از لحاظ گشت‌زنی کرانه و اجرای حمله‌های ناگهانی بسیار مؤثر می‌باشند. (همان منبع، ص ۱۰۲-۱۰۳)

ب- گزینه‌ی درست را انتخاب کنید.

۱- همه ملت‌های جهان با هم برابرند و هیچ‌یک بر دیگری . . . . ندارد.

الف- تنوع ج- تفوق
ب- تصور د- تناوب

۲- منبع این خبر .... نمی‌باشد، بنابراین نباید آن را جدی گرفت.

الف- مصور ج- موثق
ب- متنوع د- مغرضانه

۳- هنرمندان بسیاری امروز در این نمایشگاه بین‌المللی هنر خود را ....

الف- حکایت می‌کنند ج- نمایان می‌کنند
ب- به اهتزاز در می‌آورند د- عرضه می‌کنند

۴- در شرایط .... امکان دسترسی به اینترنت و سایر رسانه‌های اطلاع‌رسانی نمی‌باشد.

الف- الفت ج- گذشته
ب- حاضر د- سرافراز

۵- نقدی که شما بر این کتاب نوشته‌اید بسیار .... و عاری از حقیقتِ می‌باشد.

الف- مغرضانه ج- مکشوفه
ب- دیرینه د- نمایان

نگارش

الف- متن زیر را بخوانید و سپس آن را با استفاده از فرهنگ لغات و با کلمات خودتان بازنویسی کنید.

ناوگان دریایی هخامنشی‌ها: عصر هخامنشی، از جهت جابه‌جایی ناوگان‌های عظیم جنگی و کارهای اعجاب‌آور دریایی، از جمله بستن پل‌های بزرگ و معلق دریایی برای عبور سواره‌نظام و بار و بُنِه و وسایل سنگین نبرد و نیز حفر کانال‌ها و ترعه‌های طویل و عمیق، از دوران‌های درخشان ایران است و نوشته‌ها و خاطرات به جا مانده از آن وقایع، همواره باعث حیرت و تعجب جهانیان شده است.

علی‌اکبر بینا در سخنرانی خود در سمینار خلیج‌فارس اظهار داشت:

«تا قبل از تشکیل امپراتوری هخامنشی اوضاع خلیج‌فارس به طور کامل روشن نیست، و در آغاز تأسیس حکومت سلسله‌ی هخامنشی، ایرانیان از دریانوردان فنیقی و یونانی استفاده می‌کردند. کار دریانوردی ایرانیان به جایی رسید که به شهادت هرودوت مورّخ یونانی، ناخدایان بعضی کشتی‌ها و در پاره‌ای موارد تمام کارکنان جهازات، حتی در دریای مدیترانه ایرانی بودند.» (۱۳۴۲، ص۲۱۳).

ناوگان دریایی داریوش: تاریخ بنیانگذاری نیروی دریایی ایران در عصر هخامنشیان را به داریوش اول، پسر ویشتاسب فرزند آرشام، پسر آریارمنا، نسبت می‌دهند.

داریوش اول به کمک فنیقی‌ها که خود از اقوام دریانورد جهان آن روز بودند و کشتی‌های تجارتی فراوان داشتند ناوگان نیرومندی به وجود آورد و به کمک نیروی دریایی خود از رود دانوب در اروپا گذشت و تا نزدیک

مجارستان پیش رفت. همچنین ناوگان ایران در آن روزگار شورش مهاجرنشینان «ایونی» را که به تحریک یونانیان طغیان کرده بودند سرکوب کرد. (همان منبع، ص۸۸)

ب- در مورد پیشینه‌ی دریانوردی در کشورتان مقاله‌ای بنویسید که شامل یک مقدمه، سه پاراگراف متن اصلی و یک نتیجه‌گیری باشد.

ج- در متن اصلی درس، زیر طولانی‌ترین جمله خط بکشید. سپس جملات تشکیل دهنده‌ی آن را مشخص کنید. بعد از آن، هر یک از آن جملات را تجزیه و تحلیل نحوی و دستوری کنید. نهاد و گزاره را مشخص کنید. فاعل و مفعول و فعل را معین کنید. و بعد عبارات اسمی و وصفی و قیدی و . . . را تجزیه و تحلیل نمایید.

شعر: سعدی

مصلح بن عبدالّله سعدی (۱۲۱۰-۱۲۹۱) نویسنده و شاعر پارسی‌گوی ایرانی است. کتاب گلستان او به نثر و بوستان او به نظم نوشته شده است. غزلیات سعدی را از نظر تکنیک، کمال غزل‌سرایی در ادبیات فارسی دانسته‌اند. زمینه‌ی اصلی غزلیات سعدی عشق است. هرچند او غزل‌هایی با مفاهیم پندآموز و عارفانه نیز دارد.

ای ساربان

ای ساربان آهسته ران کآرام جانم می‌رود	وآن دل که با خود داشتم با دلستانم می‌رود
من مانده‌ام مهجور از او بیچاره و رنجور از او	گویی که نیشی دور از او در استخوانم می‌رود
گفتم به نیرنگ و فسون پنهان کنم ریش درون	پنهان نمی‌ماند که خون بر آستانم می‌رود
محمل بدار ای ساروان تندی مکن با کاروان	کز عشق آن سرو روان گویی روانم می‌رود
او می‌رود دامن کشان من زهر تنهایی چشان	دیگر مپرس از من نشان کز دل نشانم می‌رود
برگشت یار سرکشم بگذاشت عیش ناخوشم	چون مجمری پرآتشم کز سر دخانم می‌رود
با آن همه بیداد او وین عهد بی‌بنیاد او	در سینه دارم یاد او یا بر زبانم می‌رود
بازآی و بر چشمم نشین ای دلستان نازنین	کآشوب و فریاد از زمین بر آسمانم می‌رود
شب تا سحر می‌نغنوم و اندرز کس می‌نشنوم	وین ره نه قاصد می‌روم کز کف عنانم می‌رود
گفتم بگریم تا ابل چون خر فروماند به گل	وین نیز نتوانم که دل با کاروانم می‌رود
صبر از وصال یار من برگشتن از دلدار من	گر چه نباشد کار من هم کار از آنم می‌رود

در رفتن جان از بدن گویند هر نوعی سخن	من خود به چشم خویشتن دیدم که جانم می‌رود
سعدی فغان از دست ما لایق نبود ای بی‌وفا	طاقت نمی‌آرم جفا کار از فغانم می‌رود

الف- در مورد شاعر فوق تحقیق کنید و نتیجه‌ی تحقیقتان را در یک صفحه خلاصه کنید.
ب- شعر بالا را در اینترنت جستجو کنید و نحوه‌ی صحیح خواندن آن را تمرین کنید. سپس سعی کنید چند بیت آن را حفظ کنید.
ج- در شعر فوق، چه آرایه‌ها یا صنایع ادبی‌ای اعم از لفظی و معنوی به کار رفته؟ چند نمونه را ذکر کنید؟ آیا تشبیهات و استعاره‌ها و دیگر صنایع ادبی به کار رفته در شعر بالا در زبان شما وجود دارد یا خیر؟

ضرب‌المثل
این قبری که بالاش گریه می‌کنی، مرده توش نیست
توضیح: در سنت اسلامی-ایرانی زیارت قبور و در برخی موارد کمک خواستن از افرادِ درگذشته توصیه شده است.
کاربرد: کسی که تو از او امید کمک داری قادر به برآورده کردن خواسته‌ی تو نیست. یا کسی که تو به خاطرش خود را به آب و آتش می‌زنی و این همه از او حمایت می‌کنی، شخصی غیرقابل اعتماد است.

الف- یک داستان یا گفتگو بنویسید و از ضرب‌المثل بالا در آن استفاده کنید.
ب- نزدیک‌ترین معادل ضرب‌المثل بالا در زبان شما چیست؟

درس پانزدهم

خلیج فارس و حیات نوین اسلامی

همزمان با[۱] طلوع خورشید تابناک[۲] اسلام، مردم خلیج فارس مانند دیگر ساکنان ایران‌زمین، در اختلاف و چندگانگی و آشفتگی حکومتی و عقیدتی قرار داشتند. دیانت[۳] زردشت در منطقه پذیرفته شده بود. بنابه گواهی[۴] نوشته‌های تاریخی، وقتی فرستاده‌ی رسول خدا (ص)، علاء الحضرمی، به بحرین آمد، مردم آن دیار[۵] مجوسی بودند. پیامبر بزرگوار اسلام اجازه دادند تا با اهالی بحرین، معامله‌ی[۶] اهل کتاب انجام گیرد.

با فروپاشی[۷] نظام ساسانیان (سقوط مداین ۶۳۷م)، و پذیرش اسلام توسط ایرانیان (تصرف خوزستان ۶۴۰م)، در خلیج فارس نیز ناگزیر[۸] دیانت جدید پذیرفته شد. مرزبانان ایرانی در منطقه، اعم از[۹] نژاد ایرانی یا عربی اندک اندک[۱۰] به اسلام گرویدند[۱۱] و با وجود زد و خوردهایی میان شیوخ و رؤسای قبایل، و حتی روی برتافتن[۱۲] بحرین از اسلام این مسائل، جنبه‌ی عقیدتی به معنایی که امروز از آن اراده می‌شود نیافت،[۱۳] بلکه قوی‌ترین انگیزه‌ی مخالفت‌ها ریشه‌ی اقتصادی داشت و اغلب در پرداخت مالیات‌ها و خراج‌های[۱۴] سالانه، نوعی رقابت

[۱] همزمان با = مقارن با
[۲] تابناک = درخشان
[۳] دیانت = دین
[۴] گواهی = تأیید
[۵] دیار = سرزمین
[۶] معامله = خرید و فروش
[۷] فروپاشی = سرنگونی
[۸] ناگزیر = ناچار
[۹] اعم از = مانند
[۱۰] اندک اندک = رفته رفته = به تدریج
[۱۱] گرویدن = روی آوردن
[۱۲] روی برتافتن = پشت پا زدن به
[۱۳] یافتن = پیدا کردن
[۱۴] خراج = مالیات

و استنکاف[۱۵] به وجود می‌آمد. از آن زمان، اعراب مسلمان بیش از گذشته با خلیج فارس آشنا شدند و همواره به تبلیغ و نشر دیانت اسلام پرداختند. البته این امر نیز هماهنگ با جامعه بود، چنان‌که اسلامی شدن ایران دو سه قرن به درازا کشید.[۱۶] در خلیج فارس نیز مردم یک‌باره مسلمان نشدند و جنگ و گریزها بیش از یک قرن ادامه داشت، به طوری‌که ایرج، پسر کیقباد، پادشاه محلی لارستان -که خلیج فارس نیز در زیر فرمانش بود- در سال صدم هجری مسلمان شد و نام علاءالدین ایرج بر خود نهاد.

هر چند اکثر مردم خلیج فارس طی دو سه قرن مسلمان شدند -البته به طور قاطع[۱۷] درباره‌ی همه‌ی قبیله‌ها هم نمی‌توان اظهار نظر کرد-[۱۸] اما در حقیقت، دیانت جدید با آن‌که رنگ عربی داشت، پس از گسترش و عبور از بین‌النهرین و ایران، و در سده‌های بعد با گذر از هندوستان، و بیش از دوره‌ی فاتحان اولیه در خلیج فارس، تأثیر معنوی بر جای گذاشت. به دیگر سخن،[۱۹] از لحاظ جغرافیایی، ساکنان منطقه‌ی جنوبی خلیج فارس که از این دوره می‌توان آن‌جا را «برّ العرب» نامید، با مرکز معنوی دیانت مقدس اسلام، یعنی حجاز، ارتباط زمینی داشتند اما اسلام «برّ العجم» گیرایی[۲۰] و رونق بیشتری داشت به ویژه که ساکنان شمال خلیج فارس قدرت چشمگیر سیاسی و اقتصادی داشتند و از لحاظ جمعیتی، بسیار نیرومند بودند که نشانگر عمق معنویت اسلام در این سوی جهان بود.

پیش از بیان چگونگی اعتقادات اسلامی ساکنان جنوبی خلیج فارس در دوره‌های متأخر، باید یادآور شد که پس از مخالفت‌هایی که در بحرین علیه خلافت اسلامی بروز کرد،[۲۱] خوارج، و پس از آن‌ها زنگیان (قیام صاحب الزنج ۲۵۵ق) و قرمطیان نهضت‌هایی بر ضد صاحبان قدرت سیاسی و اقتصادی ظاهر ساختند و مدت ۲۰ سال (از ۳۱۷ق/۹۲۷م به بعد) حجر الاسود را از مکه به دیار خود منتقل کردند.

آل بویه در دوره‌ی حکمرانی معزالدوله دیلمی (۳۵۴ق/۹۶۵م) جزایر بحرین و منطقه‌ی عمان را که از آبادترین نقاط جنوبی بود، متصرف شدند[۲۲] و آن را ضمیمه‌ی[۲۳] خطه‌ی فارس کردند. در آن زمان، بندر سیراف رونق بازرگانی کم نظیری داشت و غالب جغرافیانویسان مسلمان، از جمله یاقوت حموی، به وصف آبادانی و شکوهمندی آن خطه پرداختند. در همان زمان، بصره نیز یکی از بندرهای معتبر شمال خلیج فارس و مرکز تجارت مسلمانان و اعراب منطقه‌ی بین‌النهرین به شمار می‌رفت و شهرت فراوان یافته بود.

[۱۵] استنکاف = خودداری
[۱۶] به درازا کشیدن = طول کشیدن
[۱۷] به طور قاطع = با اطمینان صد در صد
[۱۸] اظهار نظر کردن = عقیده‌ی خود را بیان کردن
[۱۹] به دیگر سخن = به عبارت دیگر
[۲۰] گیرایی = جاذبه
[۲۱] بروز کردن = ظاهر شدن
[۲۲] متصرف شدن = تصرف کردن = گرفتن = فتح کردن
[۲۳] ضمیمه کردن = الحاق کردن

عمان و بحرین پس از فرو ریختن حکومت آل بویه، به تصرف سلجوقیان کرمان (۴۵۶-۵۳۳ق/۱۰۶۴-۱۱۴۱م) در آمد و توران‌شاه سلجوقی (۴۷۷-۴۹۰ق/۱۰۸۴-۱۰۹۶م) جزیره‌ی کیش را رونق داد و به جای سیراف آن را بندری معتبر ساخت. امیران حاکم بر کیش با امیران حاکم بر هرمز سال‌ها در کشمکش[۲۴] بودند و گاهی به علت نبودن قدرت واحد دریایی، ایمنی خلیج فارس در معرض خطر قرار می‌گرفت و دزدی دریایی رواج پیدا می‌کرد.[۲۵] در آن روزگار،[۲۶] که طایفه‌ی احسایی عبدالقیس نیز با کمک سلجوقیان عراق بر بحرین حاکمیت یافته بودند، اتابکان فارس (۵۴۳-۶۸۶ق/۱۱۴۸-۱۲۸۷م) و از آن میان ابوبکر بن سعد (۶۲۳-۶۵۸ق/۱۲۲۶-۱۲۶۰م) به سال ۶۲۹ق/۱۲۲۹م به قدرت امیران کیش پایان دادند و بسیاری از منطقه‌های آشوب‌زده‌ی[۲۷] خلیج فارس، از جمله بحرین و قشم را آرام ساختند و جزیره‌ی هرمز را مرکز تجارت دریایی کردند. به طوری که بر آشنایان سرگذشت خلیج فارس روشن است، این تحول تا آغاز دست‌اندازی[۲۸] اروپاییان بر دوام ماند.[۲۹] (تکمیل همایون، ناصر. خلیج فارس: از ایران چه می‌دانم؟. ج۱۰. تهران: دفتر پژوهشهای فرهنگی. ۲۰۰۱. ص۳۷-۳۹)

درک مطلب

به پرسش‌های زیر پاسخ کامل بدهید.

۱- هنگامی‌که اسلام به خلیج فارس وارد شد، مردم در چه وضعیتی قرار داشتند؟

۲- اسلام در کدامین دوره وارد ایران شد؟

۳- اسلامی شدن ایران چه مدت به طول انجامید؟

۴- قوی‌ترین انگیزه‌ی کشمکش‌های میان شیوخ و رؤسای قبایل چه بود؟

۵- پس از فروپاشی حکومت آل بویه بر سر عمان و بحرین چه آمد؟

تمرین با کلمات

الف- جاهای خالی در متن زیر را با کلمات مناسب پر کنید.

در بخش‌های سرزمین شمال خلیج فارس هم تبادل فرهنگی مانند ارتباط فرهنگی و تمدنی میان شوش و موهنجودارو (شاید . . . . طریق شهر سوخته در بلوچستان) دیده . . . .

---

[۲۴] کشمکش = زد و خورد

[۲۵] رواج پیدا کردن = متداول شدن

[۲۶] روزگار = زمان

[۲۷] آشوب‌زده = آشفته

[۲۸] دست‌اندازی = تهاجم

[۲۹] بر دوام ماندن = بر جای ماندن

است و نشان . . . . همسویی، هماهنگی و تبادل وسیع فرهنگی-تمدنی . . . . سراسر منطقه است. . . . . ورود آریاییان به فلات ایران و حرکت متداوم آنان . . . . سوی جنوب، این نوع همجوشی گسترده‌تر . . . . است. پژوهش‌های جدید نشان . . . . که ۱۰۰۰ سال پس . . . . این تاریخ، یعنی هنگام آشنایی ایرانیان با این خلیج، اندک اندک عرب‌ها هم . . . . در بخش غربی جزیرةالعرب ساکن بودند، با خلیج فارس و ساکنان آن آشنا . . . .

ساکنان ابتدایی خلیج فارس، از همان . . . . زندگی، با دامداری و پرورش شتر و اسب و الاغ و گوسفند و بز، صید مروارید و صدف . . . . روش‌های بسیار کهن و به دام انداختن ۲۰۰ نوع ماهی آشنا بودند. علاوه . . . . این، در حصیر بافی، کشتی‌سازی و بافتن پارچه‌های بادبانی مهارت داشتند و به دریانوردی و کشتیرانی هم اشتغال . . . . و شاید از نخستین اقوام بشری باشند که . . . . تسلط بر آب‌ها به توسعه‌ی بازرگانی و نشر تمدن و فرهنگ دست یافته‌اند. (همان منبع، ص۲۵)

ب- گزینه‌ی درست را انتخاب کنید.

۱- برای اطمینان، بهتر است این سند را در یک دفتر اسناد رسمی . . . . سند نمایی.

الف- استنکاف	ج- خراج
ب- گواهی	د- معامله

۲- چشمان نافذ او از چنان . . . . برخوردار بود که گویا به عمق وجودت نفوذ می‌کرد.

الف- دیاری	ج- گیرایی‌ای
ب- فروپاشی‌ای	د- آشوبی

۳- به امید روزی که هر گونه . . . . بین ملت‌های جهان حل و فصل شود و صلح جهانی برقرار گردد.

الف- دیانتی	ج- خراجی
ب- کشمکشی	د- تصرفی

۴- یک نامه‌ی درخواست کار بنویس و نیز کارنامک خودت را به آن . . . .

الف- تصرف کن	ج- ضمیمه کن
ب- اظهار نظر کن	د- بروز کن

۵- بحث ما بسیار داغ بود و تا نیمه شب . . . .

الف- بر دوام ماند	ج- رواج پیدا کرد
ب- به درازا کشید	د- روی برتافت

نگارش

الف- متن زیر را بخوانید و سپس آن را با استفاده از فرهنگ لغات و با کلمات خودتان بازنویسی کنید.

خلیج فارس همچون دریایی کم عمق در جنوب سرزمین‌های ایرانی، در بستری هماهنگ با نجد شمالی قرار دارد که همسان دریایی داخلی، از تنگه‌ی هرمز به اقیانوس هند می‌پیوندد. به سبب ژرفای نسبی شمال، و آب و هوای بهتر، همواره، جمعیت بیشتر و اقتصاد شکوفاتری برای آن فراهم آمده است.

انسان‌های بومی این منطقه به مرور، با تیره‌های گوناگون آشنا و در هم ادغام شده‌اند. ایرانیان یکی از همین تیره‌ها بوده‌اند که قرن‌ها پیش از ساکنان عرب، در خلیج فارس سکونت یافتند و جاودانه، نام خود را به این دریا سپردند.

زندگی و همزیستی در خلیج فارس، با همجوشی فرهنگی و اجتماعی رو به تکامل قرن‌های دیگر تداوم یافته و با طلوع خورشید درخشان اسلامی، با معنویت بیشتر و همگامی و معاضدت فزون‌تر، این دریای ایرانی، جلا و شکوهمندی بیشتری پیدا کرده است.

با وجود سلطه‌ی حکومت‌های چندگانه در منطقه، حیات فرهنگی آن هرگز در معرض تضاد و اغتشاش قرار نگرفت. در پی پیشرفت‌های اقتصادی، و شرایط جدید جغرافیایی و اجتماعی ناشی از آن ایرانیان در پدید آمدن تجارت از راه دریا به ویژه کشتیرانی، نقش به سزایی داشتند و آثار ادبی، باستان‌شناختی و تاریخی فراوانی از خود به یادگار گذاشته‌اند. (همان منبع، ص۹۵-۹۶)

ب- در مورد پیدایش دیانت رایج در کشورتان مقاله‌ای بنویسید که شامل یک مقدمه، سه پاراگراف متن اصلی و یک نتیجه‌گیری باشد.

ج- در متن اصلی درس، زیر طولانی‌ترین جمله خط بکشید. سپس جملات تشکیل دهنده‌ی آن را مشخص کنید. بعد از آن، هر یک از آن جملات را تجزیه و تحلیل نحوی و دستوری کنید. نهاد و گزاره را مشخص کنید. فاعل و مفعول و فعل را معین کنید. و بعد عبارات اسمی و وصفی و قیدی و . . . را تجزیه و تحلیل نمایید.

شعر: مولوی
جلال‌الدین محمد بلخی معروف به مولانا، مولوی و رومی (۱۲۰۷-۱۲۷۳) صوفی و نویسنده و شاعر پارسی‌گوی ایرانی است. او به قونیه مهاجرت کرد و در همان‌جا از دنیا رفت. وی شاگردان بسیاری تربیت کرد و از این طریق جریانی در تصوف ایجاد کرد. ارتباط عرفانی او و شمس تبریزی منجر به نگارش دیوان شمس شد. مثنوی معنوی یک اثر مهم دیگر مولوی است. امروز آثار مولوی به عنوان میراثی مشترک در کشورهای بسیاری پاس داشته می‌شود.
رو سر بنه به بالین رو سر بنه به بالین تنها مرا رها کن ترک من خراب شب گرد مبتلا کن ماییم و موج سودا شب تا به روز تنها خواهی بیا ببخشا خواهی برو جفا کن

از من گریز تا تو هم در بلا نیفتی	بگزین ره سلامت ترک ره بلا کن
ماییم و آب دیده در کنج غم خزیده	بر آب دیده ما صد جای آسیا کن
خیره کشی است ما را دارد دلی چو خارا	بکشد کسش نگوید تدبیر خونبها کن
بر شاه خوبرویان واجب وفا نباشد	ای زردروی عاشق تو صبر کن وفا کن
دردی است غیر مردن کان را دوا نباشد	پس من چگونه گویم کاین درد را دوا کن
در خواب دوش پیری در کوی عشق دیدم	با دست اشارتم کرد که عزم سوی ما کن
گر اژدهاست بر ره عشق است چون زمرد	از برق این زمرد هین دفع اژدها کن
بس کن که بیخودم من ور تو هنرفزایی	تاریخ بوعلی گو تنبیه بوالعلا کن

الف- در مورد شاعر فوق تحقیق کنید و نتیجه‌ی تحقیقتان را در یک صفحه خلاصه کنید.

ب- شعر بالا را در اینترنت جستجو کنید و نحوه‌ی صحیح خواندن آن را تمرین کنید. سپس سعی کنید چند بیت آن را حفظ کنید.

ج- در شعر فوق، چه آرایه‌ها یا صنایع ادبی‌ای اعم از لفظی و معنوی به کار رفته؟ چند نمونه را ذکر کنید؟ آیا تشبیهات و استعاره‌ها و دیگر صنایع ادبی به کار رفته در شعر بالا در زبان شما وجود دارد یا خیر؟

ضرب‌المثل
برای خالی نبودن عریضه
توضیح: عریضه نامه‌ای بوده است که برای درخواست چیزی یا شکایت از چیزی نوشته می‌شده است. معمولاً درخواست را به صورت صریح و مستقیم در عریضه مطرح نمی‌کردند و آن را با مقدماتی بیان می‌کردند. به همین دلیل متن عریضه طولانی‌تر از خود درخواست بوده است. علاوه بر این گفته‌اند که در گذشته هنگام طرح درخواست هدیه‌ای نیز پیش‌کش می‌کردند که عریضه تنها نباشد. **کاربرد:** این ضرب‌المثل در مواردی به کار می‌رود که کاری به صورت ظاهری و صوری انجام می‌شود، در حالی‌که قصد انجام دهنده کار دیگری است.

الف- یک داستان یا گفتگو بنویسید و از ضرب‌المثل بالا در آن استفاده کنید.

ب- نزدیک‌ترین معادل ضرب‌المثل بالا در زبان شما چیست؟

درس شانزدهم

تاریخ سینمای ایران

آن‌چه را پیش رو[۱] دارید، بیشتر از این‌که تاریخ رویدادها،[۲] شرح حال‌ها وحتی رونویس نقدها و انبوه[۳] نوشته‌های خود نویسنده باشد، یک جوهره[۴] نگاشت است. این امر، البته با رعایت شکل کرونولوژیک یعنی ترتیب زمانی رخدادهای مهم و مؤثر -سامان یافته-[۵] با یک پرسش آغاز شده است که تصویرسازی، انتقال حرکت، احساس، اندیشه و امر واقع به مدد[۶] فن فیلمبرداری، چه مراحلی را پیموده،[۷] و زیبایی در هر دوران دارای کدام معناها بوده است؟ نخستین فرض نوشته‌ی حاضر این است که تاریخ سینمای ما چیزی جز یک توسعه‌ی تدریجی و تکثر[۸] در اندیشه و دریافته‌ی زیبایی نیست و فرض دوم این است که سینما در ایران، همواره تحت تأثیر ساخت سیاسی و اجتماعی بوده ولی از حالت ناظر، به منتقد، آواگر، شاعر و پیشرو، تبدیل شده، این تمایل وجود دارد که تأثیرپذیری مذکور به نفع سینما به عنوان هنر، گسسته شود[۹] و یا تقلیل یابد[۱۰] که هیچ کدام در تاریخ هنر و نقد آن، بی‌سابقه نیست.

مشاهده‌گران پیش از تاریخ سرزمین ما که حضور خود را با ابزاری ساده، در دامنه‌ی کوهی در دره نگاران سراوان و یا بر الواح و سکه‌ها، ثبت کرده‌اند، در ظاهر کاری بسان[۱۱] برخی[۱۲] عینیت‌گرایان انجام داده‌اند که امر

[۱] پیش رو = در مقابل خود
[۲] رویداد = رخداد = اتفاق
[۳] انبوه = فراوانی
[۴] جوهره = چکیده
[۵] سامان یافتن = مرتب شدن
[۶] مدد = کمک
[۷] پیمودن = طی کردن
[۸] تکثر = چندگانگی
[۹] گسسته شدن = رها شدن = جدا شدن
[۱۰] تقلیل یافتن = کاهش یافتن = کم شدن
[۱۱] بسان = مانند = چون
[۱۲] برخی = بعضی

واقع را تا درون فیلم، امتداد می‌دهند[۱۳] که گزارش بماند. آن کس که به مدد انگشتانش در برابر آتش، شبحی[۱۴] دگرگون بر دیواره‌ی غار یا بر چادر افکند[۱۵] یا جادو پزشکی که با صدا و حرکت و شکل‌ها، خود را بر مخاطبان مسلط می‌ساخت، جای خود را به نقالان[۱۶] وهنروران داد. در غار رازآمیز افلاطون، اسیران و زنجیریان، پشت به منفذ[۱۷] غار، تصاویری را که در نتیجه‌ی حرکت اشیا از برابر آتش، بر سقف افتاده، امر واقع می‌پندارند. این تمثیل[۱۸] در حکمت افلاطون، برای اثبات[۱۹] مجاز[۲۰] بودن عالم محسوس است و این‌که محسوسات، ظواهرند[۲۱] نه حقایق.[۲۲]

بر بدنه‌ی سفال‌های پیش از تاریخ و در حجاری‌ها[۲۳] و نقره‌کاری‌های باستانی و در دوران هنر اسلامی، نقش‌های پیوسته‌ای وجود دارد که مقاطع مختلف یک حرکت، در آن‌ها منجمد شده. بر بدنه‌ی ظرفی در شهر سوخته متعلق به پنج هزار سال پیش، جهیدن[۲۴] بزی را در چند نما،[۲۵] شاهدیم. در دوره‌های بعد، فانوس خیال، می‌بایست امکان تازه‌ای برای آرزوی دیرین، یعنی جان بخشی[۲۶] به شئ ، بوده باشد. در غیاث اللغات (به نقل از سراج و برهان) فن‌آوریِ چنین وسیله‌ای، توصیف شده:

> «فانوسی باشد که اندرون[۲۷] آن، گرد[۲۸] شمع یا چراغ، بر چیزی حلقه‌ی تصاویر از کاغذ تراشیده، وصل کنند و آن چیز به گردش آرند. عکس تصاویر از بیرون فانوس، با یک گونه لطف می‌نماید».

و دیگر، همه انتزاع[۲۹] و نازک خیالی است: حکیم عمر خیام، به مدد فانوس خیال، تصور دیگری از غار افلاطون ارائه می‌دهد که دیواره‌اش به جای صخره، تمام عالم هستی است:

[۱۳] امتداد دادن = ادامه دادن
[۱۴] شبح = روح
[۱۵] افکندن = انداختن
[۱۶] نقال = راوی
[۱۷] منفذ = مدخل = ورودی
[۱۸] تمثیل = تشبیه
[۱۹] اثبات = ثابت کردن
[۲۰] مجاز = غیرواقعی
[۲۱] ظاهر (ظواهر) = آنچه با چشم دیده می‌شود
[۲۲] حقیقت (حقایق) = آنچه واقعاً وجود دارد
[۲۳] حجاری = سنگ تراشی
[۲۴] جهیدن = پریدن
[۲۵] نما = تصویر = شکل
[۲۶] جان بخشی = زنده کردن = احیا
[۲۷] اندرون = داخل
[۲۸] گرد = اطراف
[۲۹] انتزاع = خیال

این چرخ فلک که ما در او حیرانیم   فانوس خیال از او مثالی دانیم
خورشید چراغدان و عالم فانوس   ماچون صوریم کاندرو گردانیم

جهان تشیّع با تمایلش به مباحث عقلی و استدلالی، ابوعلی الحسن بن الهیثم (۳۵۶-۴۳۰ق/۹۵۶-۱۰۳۹م) را به عالم دانش معرفی کرد. وی در دوران اوج حکمت ایرانی-اسلامی در بصره متولد شد و در زمان الحاکم منصور (۳۸۵ق) ششمین خلیفه‌ی فاطمیون به مصر رفت. و نظریه‌ای بر رد تئوری اقلیدس بنیاد نهاد[۳۰] و گفت که:

«رؤیت[۳۱] از طریق نوری که به چشم وارد می‌شود، حاصل می‌گردد.[۳۲] نه از چشم به شئ ».

بخشی از مطالعه و تجربه الحسن، به اتاقک تاریک (عکاسی) نیز مربوط می‌شود. کوشش علمی به تدارک[۳۳] شئ انجامید یعنی بذر[۳۴] دانش در جهان پراکنده شد.[۳۵]

فناکیس تیسکوپ که در اوایل قرن نوزدهم توسط پلاتو بلژیکی ساخته شد و در ۱۸۳۴ هورنر انگلیسی آن را تکمیل کرد، چیزی جز بازسازی جدیدی از فانوس خیال نبود: مقاطع یک حرکت بر کاغذ ترسیم می‌شد[۳۶] و در داخل دستگاه استوانه‌ای که بر یک محور می‌چرخید قرار می‌گرفت، صفحه می‌چرخید و نقش‌ها از طریق یک سوراخ جانبی با توجه به خاصیت خطای باصره،[۳۷] پیوسته می‌شد.

علاوه بر این، عصر روشنگری نیز با عنایت بر پژوهش[۳۸] تجربی، نظریه‌ی واقعیت‌گرایی را اعلام داشت و گفت که «جهان باید به انسان تعلق یابد».

ثبت و ضبط[۳۹] لحظه‌ها[۴۰] و آنات[۴۱] جهان، یک قدرت بود. لیکن[۴۲] تا اختراع سینما، مقدمات نظری و عملی دیگری لازم بود که فوران[۴۳] دستاوردهای علمی در زمینه‌ی فیزیک و نوروشیمی، آن را امکان‌پذیر ساخت:

---

[۳۰] بنیاد نهادن = تأسیس کردن = ایجاد کردن

[۳۱] رؤیت = دیدن

[۳۲] حاصل گشتن = نتیجه دادن

[۳۳] تدارک = آماده کردن = مهیا کردن

[۳۴] بذر = دانه

[۳۵] پراکنده شدن = پخش شدن

[۳۶] ترسیم شدن = کشیده شدن

[۳۷] خطای باصره = خطای چشم = خطای دید

[۳۸] پژوهش = تحقیق

[۳۹] ضبط = نگهداری

[۴۰] لحظه = ثانیه

[۴۱] آن (آنات) = لحظه

[۴۲] لیکن = ولی = اما

[۴۳] فوران = جوشیدن = بیرون زدن

در ۱۹ اوت ۱۸۳۹ که نخستین ارائه رسمی یک شیوه‌ی عکاسی -داگرئوتیپ- تحقق پذیرفت، تولد عکاسی به ثبت رسید:

«سال ۱۸۳۹ در واقع تاریخ علنی شدن[۴۴] عکاسی و نه سال اختراع آن است. در این برهه[۴۵] از تاریخ، نیپس، که شش سال از مرگش می‌گذشت، راه را در تمامی قلمروهای عکاسی گشوده بود».[۴۶] (تهامی نژاد، محمد. سینمای ایران: از ایران چه می‌دانم؟. ج۱۲. تهران: دفتر پژوهشهای فرهنگی. ۲۰۰۱. ص۷-۹)

درک مطلب

به پرسش‌های زیر پاسخ کامل بدهید.

۱- فرضیاتی که نویسنده در نگارش متن در ابتدای آن بر می‌شمارد چیست؟
۲- به نظر نویسنده نقالان و هنروران جای چه کسانی را گرفته‌اند؟
۳- تمثیلی که افلاطون در بیان حکمت خود می‌آورد چیست؟
۴- فانوس خیال در پنج هزار سال پیش چگونه توصیف شده بود؟
۵- حکیم عمر خیام چه تصویری از غار افلاطون ارائه می‌دهد؟
۶- فناکیس تیسکوپ چیست؟
۷- تولد عکاسی در چه تاریخی به ثبت رسید؟

تمرین با کلمات

الف- جاهای خالی در متن زیر را با کلمات مناسب پر کنید.

مخاطب و چرخش‌های پیاپی در بدنه‌ی سینما: فیلم «عروس» (بهروز افخمی، ۱۳۶۹ش) پدیده‌ی . . . . ۱۳۷۰ است که . . . . خاطر موضوع و محتوای بصری‌اش و حضور . . . . زوج جوان (نیکی کریمی و ابوالفضل پورعرب)، رکورد فروش فیلم‌های تاریخ . . . . ایران را . . . . لیکن در همین سال «سایه‌ی خیال» (حسین دلیر)، با . . . . ۱۲ میلیون تومانی در اکران اول، سرمایه‌اش را به . . . . نیاورد. عروس بعد از فضای بسته‌ی . . . . شصت، معجزه‌ی آغاز دهه‌ی هفتاد (محصول مهاب فیلم و مرکز گسترش سینمای تجربی . . . . نیمه حرفه‌ای) بود. در جوّ بدبینانه‌ی آن سال، گفته می‌شد تنها افخمی، اجازه‌ی ورود به چنین حیطه‌هایی . . . . دارد و بس.

[۴۴] علنی شدن = آشکار شدن = به اطلاع عموم رسانیدن
[۴۵] برهه = مقطع
[۴۶] گشودن = باز کردن

. . . . تاریخ نشان داد که مخاطبان پس . . . . جنگ، از سینما سرگرمی . . . . :

«در بیش از ۳۰ . . . . جشنواره‌ی سال ۷۳ یک صحنه‌ی عروسی با لباس . . . . مشاهده می‌شد». (همان منبع، ص۸۹)

مباحث واقعیت و خیال: «سیب» (سمیرا مخملباف، ۱۳۷۷ش) و «تخته‌ی سیاه» (سمیرا مخملباف، ۱۳۷۸ش)، از نمونه‌های این مباحث هستند که با استفاده . . . . روش سینمای مستند ساخته . . . . در تخته‌ی سیاه، گویی با یک صحنه‌ی رویداد تئاتری رو به . . . . هستیم که آدم‌ها، نقش‌های محول را ایفا . . . . سمیرا مخملباف، در تخته‌ی سیاه نیز، تجربه‌ی سیب را تکرار کرده است. در تخته‌ی سیاه، . . . . وضوح با یک بازی روبه‌رو هستیم. نوع دکوپاژ و تدوین دو رخداد موازی . . . . کارکرد دوربین روی دست (استدی کم)، موضوع کوچ کُردها را واقعی جلوه . . . . ، اما در پایان فیلم «آینه» (جعفر پناهی، ۱۳۷۵) و «طعم گیلاس» (عباس کیارستمی، ۱۳۷۶) سینمایی بودن، برملا می‌شود، . . . . عهده‌ی تماشگرست . . . . تصاویر قبل را تأویل کند. . . . . آخر، ما با یک بازی روبه رو هستیم؛ پی رنگ، اهمیتی ندارد. (همان منبع، ص۱۰۴-۱۰۵)

ب- گزینه‌ی درست را انتخاب کنید.

۱- در هر . . . . از زندگی اتفاقاتی تلخ و شیرین می‌افتند که در حیطه‌ی اختیار ما نیستند.

الف- مدد   ج- مجاز
ب- برهه   د- نما

۲- میزان بارندگی نسبت به دهه‌ی گذشته . . . . و این امر باعث نگرانی کشاورزان شده است.

الف- ترسیم شده   ج- گسسته شده
ب- تقلیل یافته   د- حاصل گشته

۳- با وجودی‌که تنها سه نفر مهمان داشت، . . . . زیادی دیده بود.

الف- رؤیت   ج- تدارک
ب- تکثر   د- پژوهش

۴- بعضی از جوانان ازدواج می‌کنند تا به زندگی بی‌نظم و ترتیب خود . . . .

الف- سامان دهند   ج- بنیاد نهند
ب- امتداد دهند   د- علنی کنند

۵- پیش از آن‌که لب . . . . دار فانی را بدرود گفت.

الف- بیافکند   ج- بپیماید
ب- بگشاید   د- بجهد

نگارش

الفـ متن زیر را بخوانید و سپس آن را با استفاده از فرهنگ لغات و با کلمات خودتان بازنویسی کنید.

بدنهی سینما، راویِ زندگی روزمره بوده، اطلاعاتش دربارهی رفتارهای اجتماعی، کم و بیش غنی است. بر خواستهای مخاطب، سرگرمیسازی و اقتصاد سینما نظر دارد. بر اساس آمار ارائه شده توسط معاونت سینمایی در اسفند ۱۳۷۷، فیلمهای خندهدار، هیجانی و عاطفی، بیشترین توجه را در جامعهی آماری مورد مطالعه، برانگیخته بود. همین عده، به آثار خانوادگی، اجتماعی-سیاسی و پلیسی، عنایت بیشتری از فیلمهای دفاع مقدس، نشان داده بودند. البته همین تماشاگران در جریان جشنوارهی فیلم فجر در سال ۷۶ش «آژانس شیشهای»، در سال ۷۸ش «رنگ خدا»، و در سال ۸۷ش «عروس آتش» را به عنوان بهترین فیلم برگزیدند.

در بدنهی سینما، طیفهای مختلفی وجود داشته است، از فیلم «اتوبوس» (یدالله صمدی، ۱۳۴۶ش) و بسیاری از آثار مسعود کیمیایی گرفته تا «دختری با کفشهای کتانی» (رسول صدرعاملی، ۱۳۷۸ش)، «شوخی» (همایون اسعدیان)، «شوکران» (بهروز افخمی، با شرکت فریبرز عربنیا، ۱۳۷۹ش) و «دستهای آلوده» (سیروس الوند، ۱۳۷۹ش).

این سینما، بیشتر به شرح حال مردمانی در لایههای پایین میپردازد و به قولی، مردم در آن دیده میشوند. فیلمهای ملودرام، بخش اصلی سینمای بدنه را تشکیل میدهد. «میخواهم زنده بمانم» (ایرج قادری، ۱۳۷۴ش) از نمونههای جمعیتآور در ملودرام است. اما ملودرام در سینمای جنگی، به اقتصاد فیلم، یاری نرساند. شخصیتپردازی در فیلم «پرواز در شب» (رسول ملاقلیپور، ۱۳۶۵ش) با بهرهگیری از مایههای ملودرام، صورت گرفته (به ویژه نقش فرجالله سلحشور که به نحوی خصلتهای حضرت ابوالفضل (ع) را بازتاب میدهد). در فیلم «بلمی به سوی ساحل» (رسول ملاقلیپور، ۱۳۶۴) حمله به تانکهای دشمن و شهادت سربازان ایرانی در حرکت آهسته است. جدا از آنکه این آثار را باید در حوزهی ایدئولوژی سیاسی بررسی کرد، از نظر سینما، دیدگاهشان غالباً دانای کل است و برای درگیر ساختن تماشاچی با موضوع، دوربین در جبههی عراق هم هست، مثل فیلم «حمله با اچ ۳» (شهریار بحرانی، با شرکت جعفر دهقان، محمد کاسبی و حسین یاری، ۱۳۷۳ش). در اواخر دههی هفتاد، بخشی از رفتارهای اجتماعی که پنهان نگه داشته میشد، در سینمای تین ایجری، به نمایش درآمد. اهمیت تاریخ سینمایی «مصائب شیرین» (علیرضا داودنژاد، ۱۳۷۸ش) این است که محرمیت آدمهای داستان از طریق انتخاب نابازیگرانی از یک خانواده، حل شده، که از این حیث، بینظیر است. داودنژاد با انتخاب نمای بلند، جذابیت بازی مادر را به خوبی نشان میدهد. (همان منبع، ص ۹۶-۹۷)

ب- در مورد تاریخ سینمای کشورتان مقاله‌ای بنویسید که شامل یک مقدمه، سه پاراگراف متن اصلی و یک نتیجه‌گیری باشد.

ج- در متن اصلی درس، زیر طولانی‌ترین جمله خط بکشید. سپس جملات تشکیل دهنده‌ی آن را مشخص کنید. بعد از آن، هر یک از آن جملات را تجزیه و تحلیل نحوی و دستوری کنید. نهاد و گزاره را مشخص کنید. فاعل و مفعول و فعل را معین کنید. و بعد عبارات اسمی و وصفی و قیدی و . . . را تجزیه و تحلیل نمایید.

شعر: حافظ
شمس‌الدین محمد بن بهاءالدّین محمد حافظ شیرازی (۱۳۱۵-۱۳۹۰) شاعر پارسی‌گوی ایرانی است. شهرت حافظ به واسطه‌ی غزلیاتش است. غزلیات او را اوج غزل‌سرایی در ادبیات فارسی دانسته‌اند. حافظ در فرهنگ ملی ایران جایگاه ویژه‌ای یافته است و غزلیات او در مناسبت‌های گوناگون خوانده می‌شود.

گفتم غم تو دارم

گفتم غم تو دارم گفتا غمت سر آید — گفتم که ماه من شو گفتا اگر بر آید
گفتم ز مهرورزان رسم وفا بیاموز — گفتا ز خوبرویان این کار کمتر آید
گفتم که بر خیالت راه نظر ببندم — گفتا که شب رو است او از راه دیگر آید
گفتم که بوی زلفت گمراه عالمم کرد — گفتا اگر بدانی هم اوت رهبر آید
گفتم خوشا هوایی کز باد صبح خیزد — گفتا خنک نسیمی کز کوی دلبر آید
گفتم که نوش لعلت ما را به آرزو کشت — گفتا تو بندگی کن کو بنده پرور آید
گفتم دل رحیمت کی عزم صلح دارد — گفتا مگوی با کس تا وقت آن در آید
گفتم زمان عشرت دیدی که چون سر آمد — گفتا خموش حافظ کاین غصه هم سر آید

الف- در مورد شاعر فوق تحقیق کنید و نتیجه‌ی تحقیقتان را در یک صفحه خلاصه کنید.
ب- شعر بالا را در اینترنت جستجو کنید و نحوه‌ی صحیح خواندن آن را تمرین کنید. سپس سعی کنید چند بیت آن را حفظ کنید.
ج- در شعر فوق، چه آرایه‌ها یا صنایع ادبی‌ای اعم از لفظی و معنوی به کار رفته؟ چند نمونه را ذکر کنید؟ آیا تشبیهات و استعاره‌ها و دیگر صنایع ادبی به کار رفته در شعر بالا در زبان شما وجود دارد یا خیر؟

ضرب‌المثل
برای جرز دیوار خوب است

توضیح:

در قدیم دیوارها قطر زیادی داشت. بنّاها دو طرف دیوار یا آجر یا خشت را به صورت منظم و زیبا می‌چیدند؛ اما وسط دیوار هرچه دستشان برمی‌آمد می‌ریختند. مثلاً هرچه آجرپاره یا خشت شکسته و هر چیز بی‌ارزش که می‌دیدند، وسط دیوار می‌ریختند و روی آن را با گل می‌پوشاندند.

کاربرد:

این ضرب‌المثل در مورد شخص یا اشخاصی به کار می‌رود که هیچ فایده‌ای ندارند و هیچ کاری از آن‌ها ساخته نیست.

الف‌ـ یک داستان یا گفتگو بنویسید و از ضرب‌المثل بالا در آن استفاده کنید.

ب‌ـ نزدیک‌ترین معادل ضرب‌المثل بالا در زبان شما چیست؟

درس هفدهم

زردشتیان ایران

ایرانیان زردشتی پیرو[۱] زردشت، پیامبر باستانی ایران‌اند. دین زردشت پیش از ظهور اسلام دین رسمی این مرز و بوم[۲] بوده است و اکثریت ایرانیان پیرو آن بوده‌اند. در کیش[۳] زردشتی در دوران باستانی خداوند بزرگ را با نام اهورامزدا می‌پرستیده‌اند. این نام امروزه به اورمزد یا هرمزد تغییر یافته است. زردشت را نخستین پیامبر الهی جهان می‌دانند. زردشتیان را اصطلاحاً «بهدین» و پیرو «دینِ بهی» می‌گویند.

امروزه شمار[۴] زردشتیان ایرانی مقیم ایران نزدیک به سی هزار نفر است و بیشتر در تهران زندگی می‌کنند. جز این، در یزد و کرمان و شیراز و اصفهان و اهواز، و نیز دیگر شهرهای ایران هم سکونت دارند. همچنین زردشتیان ایران از دیرباز[۵] به هند (هندوستان و پاکستان کنونی) رفته بوده‌اند. اکنون هم به ایالات متحده‌ی آمریکا، انگلستان، فرانسه، سوئد، استرالیا، و کشورهای دیگر مهاجرت کرده‌اند. در واقع، دو شهر کرمان و یزد در قرن گذشته نخستین مسکن و مأوای[۶] اصلی زردشتیان ایرانی بوده است و از آغاز این قرن آنان دست به مهاجرت زده‌اند.

دین زردشتی یکی از چهار کیش رسمی ایران است. این اقلیت مذهبی، به موجب اصل سیزدهم قانون اساسی ایران، در حدود قانون، در انجام دادن مراسم دینی خود آزاد است و در احوال شخصیه و تعلیمات دینی بر طبق آیین خود عمل می‌کند. بنا بر اصل چهاردهم و بیست و ششم همین قانون، روابط اقلیت‌های مذهبی با دولت جمهوری اسلامی روشن می‌گردد و بنا بر اصل شصت و چهارم آن، این اقلیت مذهبی در مجلس شورای اسلامی نماینده دارد. بنا بر این مواد قانونی و با استناد به[۷] قرآن مجید، مسلمانان موظف‌اند[۸] با افراد غیر مسلمان با اخلاق

۱ پیرو = دنباله‌رو

۲ مرز و بوم = کشور

۳ کیش = دین

۴ شمار = تعداد

۵ از دیرباز = از زمان بسیار گذشته

۶ مأوا = پناهگاه

۷ با استناد به = به شهادت = به گواهی

۸ موظف‌اند = وظیفه دارند

حسنه[۹] و قسط[۱۰] و عدل اسلامی رفتار و حقوق انسانی آنان را رعایت کنند، مشروط بر این‌که اقلیت‌های مذهبی اصول استقلال، آزادی، وحدت ملی، موازین اسلامی و اساس جمهوری اسلامی را نقض نکنند.[۱۱] مواد قانونی دیگر در این‌باره بر همین اساس استوار است.

ایرانیان زردشتی در زندگی اجتماعی و اقتصادی کشور در قرن حاضر مشارکت تام[۱۲] داشته‌اند. اینان که از دیرباز به راستی و درستی نامور[۱۳] بوده‌اند، به رغم[۱۴] مشکلاتی که روی می‌داده است،[۱۵] حتی توانسته‌اند گام‌های مؤثری در پیشبرد[۱۶] جامعه بردارند. ارباب جمشید جمشیدیان تاجر و صراف بزرگ دوران قاجاریه بود و فقط پس از اتحاد و دسیسه‌ی[۱۷] روس و انگلیس بود که قدرت اقتصادی او از میان رفت. در قیام مشروطیت زردشتیان مشارکت ورزیدند[۱۸] و کشته دادند. مدارس بزرگی در کرمان و یزد و تهران به دست زردشتیان ساخته و اداره شد. این اقلیت کوچک که دارای حداقل میزان بی‌سوادی است، در احداث[۱۹] بیمارستان‌ها و خدمات پزشکی و فعالیت‌هایی مانند آبیاری و ساختن کارخانه و حتی ریشه‌کنی[۲۰] مالاریا، نقش مهم و سهم نمایانی داشته است. شمار جان‌باختگان[۲۱] زردشتی در انقلاب اسلامی و جنگ تحمیلی با عراق، با توجه به شمار جمعیت، درصد قابل توجهی است.

امروزه زردشتیان، چه در ایران و چه در دیگر کشورهای جهان، پوشش[۲۲] متمایزکننده‌ی ظاهری ندارند، اما در ایران تا چندی پیش در مشخصاتی مانند رنگ جامه متمایز[۲۳] بودند. زنان زردشتی هنوز در شهر یزد و گاهی در کرمان لباس خاص خود را می‌پوشند و جامه‌های رنگین و پوشش‌های خاص آنان گاهی در دیگر شهرها هم دیده می‌شود. زبان زردشتیان متمایز و خاص است و همراه با فارسی، گویش بهدینان را نیز به کار می‌برند. بدین شمار است که اقلیت زردشتی ایران در پوشاک و زبان و بسیاری از آداب و رسوم، پیش از این

[۹] حسنه = خوب
[۱۰] قسط = عدل
[۱۱] نقض کردن = رعایت نکردن
[۱۲] تام = کامل = تمام
[۱۳] نامور = معروف = مشهور = پرآوازه
[۱۴] به‌رغم = علی رغم = با وجود
[۱۵] روی دادن = اتفاق افتادن
[۱۶] پیشبرد = پیشرفت
[۱۷] دسیسه = توطئه
[۱۸] مشارکت ورزیدن = شرکت کردن
[۱۹] احداث = ساخت
[۲۰] ریشه‌کنی = از بین بردن
[۲۱] جان باختگان = کشته شدگان = شهیدان
[۲۲] پوشش = لباس = جامعه
[۲۳] متمایز = متفاوت

متفاوت و متمایز بوده‌اند، حال آن‌که چنین تمایزی اینک فقط در زمینه‌ی باورها[۲۴] و آیین‌های[۲۵] دینی بیشتر به چشم می‌خورد.

زردشتیان را باید پاسداران و نگهبانان سنت و آیین‌های کهن ایرانی دانست. نه تنها آداب باستانی و جشن‌های ایرانی را نگاهداری کرده‌اند و آن‌ها را برگزار می‌کنند، بلکه در جزئیات زندگانی به گواهی[۲۶] اسناد و مدارک مکتوب، بسیاری از شیوه‌های قدیمی را نگاه داشته‌اند. روحانیون زردشتی، که موبدان و دستوران خوانده می‌شوند، پاسداران سرسخت[۲۷] و دانشمندی بوده‌اند که فرهنگ و کتاب‌های کهن را نگاهداری کرده و به دست پژوهندگان[۲۸] و علمای دنیای جدید سپرده‌اند. همچنین جامعه‌ی زردشتی بسیاری از شیوه‌های کهن و رفتارهای باستانی را حفظ نموده است، گرچه گاهی اثبات قدمت آن‌ها دشوار می‌نماید. چنان‌که هرچند می‌توان نهادن[۲۹] بوی خوش بر آتش را دنباله‌ی سنتی دیرینه[۳۰] دانست، نمی‌شود یقین آورد رسم‌هایی مانند همراه کردن آویشن با هدیه و افشاندن آن بر سر و دوش عروس و داماد و کاربرد آن در جشن‌ها، که اینک در نزد زردشتیان ایران دیده می‌شود، در روزگار ساسانیان هم باب بوده است یا خیر.

در هندوستان و پاکستان زردشتیانی زندگی می‌کنند که آنان را پارسیان می‌نامند. پارسیانِ شبه قاره‌ی هند از ایرانیانی‌اند که در آغاز قرون اسلامی و شاید قبل از آن به آن خطّه مهاجرت کرده‌اند و در آن‌جا با محیط خو گرفته‌اند.[۳۱] پارسیان هند با زردشتیان ایران از دیرباز مراوده[۳۲] داشته‌اند و به تبع[۳۳] ایشان، ایرانیان زردشتی نیز به آن سامان رفت و آمد می‌کرده‌اند. این ارتباط موجب شده است که از طریق هندوستان مظاهر فرهنگ و تمدن اروپایی که خواه ناخواه در دوران سلطه‌ی انگلستان به این شبه قاره رسوخ کرده بود،[۳۴] به جامعه‌ی زردشتی ایران زودتر بیاید.

نمایندگانی از جامعه‌ی پارسیان به ایران سفر کرده‌اند که از حدود دو قرن پیش در زندگی اجتماعی زردشتیان ایران تأثیر داشته‌اند. مثلاً سرمایه برای ساختن مدارس زردشتی، که از نخستین مدارس مدرن ایران است، اغلب به وسیله‌ی زردشتیان متمکن[۳۵] ایرانی و یا از دهش[۳۶] خیراندیشان پارسی تأمین شده است. در بیشتر

[۲۴] باورها = اعتقادات
[۲۵] آیین‌ها = رسوم
[۲۶] گواهی = شهادت
[۲۷] سرسخت = کوشا
[۲۸] پژوهندگان = محققان
[۲۹] نهادن = گذاشتن
[۳۰] دیرینه = کهن
[۳۱] خو گرفتن = عادت کردن = انس گرفتن
[۳۲] مراوده = دوستی
[۳۳] به تبع = به دنبال = به پیروی از
[۳۴] رسوخ کردن = نفوذ کردن
[۳۵] متمکن = ثروتمند
[۳۶] دهش = بخشش

این مدرسه‌ها شاگرد و معلم هم زردشتی بوده‌اند و هم غیر زردشتی. همچنین چاپ کتاب‌هایی مانند شاهنامه‌ی فردوسی و سام‌نامه‌ی منسوب به خواجوی کرمانی، همراه با کتاب دینی مقدس اوستا و کتاب‌های خاص زردشتی مانند ارداویرافنامه، ابتدا در هندوستان صورت گرفته و سپس به ایران آمده است. این‌گونه ارتباط در چند دهه‌ی اخیر دیگرگون شده است. (مزداپور، کتایون. زرتشتیان: از ایران چه می‌دانم؟. ج۳۴. تهران: دفتر پژوهشهای فرهنگی. ۲۰۰۳. ص۷-۱۰)

درک مطلب

به پرسش‌های زیر پاسخ کامل بدهید.

۱- نام خداوند در کیش زردشتی چیست؟
۲- زردشتیان ایران بیشتر در کدام شهرها زندگی می‌کنند؟
۳- درگذشته و در حال زردشتیان به کجا مهاجرت می‌کرده‌اند؟
۴- چه اصولی از قانون اساسی باور داشتن به ادیان دیگر را تأیید می‌کند؟
۵- زردشتیان ایران برای پیشبرد مملکت دست به چه اقداماتی زده‌اند؟
۶- کدام سنت و آیین زردشتی را نویسنده در این مقاله بیان می‌کند؟
۷- زردشتیان هندوستان و پاکستان چه نام دارند و چه رابطه‌ای با زردشتیان مقیم ایران داشته‌اند؟
۸- سرمایه‌ی ساختن نخستین مدارس زردشتی از کجا تأمین شده است؟

تمرین با کلمات

الف- جاهای خالی در متن زیر را با کلمات مناسب پر کنید.

نام زردشت پیامبر تنها نامی است که . . . . زمینه‌ی اندیشه و تفکر و دین از جهان باستانی و دیرینه‌ی اقوام . . . . و اروپایی به یاد مانده است. . . . . نام و دینی که زردشت آورده و آن‌چه . . . . بعداً در پیرامون آموزه‌های دینی او پدید . . . . و بر آن افزوده . . . . است، نقش بنیادین . . . . حیات اجتماعی زردشتیان . . . . درباره‌ی زندگانی پیامبر افسانه و تاریخ به هم در آمیخته . . . . و نیز دین زردشت، یعنی پیام و آموزش ناب و اصلی پیامبر، . . . . چارچوب و قابی از باورها و آیین‌های پیش . . . . او جای گرفته است. . . . . گونه باورها و عقاید و آیین‌های دیرینه سال، . . . . تحت تأثیر پیام آسمانی زردشتی دیگرسان گشته‌اند و هم آن که در شکل نوین خویش، . . . . نزد زردشتیان امروزی دوام آورده‌اند. (همان منبع، ص۱۳)

ب- گزینه‌ی درست را انتخاب کنید.

۱- . . . . شهیدان جنگ تحمیلی به چند نفر می‌رسد؟

الف- دسیسه ج- کیش
ب- شمار د- دهش

۲- . . . . این بیمارستان چند سال به طول انجامید؟

الف- پوشش ج- احداث
ب- رسوخ د- نقض

۳- برای . . . . اهدافش حاضر است دست به هر کاری بزند.

الف- مشارکت ج- مراوده
ب- قسط د- پیشبرد

۴- بسیاری از کشورهای جهان اصول ابتدایی حقوق بشر را نیز . . . .

الف- ریشه‌کن می‌کنند ج- خو می‌گیرند
ب- نقض می‌کنند د- رسوخ می‌کنند

۵- . . . . داشتن ذخایر ملی نفت، درآمد سالیانه‌ی اکثر مردم کشور زیر خط فقر است.

الف- به رغم ج- با استناد به
ب- از دیرباز د- به تبع

نگارش

الف- متن زیر را بخوانید و سپس آن را با استفاده از فرهنگ لغات و با کلمات خودتان بازنویسی کنید.

گردآوریِ آگاهی درباره‌ی جامعه‌ی ایرانیان زردشتی در زمان معاصر کاری دشوار است. چه، افراد آن در واقع در میان اکثریت دیگر ایرانیان پراکنده و با آن‌ها دمخور و آمیخته‌اند. این آمیزش در سطح اقتصادی و مراودات اجتماعی در شهر تهران و نیز دیگر شهرها، جز تا حدی در یزد و کرمان، بسیار جدی است. فقط بافت قدیمی برخی از روستاهای یزد را می‌شود تقریباً همانند دوران پیشین یافت که در آن زندگانی زردشتیان جدا و مجزا بوده است. به دلیل این آمیزش در مشاغل و در منازل و مدارس و دانشگاه‌ها و دیگر مراکز فرهنگی و اقتصادی

و اجتماعی، مشکل می‌توان جدایی و تمایز خاصی میان ایرانیان زردشتی و غیر زردشتی یافت، بلکه فقط به آداب و احوال شخصیه و مراسم و آیین‌های زردشتی بیشتر می‌توان پرداخت.

به رغم این‌گونه آمیزش، روابط درون گروهی در میان زردشتیان به همان شیوه‌ی جهان قدیم، و به اصطلاح، روستایی و قبیله‌ای، حتی در ممالک دوردست آمریکا و استرالیا باقی مانده است. در تهران و اهواز و شیراز و یزد و کرمان، و بمبئی و کراچی و نیز تورنتو و سیدنی و کالیفرنیا و مریلند این ارتباط برقرار است و افراد خانواده‌ها که از قدیم با هم رابطه و نسبت داشته‌اند، پیوند کهن را حفظ کرده‌اند. این روابط را انجمن‌ها و سازمان‌های رسمیِ چندی هم تقویت می‌کنند و به ویژه در برگزاری آیین‌های دینی با هم مشارکت می‌ورزند. اینان در نهایت، همه بر گرد آتشکده فراهم می‌آیند و آتشکده بنیادی است که نظراً پیشینه‌ی دیرینی دارد و به سنت هند و اروپایی، یعنی نزدیک به هفت هزار سال پیش از این روزگار می‌رسد.

بدین شمار، در واقع جامعه‌ی زردشتی برای رسیدن به شکل کنونی مراحل درازی را پیموده است و بررسی فرهنگ و آیین و باورهای آن، کار فراگیر و سنگینی است. در بادی امر چنین به نظر می‌رسد که هرچه به ایران باستان باز می‌گردد و هرچه از آن روزگار در دست است، تماماً به زردشتیان مربوط می‌شود. گرچه این حکم به صورت مطلق صادق نیست، ولی تداوم پیوسته و ناگسسته‌ی فرهنگ کهن ایرانی را در نزد این جماعت بهتر می‌توان دید. این مردم با وفاداری به دین و آیین کهن نیاکانی، در حقیقت نمایی مدرن از زندگانی باستانی میهن خویش را نگاه داشته‌اند و به این اعتبار است که ایرانیان کنونی می‌توانند آن را به چشم نیاکان معاصر و امروزین خویش بنگرند، گرچه این قیاس تنها تا حدی درست است و بی‌گمان گذر زمان نیرومندتر از آن است که این همه قدمت را برتابد. (همان منبع، ص۱۰-۱۱)

ب- در مورد کیش متداول مردم کشورتان مقاله‌ای بنویسید که شامل یک مقدمه، سه پاراگراف متن اصلی و یک نتیجه‌گیری باشد.

ج- در متن اصلی درس، زیر طولانی‌ترین جمله خط بکشید. سپس جملات تشکیل دهنده‌ی آن را مشخص کنید. بعد از آن، هر یک از آن جملات را تجزیه و تحلیل نحوی و دستوری کنید. نهاد و گزاره را مشخص کنید. فاعل و مفعول و فعل را معین کنید. و بعد عبارات اسمی و وصفی و قیدی و . . . را تجزیه و تحلیل نمایید.

شعر: عبید زاکانی
نظام‌الدین عبیدالله زاکانی معروف به عبید زاکانی (۱۳۰۰-۱۳۷۱) شاعر پارسی‌گوی ایرانی است. زاکانی به دلیل طنزپردازیش شهرت دارد. او معاصر حافظ بوده است. منظومه‌ی موش و گربه‌ی زاکانی شهرت بسیاری دارد. از دیگر آثار او می‌توان به *ریش‌نامه*، *رساله‌ی دلگشا* و *رساله‌ی اخلاق الاشراف* اشاره کرد.
یار گوئی آن یار که هر دوز غمش خسته‌تریم   باخبر نیست که ما در غم او بی‌خبریم

از خیال سر زلفش سر ما پر سوداست
این خیالست که ما از سر او درگذریم

با قد و زلف درازش نظری می بازیم
تا نگویند که ما مردم کوته نظریم

دل فکنده است در این آتش سودا ما را
وه که از دست دل خویش چه خونین جگریم

عشق رنجیست که تدبیر نمیدانیمش
وصل گنجیست که ما ره به سرش می نبریم

جان ما وعده وصلت نه این روح مجاز
تو مپندار که ما زنده بدین مختصریم

آه و فریاد که از دست بشد کار عبید
یار آن نیست که گوید غم کارش بخوریم

الف- در مورد شاعر فوق تحقیق کنید و نتیجه‌ی تحقیقتان را در یک صفحه خلاصه کنید.

ب- شعر بالا را در اینترنت جستجو کنید و نحوه‌ی صحیح خواندن آن را تمرین کنید. سپس سعی کنید چند بیت آن را حفظ کنید.

ج- در شعر فوق، چه آرایه‌ها یا صنایع ادبی‌ای اعم از لفظی و معنوی به کار رفته؟ چند نمونه را ذکر کنید؟ آیا تشبیهات و استعاره‌ها و دیگر صنایع ادبی به کار رفته در شعر بالا در زبان شما وجود دارد یا خیر؟

ضرب‌المثل
غزل خداحافظی را خواند
توضیح: غزل نوعی قالب شعر با مضامین معمولاً عاشقانه است که مصرع‌های زوج آن با مصرع اول آن هم قافیه هستند. **کاربرد:** این مثل در مورد کسی که از دنیا رفته یا کسی که انتظار مرگ را می‌کشد به کار می‌رود. همچنین در مورد کسی به کار می‌رود که جایی را برای همیشه ترک می‌کند.

الف- یک داستان یا گفتگو بنویسید و از ضرب‌المثل بالا در آن استفاده کنید.

ب- نزدیک‌ترین معادل ضرب‌المثل بالا در زبان شما چیست؟

درس هجدهم

شاهنامه ی فردوسی

حکیم ابوالقاسم منصور فردوسی تدوین‌کننده‌ی[۱] نهایی و سراینده‌ی شاهنامه، در سال ۳۲۹ق/۹۴۰م در روستایِ پاژ یا پاژ از بخشِ تابَران در شهرِ توس در خراسان زاده شد[۲] و در سال ۴۱۰ق/۱۰۱۹م در هشتاد و یک سالگی چشم از جهان فروبست[۳] و به جاودانگانِ تاریخ و فرهنگ و ادب ایران و جهان پیوست.[۴] ساختمان و باغ آرامگاه او در همان روستای زادگاهش جای دارد.

شهر توس در نخستین سده‌های[۵] پس از اسلام نیز اهمیت دیرین خود را حفظ کرده بود. خاندان‌های دهقان که در این ناحیه می‌زیستند، دوستداران و نگاهبانان فرهنگ کهن بودند. فردوسی در یکی از این خاندان‌ها چشم به جهان گشود[۶] و پرورده شد[۷] و بر اثر آشنایی گسترده با پیشینه‌ی ایرانیان و درک ضرورت تدوین یک حماسه‌ی ملی از مجموعه‌ی آن‌ها، به کار حماسه‌سرایی روی آورد و بار این خویشکاری بزرگ ملی و فرهنگی را بر دوش گرفت[۸] و تا پایان زندگی بدان پرداخت و اثر بزرگی را که امروز شاهنامه‌ی فردوسی خوانده می‌شود، از خود به یادگار گذاشت.

شاهنامه فراگیر «دیباچه» در یازده بخش (۲۰۹ تا ۲۳۷ بیت) و متن (بیش از پنجاه و چند هزار بیت) است که در قالب «مثنوی»[۹] و بحر عروضی[۱۰] «تقارب» یا «متقارب» سروده شده و بخش‌بندی‌ها

[۱] تدوین کننده = جمع‌آوری کننده

[۲] زاده شدن = متولد شدن = به دنیا آمدن

[۳] چشم از جهان فرو بستن = دار فانی را وداع گفتن = مرحوم شدن = به رحمت خدا رفتن = مردن

[۴] پیوستن = ملحق شدن

[۵] سده = قرن

[۶] چشم به جهان گشودن = زاده شدن

[۷] پرورده شدن = بزرگ شدن

[۸] بار بر دوش گرفتن = مسئولیت قبول کردن

[۹] مثنوی = نوعی شعر

[۱۰] بحر عروضی = نوعی وزن شعر

و عنوان‌های فرعی گوناگون برای آن قایل شده‌اند. از متن شاهنامه، بیش از هزار دست نوشت بر جا مانده است که در موزه‌ها و کتابخانه‌های همگانی و مجموعه‌های خصوصی در سراسر جهان نگاهداری می‌شود.

قدیمترین چاپ شاهنامه در سال ۱۲۲۶ق/۱۸۱۱م در کلکته صورت پذیرفته و شمار چاپ‌های آن تا سال ۱۳۵۵ش به ۴۳ رسیده بود و در سی سال‌ه‌ی اخیر نیز ده‌ها چاپ کامل یا گزیده[11] از آن منتشر شده است.

علاوه بر متن فارسی، تا سال ۱۳۵۵ش، ۲۵۴ ترجمه‌ی کامل یا برگزیده از شاهنامه به ۲۷ زبان شرقی و غربی در دست است و در دهه‌های پس از آن نیز شمار چشمگیری بر این رقم، افزوده شده است.

ادب‌شناسان جهان، شاهنامه را از گونه‌ی ادبی حماسه شناخته و یکی از پنج حماسه‌ی جاودان و از مهمترین اثرهای این گونه‌ی ادبی در جهان شمرده‌اند.

ساختار و درون‌مایه‌ی شاهنامه، برخوردار از[12] یکپارچگی و انسجامی شگفتی‌انگیزست و هرچند که هر داستان یا روایت و رویداد و گزارشی در چهارچوب خود جدا و مستقل می‌نماید، رشته‌ای یگانه، همه‌ی این بخش‌ها و جزءها را به یکدیگر می‌پیوندد و دریافتی یگانه از کل منظومه در ذهن خواننده و پژوهنده پدید می‌آورد. شاعر در پیکره‌ی واحد حماسه‌اش، همواره و در هنگامه‌ای، دغدغه خاطر خود و دیگر ایرانیان را برای از دست رفتن آزادی و آبادی و شکوه میهن خویش با بیانی دل‌سوزانه و دردمندانه بر قلم می‌آورد و همه‌ی سرود عظیم‌اش را با طیف گسترده‌ی رنگ‌های آن، در خدمت بازآفرینی و نوگردانی روزگار درخشش فرهنگی و سرافرازی و سالاری نیاکان به کار می‌گیرد.

شاهنامه گزارش و روایت ساده‌ی رویدادهای دوران‌های باستانی در خطی تاریخ‌گونه نیست؛ بلکه بازآفرینی شاعرانه‌ی زندگی و فرهنگ ایرانیان دیرینه است در گفتارها و کردارهای انبوه نقش‌ورزان[13] این حماسه از هر گروه و تیره و تبار و قومی و به نمایشگاهی می‌ماند که در آن، دیرینگان روزگاران سپری شده، دیگرباره زنده و پویا شده و داستان‌ها و رویدادها را زندگی می‌کنند. از این‌رو، می‌توان منظومه‌ی فردوسی را فرهنگ‌نامه‌ی زنده و پویای ایرانیان باستان نامید. شاعر خود نیز از این ویژگی والای کار ارجمندش آگاه است و از نو کردن گفتار و کردار «آن راستان» سخن به میان می‌آورد.

از دیدگاه زبانی نیز ارزش و اهمیت شاهنامه، کمتر از جنبه‌های دیگر آن نیست و پایداری و پویایی و برومند و توانگر شدن زبان فارسی دری، بیش از هر اثر دیگری بر پشتوانه و گنجینه‌ی عظیمی همچون منظومه‌ی

---

[11] گزیده = منتخب
[12] برخوردار از = دارای
[13] نقش‌ورزان = بازیگران

فردوسی تکیه دارد و از سرچشمه‌ی زندگی بخش آن آب می‌خورد. بی‌گمان، هرگاه شاهنامه را شناخت‌نامه‌ی زبان فارسی دری بنامند، سخنی به گزاف[۱۴] نگفته‌اند.

سرانجام باید بدین نکته‌ی مهم اشاره شود که شاهنامه تنها نمایشگاه گفتار و کردار شهریاران و پهلوانان ایران باستان نیست و گنجینه‌ی بس گرانبهایی از اندرز[۱۵] و رهنمود اخلاقی و حکمت ناب[۱۶] زندگی نیز در تالارها و غرفه‌های شکوهمند آن نگاهداری شده است که خواننده و پژوهنده را در کنار پرداختن به روایت‌های اصلی و گزارش‌ها و وصف‌های رنگین و پرشور رزم‌ها و بزم‌ها، به خود فرامی‌خواند و با زبانی پدرانه و مهرورزانه، درس‌های والایی در راستای آزادگی، نام‌جویی، خردورزی، دانش‌اندوزی، مهربانی، مردم‌دوستی و جز آن، بدو می‌آموزد؛ بی آن که او را با کلی‌بافی‌ها و حکم‌های اخلاقی خشک و «کن» و «مکن»‌های پارسا نمایانه و ریاکارانه ملول کند.[۱۷]

کوتاه سخن این که شاهنامه دریاست و رهیافت[۱۸] به ژرفای[۱۹] آن، عزم و همت دریانوردان می‌خواهد. چنین عزم و همتی، بدرقه‌ی راه همه‌ی دوستداران خرد و دانش و فرهنگ و فرزانگی[۲۰] باد! (دوستخواه، جلیل. شناخت نامه‌ی فردوسی و شاهنامه: از ایران چه می‌دانم؟. ج۶۱. تهران: دفتر پژوهشهای فرهنگی. ۲۰۰۵. ص۱۰۷-۱۰۹)

درک مطلب

به پرسش‌های زیر پاسخ کامل بدهید.

۱- فردوسی در چه سالی و در کجا متولد شد؟
۲- فردوسی در چه سنی و در کجا فوت کرد؟
۳- شهر توس به چه دلیل اهمیت داشت؟
٤- از شاهنامه‌ی فردوسی چه می‌دانید؟
۵- از نقطه نظر زبانی شاهنامه چه اهمیتی دارد؟
۶- چگونه می‌توان روایت‌های شاهنامه را در زندگی عادی و روزمره به کار برد؟

[۱۴] گزاف = بیهوده = یاوه = دروغ
[۱۵] اندرز = پند
[۱۶] ناب = اصیل
[۱۷] ملول کردن = خسته کردن
[۱۸] رهیافت = راهیابی
[۱۹] ژرفا = عمق
[۲۰] فرزانه = دانشمند = حکیم

تمرین با کلمات

الف- جاهای خالی در متن زیر را با کلمات مناسب پر کنید.

نام، کنیه و تخلّص شاعر: از نام شاعر در دست نوشته‌های بر جا . . . . و چاپ‌های شاهنامه اثری . . . . نمی‌شود. اما مترجم این منظومه به عربی (اندکی بیش . . . . دویست سال پس . . . . خاموشی شاعر) بر بنیاد دست‌نوشتی از شاهنامه که . . . . نگاشت آن ۴۸۳ق (در هنگام زندگی سراینده) بوده، این نام . . . . منصور بن حسن نوشته است (بنداری اصفهانی، در الشاهنامه، ۱۳۴۸) و دیگران . . . . جاهای دیگر به گونه‌هایی متفاوت . . . . این، نوشته‌اند که برای تأیید درستی هیچ . . . . از آن‌ها سندی در . . . . نداریم و چندان ضرورت و فایده‌ای . . . . ندارد که در این زمینه پی‌جویی . . . .

آنچه همگان . . . . سر آن همداستانند، کنیه‌ی شاعر، یعنی ابوالقاسم و عنوان یا تخلص شاعری او فردوسی است که . . . . دیرباز بدان شناخته شده است و امروز به جای نام . . . . به کار می‌رود. واژه‌ی فردوسی در خود شاهنامه . . . . آمده است (فردوسی، ۱۳۶۶، ج۵، ص۷۵؛ ج۶، ص۶۵). (همان منبع، ص۱۱)

ب- گزینه‌ی درست را انتخاب کنید

۱- هر ده سال یک دهه است، هر صد سال یک . . . . و هر هزار سال یک هزاره.

الف- صد ج- اندرز
ب- سده د- فرزانه

۲- من زیاد به تماشای تلویزیون علاقه ندارم و تنها به . . . . خبرها گوش می‌دهم.

الف- رهیافت ج- گزیده
ب- اندرز د- جهان

۳- خاموش بودن بسی بهتر از . . . . گفتن است.

الف- گزاف ج- فرزانه
ب- اندرز د- گزیده

۴- این رودخانه به دریا . . . .

الف- ملول می‌کند ج- می‌خروشد
ب- پرورده می‌شود د- می‌پیوندد

۵- موسیقی اصیل ایرانی به . . . . وجودم رخنه می‌کند.

الف- بحر ج- ژرفای
ب- نقش د- رهیافت

نگارش

الف- متن زیر را بخوانید و سپس آن را با استفاده از فرهنگ لغات و با کلمات خودتان بازنویسی کنید.

پرهام همچون پاره‌ای دیگر از شاهنامه‌پژوهان روزگار ما نه تنها پیشینه‌ی این رویکردهای فکری و فلسفی فردوسی را در گستره‌ی اندیشه‌ورزی ایرانیان باستان می‌جوید؛ بلکه از رواج بحث‌های بسیار دقیق و فرهیخته در سده‌های نخستین پس از اسلام و تا روزگار سرایش شاهنامه سخن می‌گوید و گفتاوردی از کتاب آفرینش و تاریخ (البَدءُ والتاریخ) اثر مطهر بن طاهر اقدسی (تألیف شده در ۳۵۵ق) را شاهد مثال قرار می‌دهد که مؤلف در آن، از گرمی بازار این‌گونه بحث‌ها در آن سده‌ها یاد می‌کند و از پایگاه والای شاهنامه‌ی مسعودی مروزی در میان ایرانیان سخن می‌گوید که به چشم تعظیم و تکریم و به عنوان تاریخ خود بدان می‌نگرند.

پرهام دیدگاه‌های یزدان‌شناختی و هستی‌نگری فردوسی را با نگرش‌های امانوئل کانت فیلسوف بزرگ آلمانی می‌سنجد و نوعی همگونی شگفت و بنیادین و نه شباهت ظاهری در میان آن‌ها می‌یابد و بر آن است که دقت فلسفی سراینده‌ی شاهنامه در بیان مفهوم‌های انتزاعی و نیز خردستایی و دانش‌پژوهی وی بسیار والا و پویا و پیش‌تر از زمان او بوده است (پرهام، ۱۳۷۰، ص ۱۸۴-۱۹۴، ۲۳۷-۲۳۸).

دیباچه‌ی شاهنامه، همسو با متن آن، از این دیدگاه در میان همه‌ی متن‌های کهن نظم و نثر فارسی یگانه و بی‌همتاست و اگر کسی شاهنامه را «خردنامه» یا «فرهنگ‌نامه» بنامد، ذره‌ای اغراق نگفته است.

در بخش‌های سوم تا پنجم دیباچه، شاعر بر پایه‌ی مرده ریگ علمی پیشینیان و دانش روزگار خود، از چگونگی آفرینش گیتی، مردم و آفتاب و ماه سخن می‌گوید؛ اما با همه یزدان‌ستایی‌اش از جزم‌باوری و یکسونگری و مطلق‌انگاری روی برمی‌تابد و با بینشی آگاهانه و پویا به شک‌ورزی گرایش می‌یابد و نقش و خویشکاری آدمی‌زاد را که همان خردورزی و دانش‌اندوزی همیشگی است، بدو یادآور می‌شود. (همان منبع، ص۵۲)

ب- در مورد یکی از شعرای مشهور کشورتان مقاله‌ای بنویسید که شامل یک مقدمه، سه پاراگراف متن اصلی و یک نتیجه‌گیری باشد.

ج- در متن اصلی درس، زیر طولانی‌ترین جمله خط بکشید. سپس جملات تشکیل دهنده‌ی آن را مشخص کنید. بعد از آن، هر یک از آن جملات را تجزیه و تحلیل نحوی و دستوری کنید. نهاد و گزاره را مشخص کنید. فاعل و مفعول و فعل را معین کنید. و بعد عبارات اسمی و وصفی و قیدی و . . . را تجزیه و تحلیل نمایید.

شعر: سنایی

ابوالمجد مجدود بن آدم سنایی غزنوی (۱۰۸۰-۱۱۳۱) شاعر پارسی‌گوی ایرانی است. او از پیشگامان پیوند مفاهیم عرفانی با شعر فارسی است. از آثار او می‌توان *حدیقة الحقیقة*، *طریق التحقیق*، *کارنامه‌ی بلخ*، و *عشق‌نامه* را نام برد.

ملکا ذکر تو گویم

ملکا ذکر تو گویم که تو پاکی و خدایی	نروم جز به همان ره که توام راه نمایی
همه درگاه تو جویم همه از فضل تو پویم	همه توحید تو گویم که به توحید سزایی
تو زن و جفت نداری تو خور و خفت نداری	احد بی زن و جفتی ملک کامروایی
نه نیازت به ولادت نه به فرزندت حاجت	تو جلیل الجبروتی تو نصیر الامرایی
تو حکیمی تو عظیمی تو کریمی تو رحیمی	تو نماینده‌ی فضلی تو سزاوار ثنایی
بری از رنج و گدازی بری از درد و نیازی	بری از بیم و امیدی بری از چون و چرایی
بری از خوردن و خفتن بری از شرک و شبیهی	بری از صورت و رنگی بری از عیب و خطایی
نتوان وصف تو گفتن که تو در فهم نگنجی	نتوان شبه تو گفتن که تو در وهم نیایی
نبد این خلق و تو بودی نبود خلق و تو باشی	نه بجنبی نه بگردی نه بکاهی نه فزایی
همه عزی و جلالی همه علمی و یقینی	همه نوری و سروری همه جودی و جزایی
همه غیبی تو بدانی همه عیبی تو بپوشی	همه بیشی تو بکاهی همه کمی تو فزایی
احد لیس کمثله صمد لیس له ضد	لمن الملک تو گویی که مر آن را تو سزایی
لب و دندان سنایی همه توحید تو گوید	مگر از آتش دوزخ بودش روی رهایی

الف- در مورد شاعر فوق تحقیق کنید و نتیجه‌ی تحقیقتان را در یک صفحه خلاصه کنید.

ب- شعر بالا را در اینترنت جستجو کنید و نحوه‌ی صحیح خواندن آن را تمرین کنید. سپس سعی کنید چند بیت آن را حفظ کنید.

ج- در شعر فوق، چه آرایه‌ها یا صنایع ادبی‌ای اعم از لفظی و معنوی به کار رفته؟ چند نمونه را ذکر کنید؟ آیا تشبیهات و استعاره‌ها و دیگر صنایع ادبی به کار رفته در شعر بالا در زبان شما وجود دارد یا خیر؟

ضرب‌المثل
عیب می جمله چو گفتی هنرش نیز بگو
توضیح: می در لغت به معنای شراب یا نوشیدنی است که از انگور یا میوه‌های دیگر تهیه می‌شود. می در ادبیات، معنایی استعاری دارد و در مورد مفهومی به کار می‌رود که سبب پر کشیدن از عالم مادی و وابستگی‌های روزمره می‌شود. این ضرب‌المثل، مصراع اول بیت زیر از یکی از غزلیات حافظ است. *عیب می جمله چو گفتی هنرش نیز بگو* *نفی حکمت مکن از بهر دل عامی چند*
کاربرد: وقتی کسی برای خوشایند عده‌ای معایب چیزی را می‌گوید و از خوبی‌های آن حرفی به میان نمی‌آورد از این مثل استفاده می‌شود.

الف- یک داستان یا گفتگو بنویسید و از ضرب‌المثل بالا در آن استفاده کنید.

ب- نزدیک‌ترین معادل ضرب‌المثل بالا در زبان شما چیست؟

درس نوزدهم

پوشاک ایرانیان

پوشاک از نیازهای اولیه و اساسی[1] بشر محسوب می‌شود. درست مثل خوراک، مسکن، امنیت و امثال آن.[2] پوشاک و سیر تحول آن در نظام اجتماعی ایران را می‌توان از جنبه‌های مختلفی بررسی کرد، از جمله:[3]

۱- توصیف شکل و ظاهر لباس‌ها در دوره‌های مختلف تاریخ و پیدایش یا برافتادن سبکی خاص از پوشاک در میان اقوام و حکومت‌های گوناگون ایرانی. اتفاقاً بیشترین تحقیقاتی که تاکنون درباره‌ی پوشاک ایرانیان صورت گرفته، در همین زمینه بوده است.

۲- تأثیر محیط در شکل‌دهی به ظاهر و جنس پوشاک، از قبیل محیط‌های کوهستانی یا جلگه‌ای، آب و هوای سرد و خشک یا گرم و مرطوب، که در جغرافیای ایران زیاد به چشم می‌خورند.

۳- نقش طبقات اجتماعی و به طبع[4] مشاغل و وظایف وابسته به آن‌ها در شکل‌دهی به پوشاک، چنان که لباس جنگجویان، درباریان، روحانیان و پیشه‌وران از شرایط خاص وضع طبقاتی آن‌ها تأثیر می‌گرفته است.

۴- نقش مراسم سنتی و فرهنگی نظیر مناسک[5] مذهبی، جشن‌ها و سوگواری‌ها در انتخاب نوع و شکل، و حتی رنگ پوشاک.

۵- نقش داد و ستدهای[6] بین‌المللی خاصه[7] در پی[8] جنگ و ستیزها در اقتباس[9] سبک‌های بیگانه‌ی پوشاک و یا صدور[10] اسلوب بومی پوشاک به دیگران. در تاریخ پرکشمکش[11] ایران، تأثیر این عامل کم نبوده است.

---

[1] اساسی = اصلی
[2] امثال آن = نظایر آن
[3] از جمله = به عنوان مثال
[4] به طبع = طبق = براساس
[5] مناسک = آیین‌ها
[6] داد و ستد = معامله
[7] خاصه = مخصوصاً = به ویژه
[8] در پی = به دنبال
[9] اقتباس = گرفتن
[10] صدور = صادر کردن
[11] پرکشمکش = پر از چالش

آن‌چه امروزه در بین اندیشمندان مردم‌شناسی و جامعه‌شناسی از اهمیتی شایان[۱۲] برخوردار است، توجه به پیام‌ها و «راز و رمز»های موجود در انواع پوشاک در ادوار مختلف و در میان ملل گوناگون می‌باشد. این «پیام‌ها» خود از باورها، آداب، سنن و خاستگاه قومی این ملت‌ها برخاسته‌اند، که یا به وضوح[۱۳] بیانگر یکی از این اصول بوده‌اند، و یا با زبان نمادین منظوری[۱۴] خاص را القا می‌کرده‌اند.[۱۵] شاید تلاش همین اندیشمندان برای رمزگشایی این پیام‌های نمادین بوده است که اصطلاح نوین «زبان پوشاک» را در میان پژوهشگران این رشته، رایج ساخته است.

تداخل[۱۶] وابستگی‌های ذهنی و باورهای قومی، ملی و مذهبی را در شکل‌گیری سبک لباس و همچنین زیورآلات و آرایش مربوط به آن‌ها، در تمام ادوار تاریخی ایران، به خصوص در میان اقوام گوناگون ایرانی، به خوبی می‌توان دریافت؛ هرچند که شناخت دقیق چگونگی این تداخل نیازمند بررسی علمی برنامه‌ریزی شده است که متأسفانه تاکنون صورت نگرفته است.

برخی از دانشمندان، چنان نقش مهمی برای پوشاک و زیورآلات قایلند که حتی تعریف مجرد[۱۷] از انسان را بدون در نظر گرفتن لباس او، تعریفی صرفاً[۱۸] ذهنی می‌دانند (آیچر و رش هایگین، ۱۹۹۲، ص۱۳). این دانشمندان نقش پیامی را که زیورآلات و همچنین نحوه‌ی آرایش و پیرایش بدن القا می‌کند، کم‌تر از نقش خود پوشاک نمی‌دانند، و این عوامل را وسیله‌ای برای فهم عمیق‌تر منظور و خواست پوشنده‌ی آن‌ها، قلمداد می‌کنند[۱۹] (آیچر و رش هایگین، ۱۹۹۲، ص۱۳). به همین دلیل است که ارتباط پوشاک را با هنر، ادبیات، مذهب و نیز اقتصاد، طبقه و حتی هویت اجتماعی، نمی‌توان نادیده گرفت. آیا تا کنون پرسش‌هایی از این قبیل به ذهن شما نرسیده است که چرا مردم ظاهر خود را تغییر می‌دهند؟ آن‌ها چگونه و به چه طریق این کار را انجام می‌دهند؟ درک و تفسیر اطرافیان در قبال[۲۰] این تغییرات چیست؟ انگیزه‌ی این تغییرات از کجا سرچشمه[۲۱] می‌گیرد؟ آیا این تغییرات، ناشی از تحولات جامعه است یا از اعتقادات معنوی و ساختارهای مادی زندگی؟ منظور از داشتن «سلیقه‌ی خوب» در پوشیدن لباس یا «شیک‌پوشی» چیست؟ آیا می‌توان داشتن «سلیقه‌ی خوب» در انتخاب پوشاک را به معنی کوشش در تقلید از پوشاک طبقات مرفه[۲۲] اجتماع دانست؟ چه رابطه‌ای میان پوشاک فرد با

[۱۲] شایان = در خور توجه
[۱۳] به وضوح = به روشنی
[۱۴] منظور = مقصود
[۱۵] القا کردن = انتقال دادن
[۱۶] تداخل = ترکیب شدن
[۱۷] مجرد = تنها
[۱۸] صرفاً = فقط
[۱۹] قلمداد کردن = به حساب آوردن
[۲۰] در قبال = در مقابل
[۲۱] سرچشمه = نشأت
[۲۲] مرفه = متمول = ثروتمند

ارزیابی اخلاقی درباره‌ی او وجود دارد؟ رابطه‌ای میان تظاهر به پاکدامنی[۲۳] یا تمایل به تحریک[۲۴] امیال شهوانی با انتخاب نوع پوشاک و نیز رفتار مربوط به آن، وجود دارد؟ یکی از اندیشمندان علوم اجتماعی اعتقاد دارد که سبک‌های متنوع پوشاک، در کل می‌تواند به صورت نقاطی همگن در روی نموداری از خط راست قرار گیرد که یک سوی آن حیا و شرم است، و سوی دیگر آن بی‌حیایی و بی‌شرمی. یک سوی آن پوشیدگی تن است، و سوی دیگر آن برهنگی و عریانی تن. یک سوی آن تناسب و هماهنگی و زیبایی و نجابت[۲۵] است، و سوی دیگر آن ناسازگاری و ناهماهنگی و زشتی و زنندگی. یک سوی آن سنگینی و برازندگی است، و سوی دیگر آن سبکی و جلفی (راف، ۱۹۸۶، ص۳). علاوه بر آن‌چه که در حوزه‌های زیباشناسی، تاریخی، جامعه‌شناسی و مردم‌شناسی به نام اجزای زبان پوشاک به آن‌ها اشاره کردیم، به دو نکته‌ی دیگر نیز باید توجه داشت. یکی پیدایش واژه‌های نوین اعم از وارداتی و خلق‌الساعه[۲۶] است که در طی زمان از موضوعات مرتبط با پوشاک به فرهنگ مکتوب و فرهنگ شفاهی مملکت افزوده شده است. به قول آلیسون لوری:

> «زبان پوشاک گذشته از «واژه‌هایی» که فحوای[۲۷] ممنوعه دارند، همچون زبان معمولی، شامل واژه‌های جدید و قدیمی، واژه‌هایی با منشأ بومی یا بیگانه، واژه‌های محلی، زبان محاوره، زبان عامیانه و زبان بازاری، می‌گردد» (۱۹۸۱، ص۶).

نکته‌ی دیگر، تأثیر شگرفِ[۲۸] «پیغام سیاسی» پوشاک در دوره‌های پرتلاطم ایران است، در کنار احاطه‌ی همه جانبه‌ی مذهب و دوشادوش با آن. کم نبوده است تحمیل اسلوب پوشاک، از سوی خودی و بیگانه، صرفاً به انگیزه‌های سیاسی و یا مذهبی؛ از قبیل گذاشتن یا برداشتن کلاهی، پوشیدن یا نپوشیدن جامه‌ای، گرد کردن یا تیز کردن آرایه‌ای، سرخ کردن یا سیاه کردن لباسی، و امثال آن در تمامی ادوار، چه در دوره‌های کهن و چه در دوره‌های معاصر.

نداشتن شناخت دقیق از حوادث، انگیزه‌ها و باورداشت‌های مردم، و همین نپرداختن امور و سرمنشأ جریانات، باعث خطای پژوهشگران خودی و بیگانه در دریافت درست «زبان پوشاک» ایرانیان گشته است. اندکند کسانی که با تاریخچه‌ی پیدایش «چادر» آشنا هستند، یا روند پیدایش «عمّامه» را بررسی می‌کنند، یا تعریفی «تاریخی‌نگر» از حجاب ارائه می‌دهند، و این هر سه مورد را، صرفاً ره‌آوردِ[۲۹] آیین اسلام نمی‌دانند.

[۲۳] پاکدامنی = عفاف

[۲۴] تحریک = برانگیختن

[۲۵] نجابت = پاکدامنی

[۲۶] خلق‌الساعه = دفعتاً خلق شده

[۲۷] فحوا = مفهوم

[۲۸] شگرف = عجیب

[۲۹] ره‌آورد = سوغات

همین کوتاهی‌هاست که در جهان معاصر دست ناشیان را باز و بر دل عالمان داغ می‌نهد،[۳۰] و محققان دلسوزی چون نانسی لیندسفارن را این چنین به فغان[۳۱] وامی‌دارد:

«. . . آثار مکتوب اروپایی و آمریکایی درباره‌ی خاورمیانه، از جمله عکس‌ها و آثار هنری، توصیف سبک‌های پوشاک، و تصاویر پیکره‌های زنان پوشیده به لباس، و گاهی تصاویر شهوت‌برانگیز زنان برهنه، چهره‌ای خیال‌انگیز و حتی شهوانی از مردم ساکن در این سرزمین، به دست می‌دهد. بی‌تردید مردم خاورمیانه در بیشتر اوقات صرفاً به واسطه‌ی نوع پوشاکشان از مردم سرزمین‌های دیگر متمایز گشته‌اند، چنانچه همین نوع پوشاک، آنان را در جرگه‌ی[۳۲] زیرگونه‌های مختلف نژادی از قبیل جنگجویان بدوی، زنان روستایی، و مردان ایلیاتی بربر، قرار داده است؛ و یا باعث شده که با اصطلاحاتی ناشی از برداشت‌های صوری، دلبخواهی، و ساختگی از نوع «پوشاکشان»، توصیف شوند. بازتاب چنین تصوراتی تا به امروز هم ادامه دارد، به طوری‌که نمونه‌های آن در تبلیغات تلویزیونی، مجلات زنانه، و تصاویر «رنگی» از فرهنگ عامه، در کتابچه‌های مسافرتی و تابلوهای عمومی گردشگردی، به چشم می‌خورد. برخی از این گونه اقدامات به وضوح به منظور برانگیختن تصوری بی‌نظیر، به هدف جلب جهانگردان صورت گرفته است؛ اما در موارد دیگر، کوششی است ساده‌لوحانه به منظور معرفی تنوعات فرهنگی و اجتماعی، در قالب نشان دادن مردمان، با رنگ پوست متفاوت و «اقوام» با پوشاک متنوع . . . القای چنین تصوراتی از لحاظ سیاسی، چندان هم بی‌غرض[۳۳] نیست. بلکه پی‌ریزی شیوه‌های نوین تهمت[۳۴] در خصوص وجود اختلاف و نابرابری در میان اقوام می‌باشد . . . برای همین منظور است که در تبلیغات امروزی، مثلاًدر مورد معرفی عطری گران‌بها، برای نشان دادن تموّل و ویژگی‌های جنسی، زنی موبور در جلوی یکی از اهرام ثلاثه، در حالی که ردایی لخت و به سبک «عربی» بر تن دارد و در حال گرفتن حمام آفتاب است، نشان داده می‌شود . . .
با این حال، چنین رفتارهای افراطی، تنها رویکرد موجود در قبال مقوله‌ی پوشاک در خاور میانه، نمی‌باشد . . .» (۱۹۹۷، ص۴).
(متین، پیمان. پوشاک ایرانیان: از ایران چه می‌دانم؟. ج۴۳. تهران: دفتر پژوهشهای فرهنگی. ۲۰۰۴. ص۷-۱۰)

[۳۰] بر دل کسی داغ نهادن = کسی را عزادار کردن
[۳۱] فغان = شیون
[۳۲] در جرگه‌ی = در زمره‌ی = در میان
[۳۳] غرض = نیت
[۳۴] تهمت = افترا

درک مطلب

به پرسش‌های زیر پاسخ کامل بدهید.

۱- از چه جنبه‌هایی می‌توان سیر تحول پوشاک در نظام اجتماعی ایران را بررسی کرد؟

۲- امروزه چه چیزی در میان متفکرین مردم‌شناسی و جامعه‌شناسی اهمیت دارد؟

۳- اصطلاح زبان پوشاک یعنی چه؟

۴- چه رابطه‌ای میان طرز لباس پوشیدن یک فرد با دیدگاه‌های فکری او وجود دارد؟

۵- پوشاک چگونه می‌تواند پیغام سیاسی داشته باشد؟

تمرین با کلمات

الف- جاهای خالی در متن زیر را با کلمات مناسب پر کنید.

دگرگونی‌هایی که طی سده‌ی اخیر . . . . زمینه‌ی پوشاک . . . .
پی تحولات فرهنگی و اجتماعی صورت . . . . در نوع خود در تاریخ کشور ما
. . . . نظیر است. این دگرگونی‌ها از عوامل . . . . نظیر ارتباطات
آسان‌تر و سریع‌تر . . . . جوامع بیگانه؛ تضعیف اقتدار سیاسی و ملی؛ تضاد کانون‌های
سنت‌گرا و تجددگرا؛ فقدان اعتماد به . . . . و خودباوری ملی و القای حس حقارت و
خودکم‌بینی در اجتماع؛ ناکارا و نامتناسب بودن برخی رسوم . . . . ضرورت‌های زندگی
نوین؛ و بسیاری موارد . . . . سرچشمه گرفته است. در این دوره پوشاک رسمی از لباس
بومی و . . . . بیش از . . . . فاصله می‌گیرد. . . . .
گرفتن این دو از هم . . . . در کاربرد و چه در معنی و پیامدهای فرهنگی و سیاسی حاصل
. . . . آن، بر نقش ویژه و پراهمیت «پوشاک» در روند تکامل تاریخی اقوام و ملل دلالت
. . . . این نقش از جمله در اتفاقات قابل مداقه‌ای . . . . «کشف حجاب» در
زمان رضاخان . . . . و «احیای مجدد» آن پس . . . . انقلاب اسلامی، و
. . . . انکار و اصرارهای تحمیلی و مقاومت‌های مردمی و حکومتی، . . . .
لحاظ جامعه‌شناسی و مردم‌شناسی . . . . خوبی نمایان می‌شود.

روند تغییر شکل پوشاک ایرانیان از جنبه‌های . . . . فرهنگی، اعتقادی، اجتماعی، و
محیطی در خور بررسی‌های . . . . و موشکافانه است. رخدادهای تاریخی این مرز و
. . . .، و تحولات عمیقی که در جریان این رخدادها روی . . . .، و تأثیر
دائم یا موقت این تحولات، به بررسی‌های بیشتری در . . . . هنری، تاریخی، و فرهنگی مردم
ایران . . . . مناطق مختلف نیاز دارد. تفحص در هر بخش و هر جنبه از این زمینه‌ها، اطلاعات
تازه‌ی بسیاری را به . . . . می‌دهد که بی‌شک در شناخت هرچه

ما از خودمان و . . . . چنین تعیین و تبیین هویت تاریخی اهالی . . . . سرزمین و وضع . . . . آن نقشی انکارناپذیر خواهد داشت. (همان منبع، ص۵۸)

ب- گزینه‌ی درست را انتخاب کنید.

۱- فیلمنامه این فیلم از یک کتاب معروف . . . .

الف- القا شده است ج- قلمداد شده است
ب- اقتباس شده است د- تحریک شده است

۲- بعضی اوقات نمی‌دانم چگونه . . . . خود را بیان کنم.

الف- صدور ج- تهمت
ب- منظور د- سرچشمه

۳- اعراب به منظور . . . . دین اسلام، فرستاده‌ای به ایران فرستادند.

الف- ره‌آورد ج- فغان
ب- صدور د- داد و ستد

۴- اشکال . . . . شما این است که به قضاوت مردم می‌پردازید.

الف- مرفه ج- اساسی
ب- شایان د- شگرف

۵- ذوق سرشار او در هنر از اجداد هنرمند و نقاشش . . . .

الف- داغ نهاده است ج- اقتباس گرفته است
ب- تهمت زده است د- سرچشمه گرفته است

نگارش

الف- متن زیر را بخوانید و سپس آن را با استفاده از فرهنگ لغات و با کلمات خودتان بازنویسی کنید.

این دوره‌ی زمانی را از لحاظ وجود منابع مستند و آثار و بقایای موثق، به چهار دوره تقسیم می‌کنیم: دوره‌ی کهن و عیلامی، دوره‌ی مادها و پارس‌ها (هخامنشیان)، دوره‌ی پارت‌ها (اشکانیان)، و دوره‌ی ساسانیان. به جهت محدودیت‌های عمده در ارایه‌ی مدارک قابل استناد، تکیه‌ی غالب محققان و مردم‌شناسان بر آثار

و شواهد باستانی اندکی بوده که متأسفانه تقریباً محدود به پوشاک خاندان‌های سلطنتی از قبیل درباریان، روحانیان درباری، سرداران نظامی، و به ندرت خنیاگران وابسته به دربار می‌شود، و همچنین برخی اشارات نویسندگان قدیمی نظیر هرودوت، گزنفون و دیودوروس، که در آن‌ها هم تنها به نکاتی از پوشاک شاهان، نظامیان و برخی وابستگان آن‌ها پرداخته شده است. در این میان نقش حجاری‌های باستانی، کنده‌کاری‌ها و نقوش کنده شده بر روی ظروف، سفالینه‌ها، مُهرها، و مسکوکات ادوار گوناگون، در کنار اندک بقایای برجای مانده از مقابر و منسوجات کهن، حایز اهمیت بسیار است. چراکه در غیاب همین اندک آثار، تکیه‌ی صرف برگفته‌ها و مشاهدات نویسندگان قدیمی که هیچ یک ایرانی نبودند، نه تنها تجسمی دقیق و واضح از نوع و سبک پوشاک آن دوران به دست نمی‌دهد، بلکه از بسیاری جهات گمراه کننده و متناقض نیز می‌باشد. (همان منبع، ص۱۱)

باید جوانب متعدد این مقوله را از زوایایی جدید و با تیزبینی بررسی کرد. باید دید که چگونه می‌توان با مطالعه‌ی همه جانبه درباره‌ی پوشاک، حقایق تاریخی، نحوه‌ی زندگی طبقات اجتماعی، رسوم و باورها، نقش دین در حیات مردم، خلاقیت‌های هنری، تقلید از همسایگان، و تأثیرگذاری بر دیگران، و در یک کلام «زبان پوشاک» در ایران زمین را بررسی کرد.

شاید اساسی‌ترین پرسش هر پژوهنده‌ای این باشد که چرا در طی ۲۵ قرن تاریخ اخیر این مملکت آن‌چه از اطلاعات تاریخی به جا مانده، همه درباره‌ی اعیان و اشراف و زندگی آن‌هاست؟ چرا هر اثر هنری بر جای مانده، از کاسه و بشقاب و کوزه گرفته تا سکه و سنگ و ستون، صرفاً به «بلندپایگان جامعه» پرداخته؟ چگونه است که هر اثر مکتوب باقی مانده، از مورخان خارجی و داخلی تا کتیبه‌های میخی و کوفی و سغدی درباره‌ی شاهان، موبدان، خلفا و سرداران سخن می‌گوید؟ آیا می‌توان هیچ برداشت دقیقی از وضعیت «توده‌ی مردم» بر پایه‌ی این اطلاعات کرد؟ به طور مثال، آیا سبک پوشاک مردم عادی، شکلی ساده‌تر و مشابه البسه‌ی منقوش طبقات مرفه داشته است، یا به طور کلی از طرحی متفاوت با آن برخوردار بوده؟ تأثیر اقوام مهاجم، و تأثیر مدهای وارداتی، بر جامه‌ی پیکره‌ی اصلی جامعه‌ی ایرانی چگونه بوده است؟ . . . و ده‌ها سؤال دیگر از این قبیل در خصوص بخشی دیگر از اجتماع ما یعنی «زنان» که همواره در تاریخ ما «گم» بوده‌اند، مطرح است؛ هرچند که اطلاعات اندکی از الهه‌ها، شهبانوها، و رقاصه‌ها در دست است.

باید توجه داشت که تأثیرات خواسته یا ناخواسته‌ی حوادث بنیادین و تکان‌دهنده در تاریخ کشور ایران، بر فرهنگ عمومی از جمله «نحوه‌ی پوشاک» مردم ما، کم نبوده است. این عوامل عبارت‌اند از: وضع نظام طبقاتی قبل از اسلام؛ تأثیر تعلیمات دین زردشت و نفوذ پیشوایان مذهبی؛ سلطه‌ی یونانیان و حضور طولانی مدت فرهنگ آنان در ایران؛ تنوع کم‌نظیر اقوام متعدد و متنوع در این سرزمین؛ حمله‌ی اعراب و تحولات ریشه‌ای حاصل از آن؛ تأثیر متقابل فرهنگ ایرانی در فرهنگ جدید؛ تأثیر استیلای مغولان، ترکان، افغان‌ها، اروپاییان . . . و در دوران معاصر؛ نقش ارتباطات، فرهنگ غرب، سیاست‌گذاری‌ها و الزامات دولتی نظیر کشف حجاب یا برقراری مجدد آن پس از انقلاب اسلامی؛ و امروزه، «دهکده‌ی جهانی» و تأثیرات شگرف آن بر جامعه. (همان منبع، ص۹۰-۹۱)

ب- پوشاک باستانی و پوشاک عصر حاضر در کشورتان را مقایسه کنید و در این مورد مقاله‌ای بنویسید که شامل یک مقدمه، سه پاراگراف متن اصلی و یک نتیجه‌گیری باشد.

ج- در متن اصلی درس، زیر طولانی‌ترین جمله خط بکشید. سپس جملات تشکیل دهنده‌ی آن را مشخص کنید. بعد از آن، هر یک از آن جملات را تجزیه و تحلیل نحوی و دستوری کنید. نهاد و گزاره را مشخص کنید. فاعل و مفعول و فعل را معین کنید. و بعد عبارات اسمی و وصفی و قیدی و . . . را تجزیه و تحلیل نمایید.

شعر: جامی

نورالدّین عبدالرحمان بن احمد جامی (۱۴۱۴-۱۴۹۲) شاعر پارسی‌گوی ایرانی است. جامی آثار متعددی در زمینه‌ی تصوف و عرفان، کلام و عقاید، حدیث و ادب دارد. از آثار ادبی او می‌توان به هفت اورنگ اشاره کرد.

عشق

رونق ایام جوانیست عشق — مایه کام دو جهانیست عشق
میل تحرک به فلک عشق داد — ذوق تجرد به ملک عشق داد
چون گل جان بوی تعشق گرفت — با گل تن رنگ تعلق گرفت
رابطه جان و تن ما ازوست — مردن ما زیستن ما ازوست
علوی و سفلی همه بند ویند — پست شو قدر بلند ویند
مه که به شب نوردهی یافته — پرتوی از مهر بر او تافته
خاک ز گردون نشود تابناک — تا اثر مهر نیفتد به خاک
چون به تن آزاده ز مهر است دل — سنگ سیاهیست در آن تیره گل
هر که نه در آتش عشق است غرق — از دل او تا به صنوبر چه فرق
کار صنوبر چو بود غافلی — از غم عشق، او که و صاحبدلی
زندگی دل به غم عاشقیست — تارک جان بر قدم عاشقیست

الف- در مورد شاعر فوق تحقیق کنید و نتیجه‌ی تحقیقتان را در یک صفحه خلاصه کنید.

ب- شعر بالا را در اینترنت جستجو کنید و نحوه‌ی صحیح خواندن آن را تمرین کنید. سپس سعی کنید چند بیت آن را حفظ کنید.

ج- در شعر فوق، چه آرایه‌ها یا صنایع ادبی‌ای اعم از لفظی و معنوی به کار رفته؟ چند نمونه را ذکر کنید؟ آیا تشبیهات و استعاره‌ها و دیگر صنایع ادبی به کار رفته در شعر بالا در زبان شما وجود دارد یا خیر؟

ضرب‌المثل
فیلش یاد هندوستان کرده

توضیح:

فیل از جانورانی است که در دنیا، در محل‌هایی به خصوص، از جمله هندوستان زندگی می‌کند. گاهی اوقات فیل‌ها را از محل زندگی خارج و به جاهای دیگر می‌برده‌اند.

کاربرد:

وقتی کسی از وطن خود دور شود احساس دلتنگی می‌کند. این مثل برای بیان چنین دلتنگی‌ای به کار می‌رود. همچنین این مثل در مورد کسی که به یاد خاطرات خوش گذشته می‌افتد به کار می‌رود.

الف- یک داستان یا گفتگو بنویسید و از ضرب‌المثل بالا در آن استفاده کنید.

ب- نزدیک‌ترین معادل ضرب‌المثل بالا در زبان شما چیست؟

درس بیستم

نمادپردازی در تخت جمشید

به صورت ساده می‌توان نماد[1] را چنین تعریف کرد: نماد عبارت از نوعی نشانه، علامت، صورت یا قالبی است که مفهومی[2] فراتر[3] از معنی و مفهوم آشکارش[4] دارد. به عبارت دیگر نماد، به مفهومی متفاوت و بیش از آن‌چه به ظاهر نمایانگر آن است دلالت دارد.[5] برای مثال علامت † با بازوهایی که طول آن‌ها با هم متفاوت است، نماد صلیب یا مسیحیت دانسته می‌شود و در سطح جهانی تقریباً شناخته شده است. برخی از نمادها در سطح جهانی شناخته شده هستند، در حالی‌که بسیاری از نمادها جنبه‌ی قاره‌ای، منطقه‌ای یا قومی دارند.

باید توجه داشت که در هر یک از انواع هنرها به گونه‌ای متناسب با آن هنر به نمادپردازی توجه می‌شود و همچنین نمادها از لحاظ نوع و صورت به انواع گوناگونی قابل طبقه‌بندی هستند که برخی از آن‌ها را به این ترتیب می‌توان نام برد: نمادهای عددی، هندسی، کیهانی، جانوری و گیاهی.

منظور از نمادهای عددی، برخی از اعداد مقدس و نمادین مانند اعداد ۳، ۴، ۷ و ۱۲ هستند. نمادهای هندسی عبارت از شکل‌های خاص هندسی مانند مربع و دایره هستند. نمادهای کیهانی[6] برخی از ستارگان مانند خورشید و ماه، نمادهای جانوری مانند شیر، گاو، عقاب، فیل، . . . و نمادهای گیاهی مانند گل نیلوفر، درخت سرو و امثال آن هستند. چنان که اشاره شد ساکنان هر سرزمین یا پیروان هر دین یا آئین متناسب با ویژگی‌های فرهنگی و سرزمین خود، شماری نماد عددی، کیهانی، جانوری یا گیاهی داشته یا دارند و نمادی که در یک فرهنگ یا سرزمین مقدس به شمار می‌آید، ممکن است در فرهنگ یا سرزمین دیگر مقدس نباشد.

در یک تعریف ساده می‌توان فعالیت هنری را فعالیتی دانست که منجر به خلق اثری شود که افزون بر کارکرد یا کارکردهای احتمالی نخستین، دارای کارکردی آئینی، اجتماعی، یا زیبایی‌شناسانه باشد. به عبارت دیگر اثری را می‌توان اثر هنری دانست که صرفاً به دلایل کارکردی و کاربردی برای رفع نیازهای اولیه و ضروری خلق

[1] نماد = سمبل
[2] مفهوم = معنا
[3] فراتر = برتر
[4] آشکار = نمایان
[5] دلالت داشتن = حاکی بودن
[6] کیهانی = فضایی

نشده باشد، بلکه هدف از آفرینش آن تأمین برخی از نیازهای روانی، زیبایی‌شناسانه یا آئینی و آرمانی یا به عبارت دیگر انتقال مفاهیم عالی انسانی، زیبایی‌شناسانه، آیینی و آرمانی باشد. به این ترتیب می‌توان اظهار داشت در هر اثر هنری مفهومی نهفته[۷] است که، متناسب با هدف یا اهدافی که در خلق اثر وجود داشته، آن را به سه گونه: ساده، ضمنی[۸] و نمادین می‌توان طبقه‌بندی کرد. مفهوم ساده، مفهومی آشکار است که به سادگی قابل درک[۹] است. برای مثال وقتی در یک متن ادبی اشاره می‌شود که «احسان شیری را در باغ وحش دید». مفهوم این عبارت روشن و ساده است و بیش از یک مفهوم در ذهن شنونده ایجاد نمی‌شود. اما هنگامی که گفته می‌شود «شیر سلطان جنگل است». یک مفهوم ضمنی وجود دارد، زیرا در واقعیت بیرونی چنین نیست اما به طور ضمنی و استعاری شیر را به عنوان سلطان جنگل در داستان‌ها مثال می‌زنند. بنابراین در این عبارت یک مفهوم ساده وجود ندارد.

حال اگر در یک متن ادبی چنین آورده شود: «حضرت علی (ع) شیر خداست» با یک مفهوم نمادین روبه‌رو هستیم. زیرا باید توجه داشت که شیر در فرهنگ و هنر ایران نماد قدرت و نیروهای خیر است و هنگامی که ما شیعیان، امام و پیشوای خود را به این صورت نیز مورد اشاره قرار می‌دهیم، به این مفهوم است که عالی‌ترین صفات و ویژگی‌هایی را که برای نماد نیروهای سودمند و نیک قائل هستیم به ایشان نسبت می‌دهیم. به همین ترتیب هنگامی که در دوران کهن شیر و خورشید در کنار یکدیگر به عنوان نماد قدرت مورد استفاده قرار می‌گرفت، ارتباط و مفهوم این دو را باید به عنوان ارتباط و مفهومی نمادین در نظر گرفت، زیرا شیر نمادِ جانوری نیروهای متعالی و خورشید نمادِ کیهانی همان نیروها بود.

هنر معماری و نمادپردازی در آن: معماری را می‌توان ترکیبی از دانش، فن و هنر دانست که متناسب با اهداف، امکانات و فرایند آفرینش اثر، انواع گوناگونی از فضاها پدید می‌آید. برخی از آن‌ها تنها جنبه‌ی کارکردی دارند و به عنوان سرپناه[۱۰] یا فضایی برای انجام فعالیتی معین طراحی و ساخته می‌شدند. در این‌گونه از آثار معماری تنها به عنوان یک فن و مهارت مطرح می‌شود و به بنایی و عمران بسیار نزدیک می‌شود اما در طراحی بعضی از فضاها مانند برخی از نیایشگاه‌ها و مزارها به الگوهای آرمانی و آئینی توجه می‌شود و جنبه‌ی کارکردی اهمیت بسیار اندکی دارد. در این موارد، معماری به عنوان هنری متعالی مطرح می‌شود که با بنّایی و عمران بسیار فاصله می‌گیرد.

در یک طبقه‌بندی کلی می‌توان انواع فضاهای معماری را به سه گونه تقسیم کرد: ۱) فضاهای کارکردی؛ ۲) فضاهای کارکردی-هنری؛ ۳) فضاهای آئینی-آرمانی.

فضاهای کارکردی انواع گوناگونی از فضاها و بناهایی را در برمی‌گیرد[۱۱] که در طراحی و ساخت آن‌ها تنها به جنبه‌های کارکردی توجه می‌شود و کم‌تر جنبه‌های هنری فضا مورد عنایت[۱۲] قرار دارد. در گذشته بسیاری

[۷] نهفته = پنهان
[۸] ضمنی = استعاری
[۹] درک = فهم
[۱۰] سرپناه = پناهگاه
[۱۱] دربرگرفتن = شامل شدن
[۱۲] عنایت = توجه

از واحدهای مسکونی، کاروانسراها، قلعهها و حمامها در معماری سنتی از اینگونه به شمار میآمدند. برای طراحی و ساخت بسیاری از این فضاها نیاز به دانش معماری در سطح پیشرفته وجود نداشت و در مواردی بنایان میتوانستند با الگوبرداری از نمونههای موجود زمان خود، اقدام به طراحی و ساخت این آثار نمایند.

فضاهای کارکردی-هنری در طراحی و ساخت بعضی از فضاهای معماری نه تنها به کارکرد بنا بلکه به جنبههای هنری و زیباییشناسانهی آن نیز توجه میشد، برخی از واحدهای مسکونی به ویژه واحدهای مسکونی اعیاننشین،^{۱۳} کاخها، باغها و برخی از فضاهای عمومی و آئینی مانند مدارس علمیه و مساجد از اینگونه به شمار میآیند. طراحی اینگونه از بناها غالباً توسط معماران صورت میگرفت. در طراحی این فضاها علاوه بر جنبههای کارکردی به خصوصیات هنری و زیبایی فضای ساخته شده توجه میشد.

فضاهای آئینی-آرمانی در طراحی بعضی از فضاهای معماری مانند برخی از بناهای آئینی و آرمانی همچون نیایشگاهها، مساجد جامع و مزارها و شمار معدودی از کاخها و فضاهای حکومتی-آئینی از الگوهای آرمانی و نمادپردازیهای هنری و آئینی بهره میبردند.

برای روشن شدن موضوع مثالی آورده میشود. طرح چهارایوانی، یکی از طرحهای مهم در طراحی معماری ایران به شمار میآید. یکی از کهنترین آثار معماری که دارای طرح چهار ایوانی درونگراست، کاخی در آشور از دورهی اشکانی است. این طرح که عبارت از فضایی ساخته شده در پیرامون^{۱۴} حیاطی مرکزی با چهار ایوان در امتداد محورهای متقارن حیاط است، در دوران اسلامی حداقل از دورهی غزنویان دوباره مورد توجه قرار گرفت و تا آخر دورهی قاجار همواره نه تنها در بسیاری بناهای دینی، آئینی و برخی از کاخهای حکومتی-آئینی، بلکه در بسیاری از بناهای عمومی مانند کاروانسراها مورد استفاده قرار میگرفت.

به این ترتیب معماری در عالیترین صورت به عنوان هنری متعالی^{۱۵} مطرح است که در آن برای تجلی برخی از آرمانها، آئینها و شعائر از نمادپردازی استفاده میشده است. (سلطانزاده، حسین. تخت جمشید: از ایران چه میدانم؟. ج۳. تهران: دفتر پژوهشهای فرهنگی. ۲۰۱۱. ص۱۰۵-۱۰۹)

درک مطلب

به پرسشهای زیر پاسخ کامل بدهید.

۱- نماد چیست؟

۲- نمادهای عددی کدام است؟

۳- نمادهای هندسی کدام است ؟

۴- مفهومهای نهفته در یک اثر هنری چیست؟

۵- انواع فضاهای معماری را توضیح دهید.

---

^{۱۳} اعیان = ثروتمندان = اغنیا = متمولین

^{۱۴} پیرامون = اطراف

^{۱۵} متعالی = والا

تمرین با کلمات

الف- جاهای خالی در متن زیر را با کلمات مناسب پر کنید.

تخت جمشید را می‌توان مشهورترین مجموعه از . . . . باستان در ایران به شمار . . . . که در سطح جهانی . . . . کاملاًشناخته شده است. . . . . این مجموعه در دروه‌ی داریوش هخامنشی . . . . حدود سال‌های ۵۱۸ تا ۵۲۰ پیش از میلاد شروع . . . . و در دوره‌ی پسر . . . . ، خشایارشاه نیز ادامه . . . . در دوره‌ی پادشاهان بعدی هخامنشی . . . . فعالیت‌هایی در زمینه‌ی توسعه‌ی این مجموعه صورت . . . . یکی از ویژگی‌های این مجموعه این . . . . که پیش و پس از آن، مجموعه‌ای . . . . آن عظمت در تاریخ ایران . . . . نشده و هنوز هم منحصر به . . . . است. ویژگی مهم دیگر تخت جمشید این است . . . . بزرگ‌ترین و مهم‌ترین مجموعه‌ی طراحی . . . . از دوران باستان است . . . . ، افزون بر عظمت و . . . . ، جنبه‌ای آئینی نیز داشته است. البته در . . . . زمینه نظریه‌های گوناگونی وجود دارد. برخی از پژوهشگران اظهار . . . . که تخت جمشید یک جایگاه صرفاً . . . . و مذهبی بوده است، در حالی . . . . در این متن نشان . . . . شده که تخت جمشید گونه‌ای . . . . دژهای حکومتی-تشریفاتی و سکونتی . . . . که از لحاظ آئینی نیز . . . . داشته است. بازتاب نمادگرایی آئینی را . . . . تنها در نقشه‌ی بناها و طراحی مجموعه، بلکه در . . . . نقوش نیز می‌توان مشاهده کرد. . . . . مثال در چند مورد . . . . حجاری‌ها از نقش شیر و گاو استفاده . . . . است که شیر را در . . . . غلبه بر گاو نشان می‌دهد. با . . . . به آن که شیر . . . . تابستان، نور و . . . . ؛ و گاو نماد . . . . ، تاریکی و ظلمت بوده است، . . . . ترکیبی را می‌توان . . . . نوروز دانست که . . . . فرا رسیدن تابستان و . . . . شدن یا مغلوب شدن زمستان است و . . . . مفهوم وسیع‌تر، می‌توان کنش متقابل آن دو . . . . نماد هستی و آفرینش . . . . شمار آورد. به همین . . . . در شکل نقشه‌ی آپادانا . . . . نوعی نمادپردازی عالی را . . . . مشاهده کرد که مجموع ستون‌های . . . . نیز، که ۷۲ است، تأییدی . . . . همین نمادپردازی است. (همان منبع، ص۷)

ب- گزینه‌ی درست را انتخاب کنید.

۱-   سؤالات .... مطلب در یادگیری، روشی بسیار مؤثر می‌باشند.

الف- نماد   ج- مفهوم
ب- درک   د- ضمن

۲-   در دل هر صدف مرواریدی ....

الف- در دل برگرفته است   ج- نهفته است
ب- دلالت دارد   د- عنایت دارد

۳-   در آخر نامه بنویس: از .... و توجه شما کمال سپاسگزاری را دارم.

الف- عنایت   ج- درک
ب- نماد   د- مفهوم

۴-   هر انسانی نیاز به .... دارد که از خطرات طبیعی مصون بماند.

الف- عنایت   ج- کیهان
ب- سرپناه   د- پیرامون

۵-   اکنون می‌توانید سؤالات خود را .... مطلب مورد بحث مطرح نمایید.

الف- نهفته در   ج- پیرامون
ب- در ضمن   د- آشکارا

نگارش

الف- متن زیر را بخوانید و سپس آن را با استفاده از فرهنگ لغات و با کلمات خودتان بازنویسی کنید.

نمادپردازی در تخت جمشید: در طراحی تخت جمشید از انواع گوناگون نمادپردازی استفاده شده است که از آن جمله به اختصار به نمادپردازی‌های هندسی، عددی، جانوری و گیاهی می‌توان اشاره کرد. در زمینه‌ی نمادپردازی هندسی باید به طرح کاخ آپادانا اشاره شود. در این کاخ که به عنوان تالاری آئینی-تشریفاتی مورد استفاده قرار می‌گرفت از نقشه‌ای خاص استفاده شده است.

نقشه‌ی این کاخ از مربعی تشکیل شده که فضای آن توسط چهار خط متقاطع به طرحی چلیپاگونه تقسیم شده است به گونه‌ای که چهار فضای مربع شکل در چهار کنج تالار و چهار ایوان برون‌گرا در چهار سمت فضای

مرکزی که به شکل مربع است ایجاد شده است. به عبارت دیگر مربع اصلی تالار به پنج فضای مربع شکل و چهار ایوان مستطیل شکل تجزیه شده است که ایوانی که در جبهه‌ی جنوبی قرار دارد به سبب آن‌که به سمت کاخ‌های کوچک‌تر سکونتگاهی است، به فضاهایی کوچک تقسیم شده و از شکل ایوان خارج شده است. همین طرح در کاخ آپادانا در شوش به کار رفته بود.

این طرح ساختار فضاهای چهار ایوانی برون‌گرا و چهار ایوانی درون‌گرا را شکل می‌دهد. کاخ آپادانا را در زمینه‌ی نمادپردازی عددی نیز می‌توان به عنوان نمونه‌ای عالی به شمار آورد و با اطمینان اظهار داشت که اعداد مورد استفاده در آن اتفاقی نبوده است. این کاخ هفتاد و دو ستون دارد که از مجموع ستون‌های سه ایوان که سی و شش عدد است با مجموع ستون‌های تالار مرکزی که آن هم سی و شش عدد است تشکیل شده است. ترکیب دوازده تایی سه ایوان پیرامون کاخ نیز بدون ارتباط با تقدس عدد دوازده نبوده است.

یکی از علل اساسی تقدس یافتن عدد دوازده، تعداد دفعه‌های حرکت ماه به دور زمین است. هنگامی که ماه دوازده مرتبه دور زمین بگردد، یک سال می‌گذرد، و این نکته‌ی نسبتاً آشکار و مهمی بود که بشر به زودی و به سادگی به آن پی برد و گمان کرد که در شمار حرکت ماه تقدسی وجود دارد. این شمار حرکت ماه موجب شد که تقسیم‌بندی سال بر همین اساس صورت گیرد و افزون بر آن، تقسیم‌بندی هر روز نیز با ضریبی از دوازده (۱۲×۲) صورت گرفت. عدد دوازده و مشتقات آن، مانند شش و نیز بیست و چهار، سی و شش و هفتاد و دو از اعداد مقدسی بودند که در بسیاری از موارد مورد استفاده قرار می‌گرفتند. از جمله یکی از کهن‌ترین متون و شواهد باستانی، اسطوره‌ی گیل گمش است که پیشینه‌ی آن به چند هزار سال پیش از میلاد می‌رسد و متن مدون آن نیز به هزاره‌ی اول پیش از میلاد تعلق دارد. در آن اسطوره از عدد ۱۲، ۲۴، ۷۲ و ۱۲۰ استفاده شده است.

در زمینه‌ی نمادپردازی جانوری می‌توان به نقش شیر و گاو اشاره کرد. در فرهنگ کهن ایرانی شیر نماد نیروهای فعال و گاو نماد نیروهای منفعل به شمار می‌آمد و ایرانیان کهن بیشتر پدیده‌های جهان هستی را به دو گروه تقسیم‌بندی می‌کردند. در این طبقه‌بندی شیر همچنین نماد تابستان و گاو نماد زمستان بود و غلبه‌ی شیر بر گاو را حاکی از فرا رسیدن نوروز می‌توان دانست و برگزاری مراسم نوروز که بر اساس برخی از شواهد دیگر یکی از کارکردهای مهم تخت جمشید بود را شکل می‌داد.

در برخی از درگاه‌ها نقوشی از جانوران افسانه‌ای حجاری شده که پادشاه در نبرد با آن‌ها در حال غلبه کردن دیده می‌شود و این نکته نمایانگر قدرت و توانایی پادشاه بوده است.

در زمینه‌ی نمادپردازی گیاهی باید اشاره شود که از درخت سرو یا کاج که همیشه سبز است و مظهر جاودانگی و حیات به شمار می‌آمد و همچنین از گل نیلوفر که ریشه در زمین و ساقه در آب و گل و برگ آن رو به آسمان و آفتاب است، استفاده شده است. گل‌های دوازده‌پر نیز در برخی از حاشیه‌ها مورد استفاده قرار گرفته است. (همان منبع، ص۱۰۹-۱۱۱)

ب- در مورد نمادهای فرهنگی در کشورتان مقاله‌ای بنویسید که شامل یک مقدمه، سه پاراگراف متن اصلی و یک نتیجه‌گیری باشد.

ج- در متن اصلی درس، زیر طولانی‌ترین جمله خط بکشید. سپس جملات تشکیل دهنده‌ی آن را مشخص کنید. بعد از آن، هر یک از آن جملات را تجزیه و تحلیل نحوی و دستوری کنید. نهاد و گزاره

را مشخص کنید. فاعل و مفعول و فعل را معین کنید. و بعد عبارات اسمی و وصفی و قیدی و . . . را تجزیه و تحلیل نمایید.

شعر: هاتف اصفهانی
سید احمد حسینی متخلص به هاتف (د ۱۷۸۳) شاعر پارسی‌گوی ایرانی است. در خانواده‌ای آذری ساکن اصفهان متولد شد. در همه‌ی قالب‌ها شعر می‌سرود. او از حافظ و سعدی بسیار تأثیر پذیرفت. هاتف علاوه بر زبان فارسی به عربی نیز شعر می‌سرود.
که یکی هست و هیچ نیست جز او

ای فدای تو هم دل و هم جان — وی نثار رهت هم این و هم آن
دل فدای تو، چون تویی دلبر — جان نثار تو، چون تویی جانان
دل رهاندن ز دست تو مشکل — جان فشاندن به پای تو آسان
راه وصل تو، راه پرآسیب — درد عشق تو، درد بی درمان
بندگانیم جان و دل برکف — چشم بر حکم و گوش بر فرمان
گر سر صلح داری، اینک دل — ور سر جنگ داری، اینک جان
دوش از شور عشق و جذبه شوق — هر طرف می شتافتم حیران
آخر کار، شوق دیدارم — سوی دیر مغان کشید عنان
چشم بد دور، خلوتی دیدم — روشن از نور حق، نه از نیران
هر طرف دیدم آتشی کان شب — دید در طور موسی عمران
پیری آنجا به آتش افروزی — به ادب گرد پیر مغبچگان
همه سیمین عذار و گل رخسار — همه شیرین زبان و تنگ دهان
عود و چنگ و نی و دف و بربط — شمع و نقل و گل و مل و ریحان
ساقی ماه‌روی مشکین موی — مطرب بذله گوی و خوش الحان
مغ و مغ‌زاده، موبد و دستور — خدمتش را تمام بسته میان
من شرمنده از مسلمانی — شدم آن جا به گوشه‌ای پنهان
پیر پرسید کیست این؟ گفتند: — عاشقی بی‌قرار و سرگردان
گفت: جامی دهیدش از می ناب — گرچه ناخوانده باشد این مهمان
ساقی آتش‌پرست آتش دست — ریخت در ساغر آتش سوزان
چون کشیدم نه عقل ماند و نه هوش — سوخت هم کفر از آن و هم ایمان
مست افتادم و در آن مستی — به زبانی که شرح آن نتوان

این سخن می‌شنیدم از اعضا ⬩ همه حتی الورید و الشریان

که یکی هست و هیچ نیست جز او ⬩ وحده لا اله الا هو

الف۔ در مورد شاعر فوق تحقیق کنید و نتیجه‌ی تحقیقتان را در یک صفحه خلاصه کنید.

ب۔ شعر بالا را در اینترنت جستجو کنید و نحوه‌ی صحیح خواندن آن را تمرین کنید. سپس سعی کنید چند بیت آن را حفظ کنید.

ج۔ در شعر فوق، چه آرایه‌ها یا صنایع ادبی‌ای اعم از لفظی و معنوی به کار رفته؟ چند نمونه را ذکر کنید؟ آیا تشبیهات و استعاره‌ها و دیگر صنایع ادبی به کار رفته در شعر بالا در زبان شما وجود دارد یا خیر؟

ضرب‌المثل

بگذار در کوزه، آبش را بخور

توضیح:
در گذشته روی کوزه‌های آب چیزی می‌گذاشتند که خیلی ارزش نداشته باشد، اما جلو ورود گرد و خاک به داخل کوزه را بگیرد.

کاربرد:
هرگاه بخواهند از چیزی حرف بزنند که ظاهراً ارزش زیادی ندارد اما در واقع بی اهمیت و بی ارزش هم نیست، از این ضرب المثل استفاده می کنند.

الف۔ یک داستان یا گفتگو بنویسید و از ضرب‌المثل بالا در آن استفاده کنید.

ب۔ نزدیک‌ترین معادل ضرب‌المثل بالا در زبان شما چیست؟

درس بیست و یکم

نوروز

در این گفتار کوتاه و فشرده، تأویل[۱] و تحلیلی مردم‌شناسانه درباره‌ی رفتارهای آئینی و آرمانی نوروز بر بنیاد انگاره‌های[۲] ذهنی مردم جامعه‌ی ایران ارائه خواهد شد.

در جامعه‌های کهن و ابتدایی و جامعه‌های سنتی کنونی، شماری از رفتارهای فرهنگی و آئینی مردم با گذر و انتقال برخی از پدیده‌های طبیعی از وضع و حالتی به وضع و حالتی دیگر، یا انتقال انسان از یک پایگاه اجتماعی به پایگاهی دیگر پیوند دارد. در ساخت و قالب بیشتر این رفتارها سه دوره یا مرحله‌ی «جدا شدن» یا «گسستن»؛ «جداگزینی» یا «گذار» و «انتقال»؛ و «پیوستگی» یا «همبستگی» را می‌توان شناخت و از یکدیگر تمیز داد.[۳] این مراحل سه‌گانه را که بازتابنده‌ی دگرگونی در روند زندگی اجتماعی فردی یا گروهی در جامعه است، آرنولد ون-ژنپ، مردم‌شناس و فلکلریست فرانسوی (۱۸۷۳-۱۹۵۷م)، اصطلاحاً «مناسک گذر» نام نهاده است. مناسک گذر در بسیاری از رسم‌ها و آداب مربوط به زناشویی،[۴] آبستنی،[۵] بلوغ،[۶] مرگ و نوشدگی سال در میان قوم‌های مختلف جهان به خوبی مشاهده می‌شود.

نوروز زمان نوگشتن سال و زمان باززایی و تجدید[۷] حیات طبیعت، و آغاز رستاخیز[۸] مردگان و زندگان در تکرار نوبتی آفرینش، و آغاز یک زندگی نوین دیگر است. با نوروز همه چیز تجدید و نو می‌شوند. زندگی در طبیعت و پدیده‌های طبیعی، و زندگی در شکل اجتماعی جماعات مردم رنگ و جلایی[۹] نو می‌گیرد.

[۱] تأویل = تعبیر و تفسیر

[۲] انگاره = تصورات = پندارها

[۳] تمیز دادن = فرق گذاشتن = تشخیص دادن

[۴] زناشویی = ازدواج

[۵] آبستنی = حاملگی

[۶] بلوغ = رسیدن به سن رشد

[۷] تجدید = نو شدن

[۸] رستاخیز = قیام = به پا خواستن = قیامت

[۹] جلا = درخشش

سال با زمستان افسرده‌اش[۱۰] می‌میرد و دوباره در بهار سبزینه‌اش می‌روید و می‌شکوفد.[۱۱] گیاهان رویش[۱۲] دوباره آغاز می‌کنند. حیوانات حیات جنسی خود را برای زایشی[۱۳] دیگر از سر می‌گیرند.[۱۴] روان[۱۵] مردگان از جهان مردگان به جهان زندگان باز می‌گردد. زندگان نیز همراه با نوشدگی سال خروج می‌کنند و به ساحت[۱۶] دیگر از حیات طبیعی و اجتماعی گام می‌نهند.[۱۷]

آمدن نوروز و نوشدگی سال، و تجدید حیات رستنی‌ها[۱۸] و رویش دوباره‌ی گیاهان و نباتات[۱۹] را مردم با راه انداختن پیک‌های[۲۰] نوروزی و کاشتن و رویاندن دانه‌های گیاهی و آتش زدن بوته و خار و شاخه‌های خشک و مرده‌ی درختان در چهارشنبه سوری اعلام می‌کنند.

در آئین‌های نوروزی که از چند روز پیش از گردش سال تا روز سیزده فروردین ادامه می‌یابد، مردم همراه طبیعت، گذاری[۲۱] رمزگونه[۲۲] از یک مرحله‌ی حیات به مرحله‌ای دیگر دارند.

در آغاز این گذار مردم با خانه تکانی و پلشت[۲۳] زدایی در روزهای پایانی سال کهنه، از آنچه رنگ فرسودگی و کهنگی و سیاهی دارد، جدا می‌شوند و دوری می‌گزینند.[۲۴] آداب پیشواز نوروز رفتن:[۲۵] مانند غبارروبی و پاکسازی خانه و محیط زیست (خانه‌تکانی)، شکستن و دور افکندن کوزه‌های سفالین کهنه‌ی آب‌خوری، نو کردن اسباب و اشیای کهنه و فرسوده و ناکارآمد،[۲۶] سفید کردن ظروف مسین دودگرفته، سفید و نقاشی کردن دیوارهای خانه، تطهیر[۲۷] و پاکیزه کردن سر و تن و جامه[۲۸] و کنار گذاشتن جامه‌های

[۱۰] افسرده = پژمرده = دلتنگ
[۱۱] شکوفتن = شکوفیدن = گشوده شدن
[۱۲] رویش = روییدن
[۱۳] زایش = زاییدن
[۱۴] از سر گرفتن = دوباره آغاز کردن
[۱۵] روان = روح
[۱۶] ساحت = ناحیه = فضا
[۱۷] گام نهادن = قدم گذاشتن = وارد شدن
[۱۸] رستنی‌ها = گیاهان
[۱۹] نباتات = گیاهان
[۲۰] پیک = قاصد = نامه‌بر
[۲۱] گذار = عبور
[۲۲] رمزگونه = اسرارآمیز
[۲۳] پلشت = آلوده
[۲۴] دوری گزیدن = اجتناب کردن
[۲۵] پیشواز رفتن = به استقبال رفتن
[۲۶] ناکارآمد = غیرقابل استفاده = به درد نخور
[۲۷] تطهیر = پاکیزگی
[۲۸] جامه = لباس

کهنه و ژنده[۲۹] و پوشیدن جامه‌های نو و پاکیزه، گندزدایی خانه با سوزاندن و دود کردن اسفند و کندر[۳۰] و افشاندن[۳۱] بوی خوش، آتش زدن و سوزاندن خار و خاشاک و شاخه‌های خشک درختان در شب آخر سال یا شب چهارشنبه سوری، و تعطیل و متوقف کردن کار و فعالیت‌های اجتماعی و اقتصادی معمول روزانه در آخرین روزهای عمر و سال کهنه، همه نشانه و مظهر خیزش[۳۲] جمعی مردم در پلشت‌زدایی و نابودی ارواح زیانکاری[۳۳] است که در سیاهیِ کهنگی و مرگ آشیانه گزیده‌اند.[۳۴] این‌ها همه نشانه‌ی مرحله‌ی «جدا شدن» انسان از تباهی و سیاهکاری و زندگی گذشته در سال کهنه و دور ساختن ارواح خبیث[۳۵] و زیانکار از فضای زیست در سال نو است.

مرحله‌ی دیگر این گذر، مرحله‌ی «جداگزینی» از سال کهنه و دوره‌ی انتقال از زندگی قدیم به زندگی تازه در سال نو است. دوره‌ی انتقال، ۱۲ روز، از زمان تحویل سال تا آخر روز دوازدهم فروردین، به درازا می‌کشد. در این دوره، مردم اوقات خود را در خانه‌ها و در میان اعضای خانواده و دودمان[۳۶] و خویشاوندان و با دید و بازدید یکدیگر می‌گذرانند.

این دوره را مردم با یاد مردگان خود در شب سال نو آغاز می‌کنند و رستاخیز مردگان و بازگشت روان آن‌ها را از جهان مردگان به جهان خاکی و پیوستن به زندگان، و با هم زیستن را جشن می‌گیرند. روشن کردن فانوس و چراغ و افروختن آتش بر سر بام‌ها و بر گور مردگان، افروختن چراغ‌های خانه به هنگام آفتاب پر،[۳۷] و روشن نگه داشتن آن‌ها تا پگاه روز اول سال نو، نشانه‌هایی از رستاخیز مردگان و جشن استقبال از درگذشتگان[۳۸] است.

گستردن «خوان نوروزی» در نوروز و در آغاز دوره‌ی «جداگزینی»، نماد و مظهر این دوره از مناسک[۳۹] گذر است. خوان نوروزی تمام اعضای خانواده را از دور و نزدیک به خانه فرا می‌خواند و بر سر خوان می‌نشاند. به عقیده‌ی ایرانیان زردشتی، امشاسپندان (هفت فرشته‌ی مقرب اهورامزدا) نیز که در فروردگان از جهان مینوی[۴۰] به زمین فرود می‌آیند،[۴۱] بر سر خوان نوروزی و در کنار دیگران حضور خواهند یافت. از این

[۲۹] ژنده = پاره
[۳۰] کندر = ماده‌ای خوشبو کننده
[۳۱] افشاندن = پراکندن
[۳۲] خیزش = قیام
[۳۳] زیانکار = بدکار
[۳۴] آشیانه گزیدن = زندگی کردن
[۳۵] خبیث = بد
[۳۶] دودمان = فامیل = خویشاوندان
[۳۷] آفتاب پر = غروب
[۳۸] درگذشتگان = مردگان
[۳۹] مناسک = آئین
[۴۰] مینوی = بهشتی
[۴۱] فرود آمدن = پایین آمدن

رو، خوان نوروزی نقش و کارکردی بس[۴۲] مهم در گردآوردن[۴۳] افراد خانواده و روان گذشتگان آن‌ها به دور هم، و زدودن[۴۴] گرد[۴۵] دوری[۴۶] و نفاق[۴۷] و کدورت[۴۸] میان اعضای خانواده و ایجاد صلح[۴۹] و دوستی و همبستگی میان آن‌ها دارد.

گفتنی است که تمام مردم جامعه‌هایی که به رستاخیز و معاد جسمانی اعتقاد دارند، اصل رستاخیز و بازگشت مردگان به عالم خاکی را در آغاز دوره‌ی نوینی از زمان یا نوشدگی سال و نوروز پذیرفته، و به آن باور دارند.

آرایه‌های خوان نوروزی و هفت گونه‌ی خوراکی ویژه‌ی آن، هر یک در فرهنگ ایران رمز و نشانه و بیان کننده‌ی بینش‌ها و برداشت‌های مردم از جهان و کائنات[۵۰] است. مثلاً آینه مظهر[۵۱] پاکی و یک رنگی[۵۲] و بازتابنده‌ی هستی ازلی[۵۳] و بخت[۵۴] و سرنوشت؛ شمع نشانه‌ی فروزش و روشنایی و زداینده‌ی تاریکی و سیاهی؛ تخم مرغ نماد آفرینش و زایندگی؛ ماهی و شمشاد مظهر ناهید، فرشته‌ی آب و زندگی؛ سبزه نشانه‌ی رویش و حیات؛ انار مظهر باروری و فراوانی؛ نان نماد برکت و فزونی و اسپند و سیر رماننده‌ی[۵۵] هوام[۵۶] و ارواح زیانکار و . . .

در این دوره‌ی دوازده روزه، مردم بازی‌ها و نمایش‌های ویژه‌ای برپا می‌کنند که تا روز سیزده فروردین ادامه می‌یابد و به دوره‌ی انتقال در مناسک آئینی نوروز ارتباط دارند. این بازی‌ها و نمایش‌ها دوره‌ی فروپاشی[۵۷] زمان و از میان رفتن سستی و فرسودگی طبیعت، و دوره‌ی بازآفرینی و پیدایی قدرت و نوشدگی نیروی طبیعت

[۴۲] بس = بسیاری
[۴۳] گرد آوردن = جمع کردن
[۴۴] زدودن = پاک کردن
[۴۵] گرد = غبار
[۴۶] دوری = غربت
[۴۷] نفاق = دورویی = مکر و ریا
[۴۸] کدورت = تیرگی
[۴۹] صلح = آشتی
[۵۰] کائنات = موجودات
[۵۱] مظهر = نشانگر
[۵۲] یک رنگی = صداقت
[۵۳] ازلی = همیشگی
[۵۴] بخت = نصیب = طالع = اقبال = شانس
[۵۵] رماننده = رم دهنده = دور کننده
[۵۶] هوام = پلیدی
[۵۷] فروپاشی = سقوط

را نشان می‌دهند. بازی‌های نمایشی، مانند کشتی پهلوانی، جنگ ورزاو[۵۸] و اسب‌دوانی و نمایش‌ها و مسابقه‌های دیگر از جمله نمایش‌هایی هستند که اسطوره‌ی ستیز[۵۹] میان مرگ و حیات، ناتوانی و توانایی، ایستایی[۶۰] و پویایی[۶۱] را نشان می‌دهند و نمادی از مرگ سال کهنه و آمدن سال نو هستند که با حیات تازه‌ی طبیعت و نوزایی آفرینش و پیروزی نیروی اهورایی[۶۲] بر نیروی اهریمنی[۶۳] و فروپاشی تباهی و فرسودگی همراه می‌باشند.

سرانجام مرحله‌ی پایانی مناسک گذر و انتقال، و مرحله‌ی آمادگی برای بازگشت و «پیوستن» دوباره‌ی مردم به جامعه و حیات اجتماعی و اقتصادی روزانه فرا می‌رسد. سیزده نوروز، مرز جدایی و فاصل میان دوره یا مرحله‌ی گذار و دوره و مرحله‌ی پیوستگی و همبستگی است. آئین‌های مربوط به روز سیزده فروردین یا «سیزده بدر»، از جمله بیرون رفتن دسته جمعی از خانه‌ها و پیوستن به جمع مردم دیگر، پناه گرفتن در دامن طبیعت، در آب افکندن سبزه‌های رویانده و رهایی[۶۴] از هر قید و بند اجتماعی و پرداختن به نوشکامی و بازی و شادی، برتابنده‌ی[۶۵] آشوب اجتماعی و از هم گسستگی و نوید دهنده‌ی[۶۶] فرا آمدن[۶۷] دوره‌ی نظم و قانون و سرآغاز یک زندگی جمعی به سامان[۶۸] دوباره در سال نو است.

خلاصه‌ی سخن، انسان در نوروز که با مجموعه‌ی رفتارهای نمادین رمزگونه همراه است، در یک استحاله‌ی[۶۹] درونی و بیرونی، نخست همه‌ی تعلقات[۷۰] ناپاک و نامقدس زندگی دنیوی را که از سیاهی و تباهیِ کهنگی برخاسته، از خود و فضای زیست-بومی خود می‌زداید و دور می‌سازد. سپس با نوشدگی زمان و سال و نوزایی آفرینش در طبیعت، در ساحتی معنوی و قدسی باز زاده می‌شود. آنگاه با نیرو و توانی تازه برای پذیرش وظایف و قیود اجتماعی زندگی در یک سال دیگر، آمادگی می‌یابد و آن را با سال نو آغاز می‌کند. (بلوکباشی، علی. نوروز: جشن نوزایی آفرینش: از ایران چه می‌دانم؟. ج۷. تهران: دفتر پژوهشهای فرهنگی. ۲۰۰۲. ص۱۰۵-۱۰۹)

[۵۸] جنگ ورزاو = گاوبازی
[۵۹] ستیز = جنگ
[۶۰] ایستایی = سکون
[۶۱] پویایی = جنبش
[۶۲] اهورایی = خدایی = آسمانی
[۶۳] اهریمنی = شیطانی
[۶۴] رهایی = آزادی
[۶۵] برتابنده = بازتاب
[۶۶] نوید دهنده = مژده دهنده
[۶۷] فرا آمدن = از راه رسیدن
[۶۸] به سامان = مرتب و منظم
[۶۹] استحاله = دگرگون شدن
[۷۰] تعلقات = وابستگی‌ها

درک مطلب

به پرسش‌های زیر پاسخ کامل بدهید.

۱- به طور خلاصه این متن راجع به چیست؟
۲- در ساخت رفتارهای فرهنگی و آئینی مردم، چه مراحلی وجود دارد؟
۳- آئین نوروزی کدامند؟
۴- چرا مردم در شب سال نو به یاد مردگان خود می افتند؟
۵- آئین سیزده نوروز چیست؟

تمرین با کلمات

الف- جاهای خالی در متن زیر را با کلمات مناسب پر کنید.

بسیاری از رفتارها و آئین‌هایی . . . . مربوط به روز سیزده نوروز . . . . صورت تمثیلی و نمادین . . . . و معنا و مفهوم خاصی . . . . می‌رسانند. در معانی و . . . . اساطیری و تمثیلی . . . . رفتارها و آئین‌ها، آرا و نظرهای گوناگونی ابراز . . . . است. مثلاً فره وشی مراسم سیزده . . . . دوران کهن را، روز ویژه طلب باران بهاری . . . . کشتزارها دانسته و درباره‌ی برخی از رفتارها در مراسم سیزده می‌نویسد:

خوردن غذای روز در دشت و . . . . نشانه‌ی همان فدیه‌ی گوسفند بریان . . . . که در اوستا . . . . و افکندن سبزه‌های تازه دمیده‌ی نوروزی به آب . . . . جویبارها تمثیلی است از دادن فدیه . . . . ایزد آب، آناهیتا و ایزد باران و جویبارها، تیر و به . . . . طریق، تخمه‌ی بارورشده‌ای را . . . . ناهید، فرشته‌ی موکل آن بوده . . . . به خود ناهید باز می‌گردانند و گیاهی . . . . که ایزد تیر پرورانده است به خود . . . . باز می‌سپرند تا موجب برکت و باروری و آبسالی در . . . . نو باشد.

گره زدن سبزه در . . . . سیزده را نیز رسمی . . . . روزگاران کهن می‌داند که . . . . آن دوران، آئین‌های مذهبی . . . . جادویی، به هم آمیخته . . . . و هر کس آرزوی خود . . . . به نوعی عملاً برای . . . . برآورده می‌کرد و می‌پنداشت . . . . بدین طریق، در تحقق . . . . تسریع خواهد شد و گره . . . . دو شاخه سبزه . . . . روزهای پایان زایش کیهانی . . . . تمثیلی از پیوند یک مرد و . . . . برای پایداری تسلسل زایش می‌انگارد. (همان منبع، ص۱۰۱)

ب ـ گزینهی درست را انتخاب کنید.

۱-   کودکان نمیتوانند خوب و بد را به درستی از هم . . . .

الف- دوری گزینند   ج- از سر بگیرند

ب- تمیز دهند   د- گرد آورند

۲-   پس از بیست سال دوری از وطن اکنون به مرض . . . . دچار شده است.

الف- تطهیر   ج- بلوغ

ب- زایش   د- افسردگی

۳-   با کم شدن شمار زنبورهای عسل، گرده . . . . به درستی انجام نمیشود و طبعاً عاقبت خوشایندی به همراه نخواهد داشت.

الف- افشانی   ج- جلا

ب- رویش   د- جامه

۴-   او برای . . . . دوبارهی موهای سرش از استفادهی هیچ گونه پماد و دارویی دریغ نکرده است.

الف- گذار   ج- رویش

ب- خیزش   د- پویایی

۵-   در نوروز، ایرانیان . . . . را کنار میگذارند و به دید و بازدید عید میروند.

الف- ایستایی   ج- تعلقات

ب- فروپاشی   د- کدورت

نگارش

الف ـ متن زیر را بخوانید و سپس آن را با استفاده از فرهنگ لغات و با کلمات خودتان بازنویسی کنید.

بختگشایی: از رفتارهای آئینی دختران و زنان در روز سیزده به در، رسم بختگشایی است. در این روز، در هر شهر و دیاری، دختران دم بخت برای گشودن بخت خود و رفتن به خانهی شوهر، اعمالی انجام میدهند که به باورهای سنتی رایج در فرهنگشان مربوط میشود. در این مبحث، مواردی از رسم بختگشایی را که از نوشتههای پژوهندگان محلی در کتاب آئینهای نوروزی گردآوری شده، به اختصار نقل میکنیم.

دختران شیرازی، شب سیزده نوروز، یک نخ تابیده‌ی هفت رنگ ابریشمی را به کمر خود می‌بندند و صبح روز سیزده، پیش از طلوع آفتاب، از پسر بچه‌ی نابالغی می‌خواهند تا گره آن را باز کند تا بختشان گشوده شود و به خانه‌ی شوهر روند.

در ساری، دختران صبح سحر از خواب برمی‌خیزند و به کنار نزدیک‌ترین جوی آب خانه‌شان می‌روند و هفت بار از آن می‌پرند. هر بار که از روی جوی می‌پرند، با خود می‌گویند: سال دیگر، خونه‌ی شوهر.

در اهواز دختران برای بخت‌گشایی، صبح زود سیزده، یک کوزه‌ی سفالین پر از آب شب مانده را پای در اتاق یا حیاط خانه می‌شکنند.

دختران خراسانی به هنگام سبزه گره زدن، رو به قبله می‌نشینند و نیت می‌کنند و می‌گویند: سیزده به در، چهارده به تو، سال دگه، خنه‌ی (خانه‌ی) شو (شوهر)، هاکوت کوتو، هاکوت کوتو.

سپس مقداری شیرینی در پای سبزه‌ای که گره زده‌اند می‌ریزند و از آن‌جا دور می‌شوند.

در همدان دخترها پس از بازگشت از صحرا، به نیت بخت‌گشایی و شوهریابی، سوار شیر معروف سنگی همدان می‌شوند و به سر و تن شیر، شیره می‌مالند.

دختران کرمانشاهی عصر روز سیزده به در، بالای گلدسته‌ی مسجد می‌روند و هر یک، یک دانه گردو پایین می‌اندازند. گردوی هر دختری که شکست، تا سال دیگر به خانه‌ی شوهر می‌رود. (همان منبع، ص۱۰۰-۱۰۱)

ب- در مورد نمادهای فرهنگی در کشورتان مقاله‌ای بنویسید که شامل یک مقدمه، سه پاراگراف متن اصلی و یک نتیجه‌گیری باشد.

ج- در متن اصلی درس، زیر طولانی‌ترین جمله خط بکشید. سپس جملات تشکیل دهنده‌ی آن را مشخص کنید. بعد از آن، هر یک از آن جملات را تجزیه و تحلیل نحوی و دستوری کنید. نهاد و گزاره را مشخص کنید. فاعل و مفعول و فعل را معین کنید. و بعد عبارات اسمی و وصفی و قیدی و . . . را تجزیه و تحلیل نمایید.

شعر: امیرخسرو دهلوی

ابوالحسن یمین‌الدین بن سیف‌الدین محمود معروف به امیر خسرو دهلوی (۱۲۵۳-۱۳۲۵) شاعر پارسی‌گوی اهل هندوستان است. او بسیار بر شاعران ایران و هند تأثیر گذاشت. از آثار او می‌توان به هشت بهشت و آینه‌ی سکندری اشاره کرد.

ابر می بارد

ابر می بارد و من می شوم از یار جدا — چون کنم دل به چنین روز ز دلدار جدا

ابر و باران و من و یار ستاده به وداع — من جدا گریه کنان، ابر جدا، یار جدا

سبزه نوخیز و هوا خرم و بستان سرسبز — بلبل روی سیه مانده ز گلزار جدا

ای مرا در ته هر موی به زلفت بندی	چه کنی بند ز بندم همه یکبار جدا
دیده از بهر تو خونبار شد، ای مردم چشم	مردمی کن، مشو از دیده خونبار جدا
نعمت دیده نخواهم که بماند پس از این	مانده چون دیده ازان نعمت دیدار جدا
دیده صد رخنه شد از بهر تو، خاکی ز رهت	زود برگیر و بکن رخنه دیوار جدا
می دهم جان مرو از من، وگرت باور نیست	پیش ازان خواهی، بستان و نگهدار جدا
حسن تو دیر نپاید چو ز خسرو رفتی	گل بسی دیر نماند چو شد از خار جدا

الف- در مورد شاعر فوق تحقیق کنید و نتیجه‌ی تحقیقتان را در یک صفحه خلاصه کنید.
ب- شعر بالا را در اینترنت جستجو کنید و نحوه‌ی صحیح خواندن آن را تمرین کنید. سپس سعی کنید چند بیت آن را حفظ کنید.
ج- در شعر فوق، چه آرایه‌ها یا صنایع ادبی‌ای اعم از لفظی و معنوی به کار رفته؟ چند نمونه را ذکر کنید؟ آیا تشبیهات و استعاره‌ها و دیگر صنایع ادبی به کار رفته در شعر بالا در زبان شما وجود دارد یا خیر؟

ضرب‌المثل
جواب ابلهان خاموشی است
توضیح: گاهی همنشین نادان چنان باعث آزار انسان می‌شود که انسان نمی‌داند با او چه کند، چون درگیر شدن با آدم نادان، چه به طور زبانی، چه به طور رفتاری، بیشتر انسان را آزار می‌دهد. **کاربرد:** این مثل به این مسأله اشاره دارد که هر چه انسان با آدم نادان و جاهل کمتر برخورد داشته باشد، بهتر است و بعضی وقت‌ها کم محلی و سکوت و بی‌اعتنایی در برابر چنین کسانی، بهترین واکنش در برابر های و هوی و رفتار ابلهانه آنهاست.

الف- یک داستان یا گفتگو بنویسید و از ضرب‌المثل بالا در آن استفاده کنید.
ب- نزدیک‌ترین معادل ضرب‌المثل بالا در زبان شما چیست؟

درس بیست و دوم

تاریخ کهن ایران

از پنج هزار سال قبل از میلاد، زندگی غارنشینی و دشت‌نشینی متحوّل شد[۱] و در پی آن،[۲] فرهنگ‌ها[۳] و پاره فرهنگ‌های گوناگونی پدید آمد. در پهنه‌ی[۴] جغرافیایی، دشت‌ها و بیابان‌های وسیع و کوه‌های مرتفع[۵] سبب می‌شد که مراودات و روابط میان آن‌ها، به سختی صورت گیرد. با این همه، آثار متقابل فرهنگی و نوعی هماهنگی و همسانی نیز در روابط آن‌ها مشاهده شده است.

باستان‌شناسان درباره‌ی «ایران زمین» و ایران امروز، به لحاظ منطقه‌بندی‌های باستان شناختی، اظهارنظرهایی کرده‌اند. واندنبرگ منطقه‌های باستان‌شناسی ایران را بدین‌گونه[۶] متمایز کرده است:[۷] ۱) گیلان و مازندران؛ ۲) گرگان و استرآباد؛ ۳) خراسان و سیستان؛ ۴) بلوچستان و کرمان؛ ۵) لارستان؛ ۶) فارس؛ ۷) خوزستان؛ ۸) لرستان؛ ۹) کردستان؛ ۱۰) آذربایجان؛ و ۱۱) عراق عجم (واندنبرگ، ۱۳۴۸، ص۸).

دکتر ملک شهمیرزادی، باستان‌شناس ایرانی و متخصص دوره‌ی پیش از تاریخ ایران، منطقه‌های مزبور را به شرح زیر تقسیم کرده است: ۱) منطقه‌ی جنوب غرب و شمال جنوب غرب؛ ۲) منطقه‌ی کرمانشاه و غرب؛ ۳) منطقه‌ی آذربایجان و شمال غرب؛ ۴) منطقه‌ی شمال ایران؛ ۵) منطقه‌ی فلات مرکزی؛ ۶) منطقه‌ی شمال شرق؛ ۷) منطقه‌ی شرقی؛ ۸) منطقه‌ی جنوب شرق؛ ۹) منطقه‌ی جنوب (ملک شهمیرزادی، ۱۳۷۸، ص۱۰۰-۱۰۱).

در این منطقه‌بندی‌ها، منطقه‌های دیگری از «ایران زمین» را، که به لحاظ باستان‌شناسی، با منطقه‌های یادشده اشتراک فرهنگی دارند، در نظر نگرفته‌اند.

[۱] متحوّل شدن = تغییر یافتن = دگرگون شدن
[۲] در پی آن = به دنبال آن
[۳] فرهنگ = تمدن
[۴] پهنه = گستره = حیطه
[۵] مرتفع = بلند
[۶] بدین گونه = این چنین
[۷] متمایز کردن = مشخص کردن

مسأله‌ی دیگری که اهمیتی خاص دارد، تقدم و تأخر[۸] فرهنگ‌ها و چگونگی پیدایش آن‌ها در منطقه‌های پراکنده‌ی یاد شده است.

برخی از دانشمندان، از جمله گیرشمن، خاستگاهِ نخستین تمدن کهن ساکنان ایران زمین را در مناطق مرکزی فلات (سیالک) و در کنار رودخانه (یا دریاچه‌ی خشک شده) و برخی چون برایدوود در مناطق غربی فلات (=کرمانشاه) و در کوهستان‌ها و گروهی در شمال فلات ایران (=غارهای واقع در کنار دریای مازندران) و جز این‌ها دانسته‌اند. در کاوش‌های باستان‌شناسی آینده مسائل جدیدی مطرح خواهد شد، به همین دلیل اکنون در این‌باره به طور قطع[۹] نمی‌توان اظهار نظر کرد.

با این همه، تمدن‌ها یا فرهنگ‌های شناخته شده‌ی سیالک (کاشان)، چشمه‌علی (ری)، گیان (نهاوند)، آنو (مرو)، حسنلو (آذربایجان)، حصار (دامغان)، زاغه (قزوین)، حاجی فیروز (دشت گلدوز)، مارلیک (رودبار)، و باکون (نزدیک تخت جمشید) و جعفرآباد و شوش (خوزستان) از هزاره‌ی ششم تا چهارم قبل از میلاد، چگونگی زندگی مردم آن روزگار و حتی ارتباطات آن‌ها را با یکدیگر (سیالک و شوش، و شوش و موهنجودارو) و نیز آثار مدنیت[۱۰] «سومری و بابلی و عیلامی و کاسپینی‌ها» را بر یکدیگر نشان می‌دهند. در درون منطقه‌ی (غرب ایران زمین) امپراطوری عیلامی را می‌نمایاند که یکی از معتبرترین تمدن‌های باستانی بشر بوده است. این امپراطوری «در نهایت گسترش تاریخی خود از اوایل هزاره‌ی سوم تا اواسط هزاره‌ی اول قبل از میلاد بخش بزرگی از مناطق غربی و جنوبی سرزمین امروزی ایران را در بر می‌گرفت» و به گونه‌ای می‌توان «سرزمین‌های خوزستان، فارس و بخش‌هایی از استان کرمان و لرستان و کردستان را» در زمره‌ی[۱۱] ایلام (=عیلام) دانست (یوسف‌زاده، ۱۳۷۰، ص۱).

در این دوران که حیات اجتماعی پدرسالاری، اندک‌اندک جای خود را به نظام مادرسالاری می‌داد و تقسیم کار اجتماعی، مطرح می‌شد، و مردم به شهرنشینی رو می‌آوردند و زبان و هنر و زبان‌شناسی و جهت‌یابی و پاره‌ای باورهای مذهبی ظاهر می‌شد، بزرگترین رویداد تاریخی آسیا، یعنی کوچ «آریایی‌ها» به سوی سرزمین‌های غربی و جنوب غربی این قاره آغاز شد.

بر پایه‌ی نظریه‌های باستان‌شناسان و پژوهشگرانِ دوران پیش از تاریخ، مردم حد جنوبی سیر دریا (سیحون)، در زمانی که به مرحله‌ی زندگی مبتنی بر[۱۲] شکار رسیده بودند، به فکر کوچ و اسکان[۱۳] در سرزمین‌های جدید افتادند. در هزاره‌ی سوم قبل از میلاد، گروه‌هایی از آنان از راه شمال دریای خزر، به سوی اروپا مهاجرت کردند. برخی از آنان به احتمال زیاد به قفقاز رفتند و بازگشت‌هایی هم در این کوچ روی‌ها بوده است.

در میانه‌ی هزاره‌ی سوم، گروه‌های دیگری به سوی سرزمین کاسپین‌ها سرازیر شده‌اند -که گویا چندان درخور[۱۴] توجه نبوده است- اما، از پانصد تا هزار سال بعد، به دلایلی گوناگون و از جمله به منظور دست‌یابی

۸ تقدم و تأخر = ترتیب زمانی

۹ به طور قطع = به طور یقین = به درستی

۱۰ مدنیت = شهرنشینی

۱۱ در زمره‌ی = در گروه = جزو

۱۲ مبتنی بر = بر پایه‌ی

۱۳ اسکان = اقامت کردن

۱۴ درخور = شایسته

به مراتع مناسب و همین‌طور به سبب فشار و کشمکش‌های اقوام شمالی منطقه، مهاجرت‌های دیگری هم از دو سوی دریای خزر و همزمان به سوی سرزمین‌های جنوبی مانند سیستان (سگستان) و هند صورت گرفته است.

مهاجران جدید سرزمین خود را ائیرینه وئجه (=سرزمین ویژه‌ی آریایی) نام نهادند و آن‌هایی که به سوی هند رهسپار شده بودند،[۱۵] اقامتگاه خود را آریاورته (=میهن آریایی) نامیدند.

پرفسور ریچارد فرای نوشته است:

> «آریایی که تقریباً به معنی «اشراف یا سالار» است گویا نامی بوده است که بر همه مردمی که به لهجه یا زبان‌های شرقی هند و اروپایی سخن می‌گفته‌اند، اطلاق می‌شده است،[۱۶] این مردم در اواخر هزاره‌ی دوم و اوایل هزاره‌ی اول پیش از میلاد مهاجرت کردند و سرزمین‌های واقع در میان گنگ و فرات را جایگاه خویش ساختند» (فرای، ۱۳۶۸، ص۲).

این سرزمین پربرکت[۱۷] (=ایرانشهر) که به مرور،[۱۸] انیرنا (=آریانا) و ایران نامیده شد، به سبب داشتن وسعتی بیش از ایران کنونی، گاه در متن‌های ایران‌شناسی، به زبان انگلیسی، به نام ایران بزرگ یا ایران بزرگتر و به زبان فرانسه ایران برونی یا خروجی از آن یاد شده است.

مهاجران آریایی و ساکنان کهن «ایران زمین» در مسیر تاریخی ادغام‌های[۱۹] اجتماعی و فرهنگی، پاره‌ای[۲۰] از خصیصه‌ها[۲۱] و پاره فرهنگ‌های یکدیگر را پذیرفتند. باورهای آنان در یکدیگر اثر گذاشت و در روند پدید آمده، اندک اندک جامعه‌ی جدیدی به وجود آمد و همزمان با پیدا شدن شهرها و رشد نظام پدرسالاری، و تحولات در حیات اجتماعی ایالت‌ها (=قوم‌ها) و پدید آمدن نوعی منازعات[۲۲] درون جامعه‌ای، مقدمات همبستگی های حکومتی شکل گرفت. طایفه‌های گوناگون آریایی تحت رهبری «دهیوپد»ها و «زنتوپد»ها و «ویسپد»ها و «مانپد»ها زندگی شبانی[۲۳] خود را به مرحله‌ی اقتصاد روستایی رساندند و همه‌ی آنان، پس از تشکیل اتحادیه‌های قومی، تحت اقتدار[۲۴] شاه (=خشایثیه) قرار گرفتند. (تکمیل همایون، ناصر. تاریخ ایران در یک نگاه: از ایران چه می‌دانم؟ ج۲۵. تهران: دفتر پژوهشهای فرهنگی. ۲۰۱۱. ص۱۰-۱۳)

[۱۵] رهسپارشدن = راهی شدن = رفتن

[۱۶] اطلاق شدن بر = استعمال شدن برای = دلالت کردن بر

[۱۷] برکت = سعادت

[۱۸] به مرور = به تدریج

[۱۹] ادغام = پیوستن

[۲۰] پاره‌ای = بعضی = برخی

[۲۱] خصیصه = ویژگی = خصوصیت

[۲۲] منازعات = جنگ ها = درگیری‌ها

[۲۳] شبانی = چوپانی

[۲۴] اقتدار = قدرت

درک مطلب

به پرسش‌های زیر پاسخ کامل بدهید.

۱- چه مشکلاتی در برقراری روابط میان تمدن‌ها در عهد باستان وجود داشت؟

۲- چه تقسیم‌بندی‌هایی برای مناطق باستان‌شناسی ایران در دست می‌باشد؟

۳- تقدم و تأخر فرهنگ‌ها به چه صورت است؟

۴- کوچ آریایی‌ها در چه زمانی آغاز شد؟

۵- آریایی یعنی چه و به چه کسانی اطلاق می‌شد؟

تمرین با کلمات

الف- جاهای خالی در متن زیر را با کلمات مناسب پر کنید.

باورهای دینی: در جامعه‌ی بزرگ پدید آمده . . . . ایران زمین، نبرد ساکنانش، طبیعت

. . . . قدرت‌های برون جامعه‌ای، حالتی . . . . به وجود آورد . . . .

. . . . نیروهای دوگانه‌ی خوبی و سودمندی از یک . . . . و بدی و ویرانگری

از سوی . . . . بیشتر، مشخص و متمایز . . . . و نبرد بر دوام آن‌ها

. . . . یکدیگر انواع داوری‌های مابعدالطبیعی را پدید . . . .

. . . . در نظام هستی، اهورامزدا . . . . مثابه‌ی خیر مطلق و روشنایی و اهریمن به . . . . . .

. . . . شرّ مطلق و تاریکی است و . . . . درون هر انسان سپنته مینو، نفس خیر

و سعادت و انگره مینو عامل گمراهی و شر است، و . . . . کدام جداگانه با اهورامزدا و

اهریمن ارتباط . . . . و در حیات فردی و . . . . انسان نقش . . . . . .

. . . . می‌کنند. ایرانیان در این جامعه و در رویارویی . . . . قبایل و تیره‌های

غیرایرانی (=انیران) هویت . . . . هستی مستمر معنوی و اخلاقی خود . . . .

. . . . . پاسداری می‌کنند. حالت مذهبی پدید آمده، حاکی . . . . گرایش‌های آریایی است

. . . . چنین می‌نماید . . . . اعتقادات پیش . . . .

مهاجرت خود را نیز، کم و . . . . ، به یادگار نهاده‌اند.

گیرشمن در این باره نوشته است:

«دین ابتدایی آریایی مبتنی بر شرک که . . . . آن همه قوای طبیعت پذیرفته می‌شوند،

نمی‌توانست . . . . تأثیر خدایان سکنه‌ی آسیایی نجد ایران قرار نگیرد. همان‌گونه که

یونان، یونانیان تحت تأثیر اقوام گوناگون قرار . . . . ، ایرانیان

هم همین راه . . . . رفتند. در این اختلاط نژادها که در شرف تحقق بود، دین و تمدن هم

همان سرنوشت را داشته است.» (گیرشمن، ۱۳۶۸، ص۱۷۳). (همان منبع، ص۱۳)

ب- گزینه‌ی درست را انتخاب کنید.

۱- ایران یک کشور کوهستانی به شمار می‌آید چرا که کوه‌های . . . . بسیاری در ایران وجود دارند.

الف- مبتنی ج- مرتفع
ب- مقتدر د- متمایز

۲- مهاجرین پس از . . . . طولانی در یک منطقه رفته رفته زبان و آداب و رسوم آن منطقه را کسب می‌کنند.

الف- اطلاق ج- ادغام
ب- اسکان د- اقتدار

۳- رفت و آمد با دون همّتان . . . . شخصیت والای شما نمی‌باشد.

الف- در پی ج- در خور
ب- در زمره‌ی د- به مرور

۴- پس از اتمام تحصیلاتش . . . . جبهه‌های جنگ شد.

الف- ادغام ج- منازعات
ب- رهسپار د- برکت

۵- شکل بینی و چهره، آن‌ها را از دیگر ساکنین این منطقه . . . .

الف- متحول می‌کند ج- اطلاق می‌کند
ب- متمایز می‌کند د- رهسپار می‌کند

نگارش

الف- متن زیر را بخوانید و سپس آن را با استفاده از فرهنگ لغات و با کلمات خودتان بازنویسی کنید.

عهد هخامنشیان: پارس‌ها-که ایرانی بودند و از سده‌ی نهم قبل از میلاد نام و نشان آن‌ها در کتیبه‌های آشوری آمده است- نخست، تابع آشور بودند و سپس، اطاعت مادها را پذیرفتند. آنان در حدود سال ۷۰۰ قبل از میلاد، حکومت منطقه‌ای خود را به زعامت هخامنش در پارس آغاز کردند. چاایش پیش (۷۳۰ قبل از میلاد)؛ کمبوجیه‌ی اول؛ کوروش اول و چاایش پیش دوم پادشاهان دوره‌ی اول سلسله‌ی هخامنشی هستند. پس از دو شاخه شدن آن‌ها، شاخه‌ی اصلی که در انزان (شوش) و عیلام پادشاهی خود را ادامه دادند، عبارتند از: کوروش دوم، کمبوجیه‌ی

دوم، کوروش سوم (بزرگ) و کمبوجیه‌ی سوم. جز این‌ها شاخه‌ی فرعی که در پارس حکمرانی خود را ادامه دادند، عبارتند از: آریارامنه (۵۹۰-۶۴۰ قبل از میلاد)، آرشام، ویشتاسب و داریوش اول.

کوروش سوم یا کوروش بزرگ -که از او در اسناد و مدارک باستانی و تاریخی و دینی اقوام و ملل مختلف جهان، به بزرگی و نیکی یاد شده است- پس از قیام بر ضد مادها و فتح همدان (پایتخت آنها) در سال ۵۵۰ قبل از میلاد به پیشروی در سراسر منطقه‌ی آسیای غربی ادامه داد. او مرزهای پادشاهی خود را تا مصر و مدیترانه از مغرب، رود سند از مشرق، رود سیحون (سیر دریا) از شمال، و خلیج فارس و دریای هند از جنوب امتداد داد. بابل در سال ۵۳۸ قبل از میلاد فتح شد و یهودیان به اسارت درآمده در دوره‌ی بخت‌النصر، آزادی خود را بازیافتند و به موطن خود بازگشتند و معابدشان را از نو بنا کردند. به همین دلیل است که کوروش در کتاب مقدّس، به نیکی یاد شده است.

امپراطوری وسیعی که کوروش بر آن فرمانروایی داشت، به تأیید مورّخان، بر پایه‌ی تساهل و تسامح و احترام به آداب و رسوم و اعتقادهای مردم مغلوب استوار بود. نزد کوروش، «ملل متنوّعه» از رفاه و آرامش برخوردار بودند ولی بار دیگر اقوام ماساژت‌ها (بخشی از سکاها) در آسیای مرکزی دست به فتنه و آشوب زدند. در سال ۵۲۹ قبل از میلاد، فرمانروای ایران که برای سرکوب آنان و برقراری آرامش در منطقه، بدان سوی لشکر کشیده بود، به قتل رسید. جسد او را به پارس آوردند و در پاسارگاد (مشهد مرغاب) به خاک سپردند.

پس از کوروش، پسرش کمبوجیه و پس از او بردیا -که او را برادر دروغین کمبوجیه نامیده‌اند- زمام امور را در دست گرفت. اما شاخه‌ی دیگر هخامنشیان به سرکردگی داریوش اول قیام کردند و پیروز شدند و داریوش بر تخت سلطنت نشست (۵۲۲ قبل از میلاد). این فرمانروای مقتدر توانست در مدّت دو سال، با بیست جنگ و شورش و قیام مقابله کند و امپراطوری بزرگ کوروش را از نو برپا دارد. به دستور او، از رود سند تا دریای پارس و از آنجا تا بحر احمر را دریانوردان ایرانی مسّاحی کردند و برای نخستین بار در تاریخ، دریای مدیترانه با حفر کانال داریوش (ترعه سوئز)، به دریاهای ایرانی متصل شد.

با برقراری نظم حکومتی در آسیای مرکزی، از طریق قفقاز و آسیای صغیر -که پیش از آن با حمله‌ی کوروش کبیر، فتح شده بود- قشون ایران خود را به بالکان رسانید. در سال ۴۹۸ قبل از میلاد سپاهیان داریوش از تنگه‌ی هلسپنت، به دیگر اماکن یونان رسیدند. با برپایی دو جنگ در سالامیر (۴۹۸ قبل از میلاد) و مارسیاس (۴۹۷ قبل از میلاد)، یونان شکست خورد و اسیران زیادی به شوش منتقل شدند.

داریوش هم مثل کوروش کبیر اهل تسامح و مدارا بود و در کشورداری و ایجاد تشکیلات حکومتی و اقتصادی، در سراسر امپراطوری گسترده خود، روشهای تازه‌ای به کار برد. داریوش، شهر تاریخی شوش را پایتخت امپراطوری خود اعلام کرد و با برپایی بناهای عظیم و زیبا و هنرمندانه در آنجا و همچنین، در خاستگاه نخستین پارس‌ها، یعنی در تخت جمشید، عظمت سیاسی و حکومتی روزگار خود را نمایاند.

داریوش در سال ۴۸۴ قبل از میلاد چشم از جهان فرو بست و پسرش خشایارشا بر مسند قدرت نشست. او پس از فرونشاندن فتنه‌ی مصر، و تسخیر مجدد بابل در سال ۴۸۱ قبل از میلاد به یونان لشکر کشید و در چند نبرد تاریخی، گاهی پیروز و گاهی مغلوب شد. سرانجام، در بهار ۴۷۹ قبل از میلاد در جنگ پلاته شکست خورد. در تابستان سال ۴۶۵ قبل از میلاد در پی دسیسه‌ی درباریان، او و پسر ارشدش، داریوش، کشته شدند و پسر دیگرش، اردشیر -که به درازدست شهرت دارد- تخت و تاج پدر را تصاحب کرد و تا سال ۴۲۴ قبل از میلاد بر مسند قدرت باقی ماند. پس از او، خشایارشای دوم، پسرش، فقط ۴۵ روز پادشاهی کرد. تا دوره‌ی

161 تاریخ کهن ایران ■ درس بیست و دوم

پادشاهی داریوش دوم (۴۰۴-۴۲۴ قبل از میلاد)، و اردشیر دوم (۳۵۸-۴۰۴ قبل از میلاد) و پسر او، اردشیر سوم (۳۳۶-۳۵۸ قبل از میلاد) پادشاهی کرد. پس از او در زمانی که در داخل امپراطوری گسست‌های سیاسی و معنوی پدید آمده بود و عیش و عشرت و خوش‌گذرانی جای شمشیرزنی و دلاوری را گرفته بود، داریوش سوم در سال ۳۳۶ قبل از میلاد بر اریکه‌ی قدرت نشست و در دوره‌ی پادشاهی او بلندآوازه‌ترین سلسله‌های پادشاهی ایران باستان منقرض شد.

در دوره‌ی هخامنشیان، در سراسر قلمرو حکومتی، با حفظ پاره فرهنگ‌ها و آداب و رسوم منطقه‌ای و حفظ احترام «ملل متنوعّه»، انسجام اجتماعی و هویت ایرانی اندک اندک شکل گرفت. تشکیلات حکومتی و ساتراپ‌ها، امور لشکری و نظامی، مسأله مالیات‌ها و ضرب سکه و کاربرد جهانی آن، امنیت امور قضایی و فرونشاندن شورش‌ها (از آن میان شورش بردیای دروغین) حاکی از آن است که سازمان حکومتی دارای نظام منسجمی بود. اعتقاد به اهورامزدای واحد، که خالق زمین و آسمان بود، رونق یافت. علوم و فرهنگ و صنایع دست بافت و دست ساخت و هنر و معماری رشد زیادی کرد. هنوز هم آثار آن عصر درخشان در تخت جمشید و پاسارگاد و نقش رجب و نقش رستم بر جای مانده است. کتیبه‌های بازمانده از آن روزگار، حاکی از زبان و نوشتار مردم آن زمان است. خط میخی که اقتباس شده از خط بابلی است، به صورتی زیباتر و با حذف پاره‌ای علامات اضافی در سنگ نوشته‌ها و الواح گوناگون، مبیّن حیات اجتماعی و هویت فرهنگی ساکنان ایران زمین در سده‌های میانی هزاره‌ی یکم قبل از میلاد است. (همان منبع، ص۲۰-۲۳)

ب- در مورد تاریخ کشورتان مقاله‌ای بنویسید که شامل یک مقدمه، سه پاراگراف متن اصلی و یک نتیجه‌گیری باشد.

ج- در متن اصلی درس، زیر طولانی‌ترین جمله خط بکشید. سپس جملات تشکیل دهنده‌ی آن را مشخص کنید. بعد از آن، هر یک از آن جملات را تجزیه و تحلیل نحوی و دستوری کنید. نهاد و گزاره را مشخص کنید. فاعل و مفعول و فعل را معین کنید. و بعد عبارات اسمی و وصفی و قیدی و . . . را تجزیه و تحلیل نمایید.

شعر: ایرج میرزا

ایرج میرزا (۱۸۷۴-۱۹۲۶) شاعر پارسی‌گوی ایرانی عصر مشروطه است. او در قالب‌های مختلف شعر می‌سرود. مثنوی *عارف‌نامه* و مثنوی *زهره و منوچهر* از آثار او است.

مادر

داد معشوقه به عاشق پیغام — که کند مادر تو با من جنگ
هر کجا بیندم از دور کند — چهره پرچین و جبین پر آژنگ
با نگاه غضب آلود زند — بر دل نازک من تیر خدنگ
مادر سنگدلت تا زنده است — شهد در کام من و تست شرنگ
نشوم یکدل و یکرنگ ترا — تا نسازی دل او از خون رنگ

گر تو خواهی به وصالم برسی	باید این ساعت بی خوف و درنگ
روی و سینه تنگش بدری	دل برون آری از آن سینه تنگ
گرم و خونین به منش باز آری	تا برد زاینه‌ی قلبم زنگ
عاشق بی خرد ناهنجار	نه بل آن فاسق بی عصمت و ننگ
حرمت مادری از یاد ببرد	خیره از باده و دیوانه زبنگ
رفت و مادر را افکند به خاک	سینه بدرید و دل آورد به چنگ
قصد سرمنزل معشوق نمود	دل مادر به کفش چون نارنگ
از قضا خورد دم در به زمین	و اندکی سوده شد او را آرنگ
وان دل گرم که جان داشت هنوز	اوفتاد از کف آن بی فرهنگ
از زمین باز چو برخاست نمود	پی برداشتن آن آهنگ
دید کز آن دل آغشته به خون	آید آهسته برون این آهنگ:
آه دست پسرم یافت خراش	وای پای پسرم خورد به سنگ

الف- در مورد شاعر فوق تحقیق کنید و نتیجه‌ی تحقیقتان را در یک صفحه خلاصه کنید.
ب- شعر بالا را در اینترنت جستجو کنید و نحوه‌ی صحیح خواندن آن را تمرین کنید. سپس سعی کنید چند بیت آن را حفظ کنید.
ج- در شعر فوق، چه آرایه‌ها یا صنایع ادبی‌ای اعم از لفظی و معنوی به کار رفته؟ چند نمونه را ذکر کنید؟ آیا تشبیهات و استعاره‌ها و دیگر صنایع ادبی به کار رفته در شعر بالا در زبان شما وجود دارد یا خیر؟

ضرب‌المثل
دیوار موش دارد، موش هم گوش دارد
کاربرد: وقتی کسی رازی را با صدایی بلند بیان کند، او را دعوت به آرام صحبت کردن می‌کنند و با این مثل، به او یادآوری می‌کنند که درست است که در این‌جا کسی نیست، ولی ممکن است صدایت به گوش یک خبرچین برسد و او این راز را برملا کند.

الف- یک داستان یا گفتگو بنویسید و از ضرب‌المثل بالا در آن استفاده کنید.
ب- نزدیک‌ترین معادل ضرب‌المثل بالا در زبان شما چیست؟

درس بیست و سوم

گاهشماری و پیشینه‌ی جشن‌های ایرانی

تا اواخر قرن سیزدهم شمسی، یعنی پایان دوره‌ی قاجار، گاهشماری رایج در ایران، گاهشماری هجری قمری و ماه‌های آن نیز همان ماه‌های تقویم عربی بود. در این میان نوروز تنها نشانه و بازمانده‌ی گاهشماری ایرانی به شمار می‌رفت و این جشن هم‌چنان در ادامه‌ی سنتی دیرینه در نخستین روز بهار برگزار می‌شد.

در اواخر سال ۱۲۸۹ش (اوایل ۱۳۲۹ق) گاهشماری شمسی رسماً پذیرفته شد و به‌کارگیری[۱] ماه‌های شمسی با نام برج‌های[۲] دوازده‌گانه (حَمَل، ثور، جوزا، سرطان، اسد، سنبله، میزان، عقرب، قوس، جَدی، دَلو، حوت) رواج یافت. گفتنی است[۳] که پیش از آن نیز در برخی اداره‌های دولتی، که به امور مالی می‌پرداختند، از گاهشماری شمسی استفاده می‌شد، اما حتی در این موارد هم همان ماه‌های عربی به کار می‌رفتند.

در سال ۱۳۴۴ق برابر ۱۹۲۵ م و ۱۳۰۴ش، آغاز سال را رسماً در اول بهار نهادند[۴] و برای ماه‌های سال نیز همان نام‌های گاهشماری دوره‌ی باستان (فروردین و . . .) را به کار بردند. با این همه گاهشماری جدید با گاهشماری قدیم ایران اختلافاتی نیز داشت: در گاهشماری قدیم، سال شامل دوازده ماه سی روزه بود و پنج روز اضافی را در پایان سال یا یکی از ماه‌ها قرار می‌دادند. اما در گاهشماری جدید -که امروزه هم به کار برده می‌شود- شش ماه نخست سال را ۳۱ روزه، پنج ماه بعد را سی روزه و ماه آخر را ۲۹ روزه تعیین کردند که این آخری، هر چهار سال یک بار، در سال کبیسه، سی روزه است.

گاهشماری ایرانی و سیر تحولی آن بی‌گمان یکی از پیچیده‌ترین و بحث برانگیزترین مباحث ایران‌شناسی در سده‌ی گذشته بوده است. ایران، به دلیل موقعیت خاص سیاسی‌اش در منطقه، از سپیده‌دمان[۵] تاریخ تا کنون در معرض تحولات بسیار؛ و از جمله در داد و ستد[۶] فرهنگی با اقوام و سرزمین‌های مجاور[۷] قرار داشته است. گاهشماری هم، که از پدیده‌های فرهنگی هر تمدن است، در ایران نیز در کنار بسیاری از پدیده‌های دیگر،

[۱] به کار گیری = استفاده
[۲] برج = ماه
[۳] گفتنی است که = شایان ذکر است که
[۴] نهادن = قرار دادن
[۵] سپیده‌دمان = ابتدا
[۶] داد و ستد = تبادل
[۷] مجاور = همسایه

تحولات فراوانی را از سر گذرانده است. به ویژه آن‌که این مقوله[8] در ایران، اگرچه در بسیاری جنبه‌ها متأثر از[9] گاهشماری‌های اقوام دیگر بوده، ولی در گذر زمان ویژگی‌هایی یافته که آن را پدیده‌ای خاص و کم‌نظیر ساخته است. به همین سبب، و نیز به دلیل پیوند بسیار نزدیک و تنگاتنگ گاهشماری ایرانی با جشن‌های این سرزمین نخست و پیش از طرح مباحث اصلی مربوط به جشن در ایران، به اختصار، تحولات گاهشماری ایرانی، و پاره‌ای ویژگی‌های آن از نظر می‌گذرد که از جمله‌ی این ویژگی‌ها، مقوله‌ی نامگذاری ماه و روز به نام ایزدان ایرانی است.

چنان‌که خواهد آمد[10] ایرانیان درباره‌ی روزهای ماه باورهای[11] خاصی داشتند و هر روز را به نام ایزدی می‌نامیدند تا مردم در آن روز به یاد وی و صفت مشخصه‌ی وی باشند و با ذکر او آن صفت را در خود تجلی ببخشند. با این کار به علاوه از یک سو مجموعه‌ی ایزدان مهم، که در واقع مفاهیمی انتزاعی[12] و تجلیات[13] یک حقیقت واحد بودند، در جامعه و نزد مؤمنان تثبیت می‌شدند[14] و از سوی دیگر زمینه‌ای فراهم می‌آمد تا در مناسبت‌هایی خاص جشنی ویژه‌ی ایزدان مهم داشته باشند.

امید به زندگی و بهره‌مندی از نعمت‌های الهی و استفاده از امکانات این جهان برای نابودی بدی و تقویت نیکی، از جمله باورهای ایرانیان باستان بوده است. آنان که ماه‌های سال را نیز به نام ایزدان مهم خود نامیده بودند، در تقارن[15] روز و ماه نامیده به نام ایزدی خاص، فرصتی شایسته برای گرامی‌داشت ویژه‌ی آن ایزد و جشن و شادی یافتند. این جشن‌ها که غیر دینی خوانده می‌شوند، به همراه جشن‌های دینی نوروز (بویس، ۱۳۷۵، ص۵۹) -در آغاز سال- و شش جشن دیگر موسوم به گاهانبار -که جشن بزرگداشت آفرینش‌های شش‌گانه هستند- مجموعه‌ای از فرصت‌های مناسب را به دست می‌دادند که ایرانیان باستان می‌توانستند طی آن‌ها نشاط و سرزندگی، و نیز روحیه‌ی اجتماعی و دینی خود را تقویت کنند و از یکنواخت شدن زندگی -که تهدیدی برای پویایی[16] آن می‌توانست باشد- بپرهیزند.[17]

گاهشماری ایرانی و تحولات آن از آثار به جا مانده از ایران باستان، می‌توان دریافت که گاهشماری در ایران، پیشینه‌ای بس طولانی دارد. روایت‌های نویسندگان قدیم از وجود گاهشماری در روزگار خود زردشت، پیامبر ایران باستان، که در اواخر هزاره‌ی دوم پیش از میلاد (حدود ۱۲۰۰ تا ۱۰۰۰ پیش از میلاد) می‌زیست، خبر می‌دهند. این

[8] مقوله = موضوع
[9] متأثر از = تحت تأثیر
[10] چنان‌که خواهد آمد = همان‌طور که گفته خواهد شد
[11] باورها = اعتقادات
[12] انتزاعی = مجازی
[13] تجلی = جلوه
[14] تثبیت شدن = ثابت شدن
[15] تقارن = همزمانی
[16] پویایی = جنبش و حرکت
[17] پرهیز کردن = پرهیختن = اجتناب کردن

روایت‌ها در برخی از نوشته‌های معتبر از جمله کتاب‌های ابوریحان بیرونی (از آن میان آثار الباقیه) نقل شده‌اند.[۱۸] در برخی از آن‌ها حتی از کبیسه‌گیری توسط خود زردشت هم یاد شده است و بدین ترتیب چنین برداشت می‌شود[۱۹] که در ایران، دیر زمانی پیش از این تاریخ، گاهشماری علمی و دقیق وجود داشته است. با این همه قدیم‌ترین گاهشماری، که اطلاعات نسبتاً کاملی از آن در دست است، به دوره‌ی هخامنشیان (حک[۲۰] حدود ۵۵۸ تا ۳۳۰ پیش از میلاد) تعلق دارد.

این گاهشماری که گاهشماری قدیم ایرانی یا فارسی باستان خوانده می‌شود، از نوع قمری-شمسی بود که در بابل -در بین‌النهرین و عراق امروز- نیز رواج داشت. در این گاهشماری، که سال به دوازده ماه سی روزه تقسیم می‌شد، روزها را (به استثنای[۲۱] روز آخر ماه) شماره‌گذاری می‌کردند. در کتیبه‌های فارسی باستان، به خط میخی، فقط نام هشت تای این ماه‌ها آمده است. نام چهار ماه دیگر را در نسخه‌ی ایلامی این کتیبه‌ها یافته‌اند (تقی‌زاده، ۱۳۵۷، ص۱۱۲ و یادداشت‌ها).

با این همه برخی منابع لاتینی عهد باستان، صریحاً نوشته‌اند که در میانه‌های قرن چهارم پیش از میلاد، ایرانیان سال ۳۶۵ روزه داشته‌اند و این موضوع نشان می‌دهد که در این زمان بایستی گاهشماری ایرانی، شمسی بوده باشد (پانائینو، ۱۹۹۰، ص۶۵۹-۶۶).

سرآغاز گاهشماری قدیم ایرانی، ظاهراً از دیرباز، آغاز سلطنت پادشاه بوده است. به عبارت دیگر، با آغاز سلطنت هر پادشاه سال را شماره می‌کردند و ظاهراً برای اشاره به سالی خاص می‌گفتند سال چندم از سلطنت فلان پادشاه. این شیوه تا پایان دوره‌ی ساسانیان (حک ۶۵۱-۲۲۴ پیش از میلاد) ادامه داشته است. (بیرونی، ۱۳۶۷، ص۲۳۸). در مورد روزها هم، همان‌طور که گفته شد، به شماره‌ی آن روز اشاره می‌کردند. مثلاً در کتیبه‌ی بیستون از داریوش هخامنشی، که یکی از بهترین منابع موجود برای کسب آگاهی از این گاهشماری است، چنین آمده است: «. . . از ماه اَنامَگه (بی‌نام) سیزده روز گذشته . . .». (بهرامی، عسکر. جشن‌های ایرانیان: از ایران چه می‌دانم؟. ج۴۶. تهران: دفتر پژوهشهای فرهنگی. ۲۰۰۱. ص۱۳-۱۷)

درک مطلب

به پرسش‌های زیر پاسخ کامل بدهید.

۱- تنها نشانه و بازمانده‌ی گاهشماری ایران تا پایان سلسله‌ی قاجاریه چه بود؟
۲- از چه وقت به کارگیری ماه‌های شمسی رایج شد؟
۳- از چه زمان ماه‌های دوره‌ی باستان را به کار بردند؟
۴- چرا ایرانیان هر روز را به نام ایزدی می‌نامیدند؟
۵- پیشینه‌ی گاهشماری در ایران باستان به چه دورانی برمی‌گردد؟

[۱۸] نقل شدن = ذکر شدن = گفته شدن = اشاره شدن
[۱۹] برداشت شدن = استنباط شدن
[۲۰] حک = علامت اختصاری برای دوران حکومت، سلسله یا پادشاهی
[۲۱] به استثنای = به جز

تمرین با کلمات

الف- جاهای خالی در متن زیر را با کلمات مناسب پر کنید.

برگزاری نوروز: در . . . . نوشته‌ها آمده است . . . . جم روزهای نخستین ماهِ سال . . . . تقسیم کرد: پنج روز نخست را . . . . بزرگان اختصاص داد؛ پنج روز دوم . . . . نوروز شاهی نامید و به بخشش و نیکوکاری پرداخت؛ پنج . . . . سوم عید خدمتگزاران پادشاه . . . . ؛ پنج روز چهارم از آن نزدیکان . . . . خانواده‌ی شاه شد؛ پنج روز پنجم . . . . سربازان رسید؛ و سرانجام، پنج روز . . . . هم به ملت اختصاص یافت (اینوسترانتسف، ۱۳۴۸، ص۹۵، ۹۶).

و باز گفته‌اند که در . . . . باستان، از پی نوروز، پنج . . . . دیگر را هم جشن . . . . و ششم فروردین ماه «نوروز بزرگ» . . . . ، زیرا پادشاهان طی پنج . . . . نخست به اطرافیان می‌رسیدند و چون روز . . . . فرا می‌رسید، خلوت می‌کردند و . . . . خود و خانواده جشن . . . . (ابن بلخی، ۱۳۶۳، ص۳-۳۳؛ بیرونی، ۱۳۶۷، ص۲۵۳). و نیز گفته‌اند که . . . . این روز که پادشاه . . . . خود جشن می‌گرفت، . . . . اهل خلوت را . . . . حضور نمی‌پذیرفت. گاه از هدایای رسیده، . . . . می‌خواست می‌بخشید و بقیه . . . . به خزانه می‌سپرد (بیرونی، ۱۳۷۷، ص۳۳۲). . . . . جمله هدایای برخی از پادشاهان . . . . زیردستان، بخشش مالیات و خراج آنان . . . . ، زیرا گفته‌اند که از دیرباز رسم . . . . آن بوده که پادشاهان . . . . این روز خراج گرفتن . . . . آغاز می‌کردند (گردیزی، ۱۳۶۳، ص۵۱۴). (همان منبع، ص۵۴)

ب- گزینه‌ی درست را انتخاب کنید.

۱- پس از کشته شدن پادشاه پسرش تاج شاهی را به سر . . . .

الف- گفت	ج- پرهیخت
ب- نهاد	د- برداشت

۲- همه‌ی ماه‌ها از ۳۰ روز بیشتر دارند . . . . ماه اسفند که ۲۹ روز دارد.

الف- متأثر از	ج- به استثنای
ب- چنان‌که	د- به کارگیری

۳- . . . . و اعتقادات هر ملتی باید مورد احترام قرار گیرد.

الف- داد و ستدها ج- مقوله‌ها
ب- برج‌ها د- باورها

۴- در ماه رمضان مسلمانان از خوردن و آشامیدن . . . .

الف- می‌نهند ج- نقل می‌کنند
ب- می‌پرهیزند د- تثبیت می‌کنند

۵- . . . . شما از این فیلم چیست؟

الف- برداشت ج- تجلی
ب- تقارن د- تثبیت

نگارش

الف- متن زیر را بخوانید و سپس آن را با استفاده از فرهنگ لغات و با کلمات خودتان بازنویسی کنید.

جشن‌های دینی: جدا کردن مقوله‌ی دین از بسیاری جنبه‌های زندگی -و به ویژه زندگی ایرانیان باستان- دشوار و چه بسا غیر ممکن می‌نماید و آگاهی‌های امروزین از فرهنگ ایران باستان به شدت با دین و آیین در هم تنیده است، از این رو دشوار بتوان مقوله‌ای همچون جشن را به دینی و غیر دینی تقسیم کرد. با این همه پژوهشگران اغلب برای دست‌یابی به یک تقسیم‌بندی -که در پژوهش‌های علمی راه‌گشاست- صرفاً جشن‌هایی را دینی می‌خوانند که در دین غالب ایران باستان -دین زردشتی- تکلیف شمرده شده‌اند (بویس، ۱۳۸۱، ۵۹)؛ بر این اساس بقیه‌ی جشن‌ها هر چند در ستایش نیروهای فراطبیعی و جلوه‌های گوناگون خداوند برگزار می‌شدند -زیر عنوان جشن‌های غیردینی می‌آیند که برگزاری آن‌ها بیش‌تر کارکرد اجتماعی داشته است و هم از این رو این کار در دین هم فضیلت شمرده شده است.

باور ایرانیان باستان مبنی بر آفرینش جهان در شش مرحله، با پیدایی دین زردشتی به این دین نیز راه یافت. به اعتقاد آنان خداوند هر یک از شش عنصر اصلی جهان را در زمانی از سال آفرید: نخست آسمان را در میانه‌ی بهار، سپس آب را در میانه‌ی تابستان، زمین را در پایان تابستان، گیاه را در اواخر مهر ماه، جانور را در اوایل زمستان و سرانجام انسان را در پایان زمستان آفرید.

ایرانیان باستان که برای آفریده‌های خداوند اهمیت بسیاری قایل بودند، به شکرانه‌ی وجود این آفریده‌ها، در سالروز آفرینش هر یک از آن‌ها جشنی بر پا می‌کردند که بدان گاهانبار می‌گفتند. این جشن‌ها اگرچه احتمالاً پیش از زردشت هم وجود داشتند، با این حال این پیامبر ایرانی به آن‌ها اهمیت بیشتری بخشید و برگزاری آن‌ها را بر پیروان خود تکلیف کرد.

اما برخی منابع از آتش به عنوان هفتمین آفریده‌ی خداوند یاد کرده‌اند و بدین‌سان جشن مربوط به وی، که با آن آفرینش کامل شد و جهان به گردش افتاد، نوروز نام گرفت. درباره‌ی این جشن هم بحث‌های بسیار شده است و هرچند برخی اصل آن را پیش زردشتی و حتی غیر ایرانی دانسته‌اند، با این حال آن نیز در زمره‌ی جشن‌های دینی آمده که برگزاریشان واجب بوده است. با تمام این احوال، چنانکه دیده می‌شود، این جشن در طول زمان از صورت جشنی دینی به در آمد و جشن ملی ایرانیان شد و چه بسا به همین سبب از خیل حوادث تاریخ ایران جان به در برد و اینک نیز به عنوان تنها جشن بازمانده از ایران باستان، همچنان در سطح ملی، و حتی در دیگر کشورهای قلمرو ایران فرهنگی که هنوز از گذشته‌ی خویش پیوند نگسسته‌اند، با شکوه بسیار برگزار می‌شود. (همان منبع، ص۴۵-۴۶)

ب- درباره‌ی گاهشماری در کشورتان مقاله‌ای بنویسید که شامل یک مقدمه، سه پاراگراف متن اصلی و یک نتیجه‌گیری باشد.

ج- در متن اصلی درس، زیر طولانی‌ترین جمله خط بکشید. سپس جملات تشکیل دهنده‌ی آن را مشخص کنید. بعد از آن، هر یک از آن جملات را تجزیه و تحلیل نحوی و دستوری کنید. نهاد و گزاره را مشخص کنید. فاعل و مفعول و فعل را معین کنید. و بعد عبارات اسمی و وصفی و قیدی و . . . را تجزیه و تحلیل نمایید.

شعر: فیض کاشانی

ملا محمدمحسن فیض کاشانی (۱۵۹۸-۱۶۸۰) فقیه و فیلسوف ایرانی است که اشعاری به فارسی سروده است. فیض آثار بسیاری در زمینه‌ی عرفان و تصوف، و نیز فلسفه و کلام دارد. زندگی فیض کاشانی را می‌توان به دوران مختلفی تقسیم کرد که از تصوف آغاز شده و به تعلیم و تحقیق در فلسفه و سپس دوران پرداختن به حدیث و اخباری‌گری و در نهایت به دوران پایانی حیات ختم می‌شود. اشعار فارسی او در دیوان او گردآوری شده است.

غمخوار

بیا تا مونس هم، یار هم، غمخوار هم باشیم　　انیس جان غم فرسوده بیمار هم باشیم
شب آید، شمع هم گردیم و بهر یکدگر سوزیم　　شود چون روز، دست و پای هم، در کار هم باشیم
دوای هم شفای هم برای هم فدای هم　　دل هم جان هم جانان هم دلدار هم باشیم
بهم یکتن شویم و یکدل و یکرنگ و یک پیشه　　سری در کار هم آریم و دوش بار هم باشیم
جدائی را نباشد زهره ای تا در میان آید　　بهم آریم سر بر گرد هم پرگار هم باشیم
حیات یکدگر باشیم و بهری یکدگر میریم　　گهی خندان ز هم که خسته و افکار هم باشیم
بوقت هوشیاری عقل کل گردیم بهر هم　　چو وقت مستی آید ساغر سرشار هم باشیم

شویم از نغمه سازی عندلیب غم سرای هم	برنگ و بوی یکدیگر شده گلزار هم باشیم
بجمعیت پناه آریم از باد پریشانی	اگر غفلت کند آهنگ ما هشیار هم باشیم
برای دیده بانی خواب را بر خویشتن بندیم	ز بهر پاسبانی دیده‌ٔ بیدار هم باشیم
جمال یکدگر گردیم و عیب یکدگر پوشیم	قبا و جبه و پیراهن و دستار هم باشیم
غم هم شادی هم دین هم دنیای هم گردیم	بلای یکدگر را چاره و ناچار هم باشیم
بلا گردان هم گر دیده گر دیکدگر گردیم	شده قربان هم از جان و منت دار هم باشیم
یکی گردیم، در گفتار و در کردار و در رفتار	زبان و دست و پا یک کرده، خدمتگار هم باشیم
نمی بینم به جز تو همدمی، ای «فیض»، در عالم	بیا، دمساز هم، گنجینه اسرار هم باشیم

الف- در مورد شاعر فوق تحقیق کنید و نتیجه‌ی تحقیقتان را در یک صفحه خلاصه کنید.

ب- شعر بالا را در اینترنت جستجو کنید و نحوه‌ی صحیح خواندن آن را تمرین کنید. سپس سعی کنید چند بیت آن را حفظ کنید.

ج- در شعر فوق، چه آرایه‌ها یا صنایع ادبی‌ای اعم از لفظی و معنوی به کار رفته؟ چند نمونه را ذکر کنید؟ آیا تشبیهات و استعاره‌ها و دیگر صنایع ادبی به کار رفته در شعر بالا در زبان شما وجود دارد یا خیر؟

ضرب‌المثل

دیو چو بیرون رود، فرشته درآید

توضیح:

این مثل مصرعی از یک شعر حافظ است.

منظر دل نیست جای صحبت اغیار	دیو چو بیرون رود فرشته درآید

کاربرد:

این مثل را وقتی به کار می‌بریم که بخواهیم بگوییم برای این که انسانی خوب یا چیزی خوشایند به جایی وارد شود، لازم است آن‌جا را از افراد بد و چیزهای ناخوشایند خالی کنیم. همچنین اگر پس از رفتن ظلم و بدی از جایی، خوبی و درستی جانشین آن شود، از این مثل برای ابراز شادمانی استفاده می‌کنیم.

الف- یک داستان یا گفتگو بنویسید و از ضرب‌المثل بالا در آن استفاده کنید.

ب- نزدیک‌ترین معادل ضرب‌المثل بالا در زبان شما چیست؟

Literary-Poetic Devices

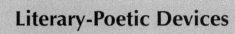

Literary / Poetic Devices	آرایه ها و صنایع شعری
Metaphor	استعاره
Hyperbole	اغراق
Ambiguity	ایهام
Simile	تشبیه
Oxymoron	تضاد
Palilogy	تکرار
Allusion	تلمیح
Allegory	تمثیل
Pun / Alliteration	جناس
Phantastic etiology	حسن تعلیل
Kenning	کنایه
Epanodos	لف و نشر
Figure of thought	مجاز
Congeries	مراعات نظیر یا تناسب

[Persian] Poetic Expressions	اصطلاحات شعری
Verse; one line of poetry	بیت
Epic	حماسی
Quatrain, Ruba'i	رباعی
Radif (identical ending word)	ردیف
Ghazal	غزل
Rhyme	قافیه
Quasida / Ode	قصیده
Masnavi	مثنوی
Hemistich; half a line of poetry	مصرع یا مصراع
Meter	وزن